JN174020

サッカー新しい守備の教科書

優れた戦術は
攻撃を
無力化させる

坪井健太郎 著
小澤一郎 構成

サッカー 新しい守備の教科書

はじめに

守備の戦術指導に長けた監督が世界では評価される

2014年5月に『サッカーの新しい教科書』を上梓してから2年が経過しましたが、ここ数年のヨーロッパのサッカーを見ていると、圧倒的なボール支配率を勝率の高さにつなげていたスペイン代表やFCバルセロナに対峙する周りのチームが、試行錯誤を重ねながら守備戦術のレベルを上げてきたのかがよくわかります。そうした守備のイノベーションはプロのトップレベルだけではなく、育成年代でもすでに起こっています。

一方で日本のサッカーは、実際にスペイン代表やFCバルセロナが「公式戦における対戦相手」とはなりませんから、彼らに「勝つ」ために守備に取り組むのではなく、一貫してボールポゼッションやビルドアップといった攻撃の取り組みが行われてきたのではないでしょうか？

テクニックがある選手を育成してボールを保持するサッカーをやりたいという思いや、スペインサッカーを「パスサッカー」と一括りに表現してシンパシーを抱いてきたこと自体を否定するつもりはありませんが、ヨーロッパにおける守備や切り替え局面の急激な進化を肌感覚でつかんでいる私からすれば、日本サッカーのレベルアップのためには「守備戦術の理解と守備への取り組みは欠かせないもの」と見てきました。

はっきりと言わせてもらいますが、現時点で日本はヨーロッパのサッカーから〝5年〟遅れています。世界のサッカーは守備と攻撃が互いに策を練りながら、互いを超えるように進化してきました。

もしこのまま守備への取り組みを行うことなく、攻撃やプレープロセスの「実行」部分であるボール扱いの技術（ドリル）練習ばかりを続けていくようであれば、日本のサッカーは進化が止まり、世界トップレベルに5年以上の遅れをとることになるでしょう。

日本のようなサッカー「後進」かつ「後発」国がスペイン、ドイツ、イタリアといった世界トップランクの国にワールドカップで勝ちたいのであれば、守備から目をそらして結果を出すことはできません。

また、国内の競技力向上のためにも守備は必要不可欠です。攻撃のレベルをさらに上げたければ守備をきちんと実践する必要があります。練習や対戦相手といった「日常」の守備レベルが低ければ、攻撃のレベルは上がっていきません。私は現在、年に最低3回は一時帰国をしてJリーグや育成年代の試合を幅広く視察しています。そうした視察で目にするサッカーにおいて「守備への取り組み」が不足していることを毎回感じます。

私は今、UEコルネジャ・ユースBでスペインの高校生を指導していますが、スペインにおける監督の評価についても変化を感じます。少し前までは「いいサッカー（巷でよく聞く美しいサッカー）」をしている監督が「いい監督」と言われていました。その時代の指導者たちは結果よりも、どちらかというと「しっかりとパスをつないだサッカーをしよう」という思考を持っていました。

それが最近は、チームをしっかりとまとめ、守備を機能させるために、選手1人ひとりに守備の戦術タスクを忠実に遂行させることのできる監督の方が、高い評価を受けるようになってきています。スペインにおける監督の評価基準が、育成年代であっても明確に変わってきている点がヨーロッパにおけるサッカーの進化を物語っています。

スペインの指導者学校においては、本書で紹介するような守備の戦術コンセプトを日本のB級ライセンスにあたる「レベル1」から一通り学びます。私は2015年度にB級ライセンスを受講しましたが、日本では「個人」から入って「チーム」へと発展させていきますが、スペインでは「チームの戦術」があってその中に「グループ」と「個人」があり、それぞれ何をしているのかという全体像を最初にレクチャーします。私自身、日本で指導者をスタートさせていて学んだ経験もありますが、今振り返ると全体像が見えてこないのでサッカーというスポーツを十分に理解できていませんでした。

どちらが良いのか、悪いのかの議論をするつもりはなく、あくまで自身の両国での経験を振り返り、本書で読者のみなさんに「サッカーにおける守備とは」という全体像を理解してもらいたいと考え、特にChapter 2の「守備のテオリア（理論）」の部分については注力して書きました。僭越ながら、サッカー指導者ではない方であってもそこをお読みいただくことでサッカーの見方と分析の仕方の材料になると思います。また、本書においては私自身がどのようにサッカーを見ていて、指導においてどのようにサッカーや守備を伝えているかを包み隠さず出したつもりです。

本書には「教科書」という仰々しい言葉がついてはいますが、スペインの指導者学校で学ぶこと、本書で私がお伝えすることは「ベース」でしかありません。そのベースをどのように使うか、何を採用するかは、指導者であればライセンスを取得して、チームを率いる監督に委ねられています。裏を返せば、この本に書いていることや守備戦術を実行すれば「結果が出る」というものではありません。

私自身のスペインでの指導経験を振り返っても、守備をきちんとやらなかったシーズンは失敗（シーズン途中で解任）となりました。逆に、守備をプランニングして取り組んだシーズンは結果が出ていますので、そのプロセスを含めて紹介させてもらっています。

守備をテーマとした本書ではありますが、読み終わった後にみなさんのサッカーへの理解や興味が高まっていることをここでお約束しておきます。

【CONTENTS】

Chapter 3
守備のプレーモデルを知る 159

Chapter 4
守備のトレーニングメソッド 215

Chapter 5
守備の進化から予測するサッカー戦術の未来 241

おわりに

本書に入る前に

本書内では、ピッチを３つのゾーンに分けた
「ゾーン１」「ゾーン２」「ゾーン３」の考え方をベースに話を構成しています。
つねに下図を頭に入れながら、本書をお読みください。

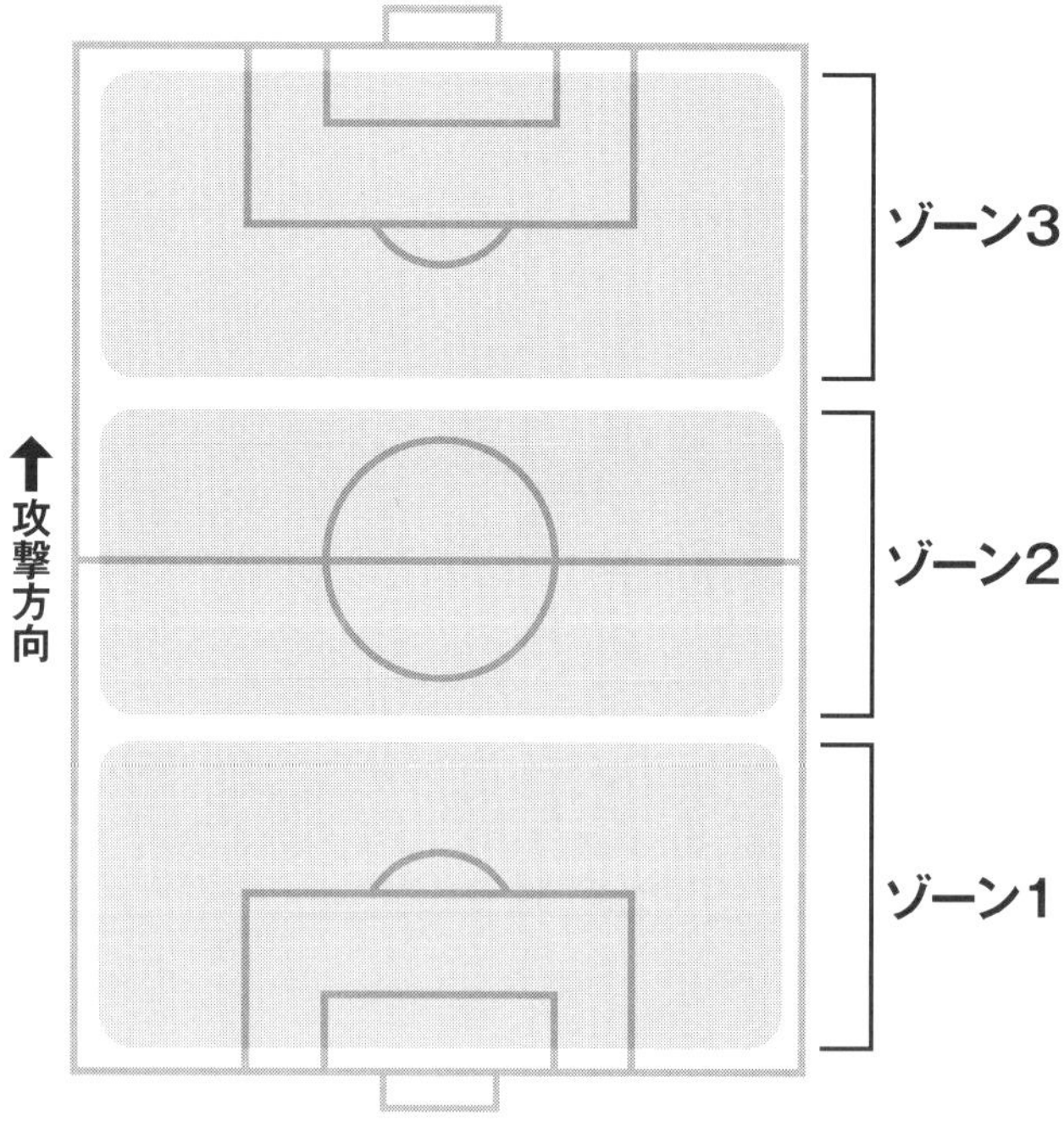

※本書内に出てくる図の矢印は以下をご参照ください。

人の動き - - - - - →　ボールの動き ――→　ドリブル 〜〜→

Chapter 1
サッカーにおける守備とは？

FCバルセロナ、スペイン代表がもたらした功績は攻撃だけではない

スペインサッカーの黄金期は2008年にスタートしました。ジョゼップ・グアルディオラがFCバルセロナの監督に就任して世界を魅了する攻撃的なサッカーを披露すると、そのプレーモデルはスペイン代表にも大きな影響を与えました。2008年のEURO（欧州選手権）で故ルイス・アラゴネス監督率いる〝ラ・ロハ〟（スペイン代表）が優勝したのに続き、2010年の南アフリカワールドカップで初優勝、2012年のEUROでは連覇達成と国際舞台で勝てなかった「無敵艦隊」ことスペイン代表が破竹の勢いでタイトルを獲るようになります。この時期、世界の注目は**ボールを持つ時間帯である「攻撃」の局面**に集まっていました。バルセロナ、スペイン代表の華麗なパス回し、狭いスペースでのコンビネーションプレー、センターバックからのビルドアップ、中盤にはシャビ・エルナンデス、アンドレス・イニエスタのようなゲームをコントロールできるテクニカルな選手がいる、といったことが大きくクローズアップされ、世界中のチームがそれを目指そうとしました。

おそらく、日本のみなさんも「バルサのようなパスサッカー」に憧れを持ち、「ボールを保持するポゼッションサッカーがトレンド」といった話しを何度も耳にしたはずです。実際に私

が住んでいるスペイン、バルセロナのあるカタルーニャ州でも育成年代においてのその影響を受けて多くのチームのプレーモデルがバルセロナのようなボールを保持するスタイルになる時期がありました。

ボールを保持し、時間をかけて攻撃を構築していくサッカーがトレンドとなったことは確かですが、これは日本だけではなく世界中で起こった現象だと思います。このようにしてバルセロナとスペイン代表が与えた攻撃面の影響は非常に大きいのですが、果たして「攻撃」だけだったのでしょうか？

サッカーは対戦する相手がいて成り立つスポーツ

バルセロナの全盛期に他のチームは何を考えていたのでしょうか？

バルセロナと同じサッカーを目指していたのでしょうか？

確かにそれが理想ではありますが、現実はそうではありません。16－17シーズンよりマンチェスター・ユナイテッドで指揮を執ることになるジョゼ・モウリーニョ監督は、その当時率いていたレアル・マドリーにおいて中盤でブロックを形成する守備からのカウンターでバルセロナに対抗しようとし、アトレチコ・マドリーのディエゴ・シメオネ監督は前線からプレスをかける守備で、バルセロナを打ち負かそうとしました。つまり、ライバルチームはみな「このバルセロナにどうやったら勝てるか」を試行錯誤していたのです。

世間がバルサの華麗なサッカーに注目している間、現場では守備の局面でどのように彼らに対応するかを考えることで、ヨーロッパにおいては守備のレベルが急激に上がっていきました。このような情報やサッカーの歴史の見方は、おそらくバルセロナを「ライバル」として捉えにくい日本でそこまでなかった印象を受けます。

ひと昔前は、リオネル・メッシ擁するバルセロナに対抗するためには中盤ゾーンよりも後ろに分厚い守備ブロックを形成し、相手が前がかりになったところで電光石火のカウンターからチャンスをうかがうプレーモデルが一番効果的な「対バルセロナ」の戦い方だと考えられていました。

バルセロナの最終ラインには自由にさせ、そこから中盤への配球先で激しいプレスをかけてボールを奪おうとする戦術です。インテル時代にその戦術でバルセロナを破った経験を持つモウリーニョ監督がレアル・マドリーを率いて〝エル・クラシコ〟を戦う時にはほとんどのゲームでこの戦術を採用しました。しかしながら、グアルディオラ監督も試行錯誤を繰り返し、引いた相手をどう崩すか、カウンターを受けないためにボールを失った瞬間にいかに早く奪い返すか、という問題を解決するために選手を変え、戦術とシステムを変更することでバルセロナのサッカーをさらに進化させていきました。

結果として何か起こったかというと、今度はバルセロナ相手に引いて守っているだけでは全く勝ち目がない、守備ブロックをゴール前で作ってボールを奪ったとしてもすぐに囲まれて奪い返されてしまうということになり、スペイン国内のいくつかのチームはバルセロナのＤＦラインに積極的なプレッシングをかけてビルドアップを自由にさせない戦術を採用するようになりました。

その際たる例がシメオネ監督率いるアトレチコ・マドリーでした。前線へ積極的なプレッシングをかけながらも、ある一定のシチュエーションになった時には11人全員がゴール前に戻って守備をするという多様性のある守備のプレーモデルを確立しました。少し前までは、プレーモデルにおける守備の設定は１つだけでしたが、最近では状況によって使い分けをしているチームが増えてきています。

私もスタンドで観戦したリーガ・エスパニョーラ15－16シーズンの第24節バルセロナ対セルタの試合もそのような展開で、セルタは前線から前にはめに行くプレッシングを実行し、相手センターバックに考える時間を与えないよう中盤でもしっかりとマークにつくことでビルドアップを封じ、ロングフィードを蹴らせる守備戦術で見事にバルセロナが自慢の３トップにボールが渡らない展開を実現していました。

しかしながら、セルタはバルセロナにロングフィードのセカンドボールを拾われ、押し込まれた場合には自陣ゴール前で分厚いブロックを組織的に形成し、守るゲームプランも遂行しました。このようにセルタは明らかに局面によって守備のやり方を使い分けていました。

バルセロナやスペイン代表のサッカーが一時代を築く一方で、対戦相手はどうすればそのサッカーに勝てるのかを試行錯誤しながら、結果として守備戦術のレベルを高めていきました。それがここ数年のヨーロッパ、世界のサッカーの流れであり進化です。

ヨーロッパではこのような戦術の戦いが日常茶飯事に行われていて、「今のままで結果が出ないのであれば、アプローチの方法を変えて相手を倒しに行く」という思い切った行動が取られています。このあたりのメンタリティは農耕民族の日本人と比べると違いが出ているのかもしれません。狩猟民族のヨーロッパ人は**「リスクを負わないことが一番のリスク」**ということを本能的に理解している一面が見え、それがヨーロッパにおけるサッカーの進化に一役買っていると私は理解しています。また、こうした傾向は今後より一層強まっていくと見ています。

なぜなら、現在バルセロナによって高められた守備戦術を破壊する「縦への速さ」をルイス・エンリケ監督のバルセロナが確立し、新たなサッカーの進化が起こっているからです。「MSN」と呼ばれるメッシ、スアレス、ネイマールの3トップの15－16シーズンの連携は三冠を獲った14－15シーズン以上にも増して高まっており、高速カウンターの精度や一度のチャンスでゴールを奪うフィニッシュの精度は試合を重ねる毎に高まっていました。

以前のバルセロナであれば縦の速さはそこまでありませんでしたので、相手チームは前からプレスをかけ、はがされたら自陣へ戻る後退をして守備組織を形成することで対応できていました。しかし、現在のバルセロナはファーストプレスをはがした後のカウンターのスピードが守備の後退のスピードを上回っています。守備側からするとバルセロナを苦しめる形を作ったにも関わらず、バルセロナがその上をいく攻撃の形を手に入れてしまい困惑している段階です。

象徴的な現象として、2016年2月24日に行われたUEFAチャンピオンズリーグ（CL）ラウンド16第1戦のアーセナル対バルセロナのゲームにおける70分のメッシの得点が挙げられます（**図1**）。60分あたりからアーセナルが勢いづいてバルセロナゴールに迫り、何度もシュートチャンスを作り出していた時間帯での得点でした。普通に考えればアーセナルが点を取る可能性が高くなってきたと見えるような展開ですが、カウンターアタックでバルセロナが得点につなげてしまいました。今のバルセロナにはこうした怖さがあり、相手からすると本当に嫌なチームです。「今は自分たちのリズムだ」と思っていたら、たった1本のカウンターで失点してしまうからです。相手陣内に押し込んでいる時間帯は逆に失点のリスクが高まっているという今までにない展開が起こっているのです。

サッカーはこのようにして進化のスピードを上げていますし、スペインでサッカー指導者と

図１　メッシのゴール（2016年2月24日　UEFAチャンピオンズリーグ ラウンド16 第1戦 アーセナルvsバルセロナ）

アーセナルが勢いづいてバルセロナゴールに迫り、何度もシュートチャンスを作り出していた時間帯だったが、カウンターアタックでバルセロナが得点につなげたシーン。

して生活する私にはリアルにそうした変化が伝わってきます。

改めて考える「守備の重要性」

スペインで指導をしていて感じることは、チームを率いていく上で守備の構築が必要不可欠だということです。では、守備をきちんとトレーニングできていないチームはどうなるのでしょうか？　これは私も実際に経験したことなのですが、スペインに来て3年目のシーズンに小学生のチームを率いました。当時の私は、攻撃のトレーニングばかりしていて守備のことはほとんどやりませんでした。結果的にそのシーズンは本当に悲惨な結果になってしまったのです。第1監督を初めて経験し、自ら年間のプランニングやチームマネジメントをした時に考えていたことは、「小学生だからまずは攻撃のトレーニングをしよう。子供はボールを使った攻撃の練習の方が好きなんだから」ということでした。蓋を開けてみると、確かに攻撃のレベルは上がったものの守備面でのプレーが全くできず、試合で簡単に失点を許してしまい、毎週末のリーグ戦に勝つことができませんでした。そうなると選手たちのモチベーションは下がり、いいプレーを発揮できず、負けが込むようになります。監督である私への信頼も低下する一方で、チームがコントロールできなくなるという悪循環に陥ってしまったのです。

スペインの育成年代におけるカテゴリーですが、中学生まで2学年ごとに区切られていて、私が率いていたチームはU－11、12のカテゴリーにおけるU－11の選手たちでした。試合では一学年上の相手と戦うこともありましたので、それを考えると守備をやらずに崩壊してしまうゲームが続いたのは今考えると当たり前のことなのですが、当時の私はそれがわかっていませんでした。

守備というのは監督のチームマネジメントに直接的な影響を及ぼすほど重要なものだと今の私は考えています。攻撃がイマイチで点が取れなくても、守備ができれば引き分けにもっていくことは可能ですが、守備ができないと確実に失点をして敗戦、勝ち点0の結果をもたらします。スペインでは、小学生であってもチームを勝たせることができない監督を信用しません。

15－16シーズンの私は、UEコルネジャという街クラブのユースBで第2監督を務めていますが、ここ3シーズンは比較的いいシーズンを送ることができています。昨季も2シーズン前もユース3部リーグで優勝争いをしていましたし、15－16シーズンは1つ上のリーグにあたるユース2部リーグでバルセロナ、RCDエスパニョールといったプロクラブのユースBと上位争いをして、優勝チームに勝ち点1差で3位に終わったものの最終節まで優勝の可能性を残してバルセロナなどと優勝争いをしました。特に今シーズンは、バルセロナ・ユースBにもアウェイで勝利し、エスパニョール・ユースBにはアウェイで勝利、ホームで引き分けというこれ以上ない結果を出すことができています。また、失点の数も34試合で29失点とリーグ最少失点の記録を樹立しています。ここからわかることは、**守備の安定があるとチームの成績もそれに呼応して安定する**ということです。

何よりもチームのメンタル的な安心をもたらし、試合が大崩れしないというメリットを実感しています。実際、最近のシーズンは守備の構築をかなりしっかりとやりこむことにプライオリティーを置いたチーム作りをしています。シーズンを通して結果を出し続けるには、守備の構築が大きな鍵を握っています。

最近になって私は自身のブログやTwitterなどSNSで守備の重要性について気づいたことと、感じたことを発信しています。それに対して、日本で活動する指導者のみなさんなどから多くの反響を頂戴しました。それは非常に嬉しいことです。

また、日本のサッカーメディアを見ていても、最近は守備についての記事が少しずつ出始めているように思います。以前までは、ボール扱い、過度に攻撃に偏った記事や情報が出回っていましたが、少しずつ流れが変わっているように見受けられます。

ただ、私の中で危惧していることは、日本人は極度に情報に揺れやすく、「トレンド」という言葉に影響されやすい特性が国民性としてあるということです。今までと異なる情報が発信されると、それまでのものがすべて否定されたような風潮になり、「新しいものこそ正しい」

というように考えてしまう傾向にあります。

バルセロナやスペイン代表のようなサッカーにイメージされる攻撃やテクニックを賞賛していた人たちが、グアルディオラ監督が去って1つのサイクルを終えたバルセロナや、シャビやプジョルが引退をしたスペイン代表の現状を目の当たりにして、「スペインサッカーはもう古い。これからの時代は、縦に速いカウンターサッカーだ」というように大きく針が振れた意見を持っているのではないかと危惧しています。

確かに、現代サッカーにおける縦の速さは攻撃において重要な要素です。しかし、大事なことは「なぜそうなったのか？」という背景を理解することです。そこで考えたいのは、日本ではあまり情報が出ていなかったバルセロナのサッカーの裏側にあった**「守備の進化」**です。この本で今から私はサッカーの守備のことを綴っていきます。

しかし、私はサッカーのトレンドを語っていくつもりはありません。守備における基本的な全体像と戦術コンセプトを紹介し、サッカーにおける守備がどのように成り立ち、指導者としてどのようにして選手にそれを伝え、チームに落とし込んでいるかという具体例を伝えていきます。

その結果として日本サッカーの守備レベルが向上し、それによって対峙する攻撃のレベルが上がり相乗効果が起こることを期待しています。**現実として日本のサッカーの進化はヨーロッ**

パと比べると5年は遅れています。

だからと言ってこのままずっと5年遅れでいては、いつまで経ってもヨーロッパや世界のサッカーの進化に追いつくことはできません。私が知り得るスペインで起こっているサッカーの現状をお伝えすることで、ヨーロッパで起こった進化を理解し、ヨーロッパで費やされた半分の時間で日本サッカーの進化を起こしてもらいたいと切に願います。

ちょうどこの原稿を書いていた時期に、女子サッカーのリオデジャネイロ五輪アジア最終予選が大阪で繰り広げられていました。そこでもサッカーの進化に関して気づきがありましたので、ここで少し綴りたいと思います。

現時点で日本女子サッカー代表のなでしこジャパンは２０１１年のドイツ女子ワールドカップ、２０１２年のロンドン五輪、２０１５年のカナダ女子ワールドカップという国際大会で３大会連続のファイナリストになっている強いチームであり、間違いなく世界トップランクの強豪国です。ハイレベルなテクニックをベースにしたボールを支配するサッカーで世界のトップへと上り詰めたのが佐々木則夫前監督率いる近年のなでしこジャパンでした。

一方、女子サッカーの世界では近年ヨーロッパの国々が強化に力を入れるようになりました。それまでのヨーロッパにおいて「女子サッカー」はマイナーなスポーツでした。男子サッカーとは違い、日本の女子サッカーはどちらかというと「先行者メリット」を得て世界トップグループに入っていったというのが私の認識です。

２０１１年に世界チャンピオンになったなでしこジャパンですが、２０１６年2月、３月に大阪で行われたアジア最終予選で3位に終わり、リオ五輪の出場権を逃してしまいました。苦しんだアジア最終予選で特に興味深いゲームが、２０１６年2月29日に行われたオーストラリアとの初戦です。個人的な印象にはなりますが、オーストラリアはなでしこジャパンをしっかりと分析し、レベルの高い守備戦術を身につけていました。オーストラリアはなでしこジャパンの得意とするボールポゼッションを封じるために前から組織的プレッシングにいくことでゲームを支配しようとしました。アジアのみならず世界でもトップランクに位置するなでしこジャパンに対する戦い方はそれまで中盤でブロックを形成し、待ってカウンターというのが定番でした。

しかし、ヨーロッパのトップレベルで起こっている現象や守備戦術はそこから進化してボールを自由に持たせない守備を臨機応変に行いながら、相手の得意とするプレー（攻撃）を消しにいく戦い方です。オーストラリアの守備はまさにそのようなことにチャレンジしていました。攻守の切り替えが非常に速く、失ったボールをすぐに奪い返すプレッシングも実行し、逆にボールを奪った時の切り替え時もなでしこジャパンの素早いプレスをはがすだけの狭いエリアでのコンビネーションプレーが洗練されていました。そのゲームを見ながら、ヨーロッパの男子サッカーのゲームを見ているような感覚になりました。それだけ女子サッカーの世界にもサッカーの進化が現実のものとして起こっているということなのです。

なでしこジャパンがボールを保持する日本人が得意とするサッカーで世界を制した後、他国はそのサッカーを超えるため、打ち負かすためにどうするかを考え進化してきたということなのです。それがはっきりとわかる試合であり、オーストラリアの快勝でした。おそらく、オーストラリアだけではなくヨーロッパの国々でも女子サッカーには積極的な強化や投資が行われ、今後なでしこジャパンが世界トップを維持する難しさは増す一方でしょう。だからこそ、次はなでしこジャパン、日本の女子サッカーが世界をキャッチアップするのみならず、追い越すための進化を成し遂げる番なのです。

育成年代にも落とし込まれるチームの守備戦術

スペインサッカーというと攻撃に目が行きがちですが、守備も非常に緻密にやりこんでいて、育成年代でもその傾向ははっきりと見えます。私は現在、ユース年代（高校生）のチームを指導していますが、自チームのカテゴリーはもちろん、その下の中学生や小学生の年代でも守備を緻密にオーガナイズして選手育成しています。

たまに見る小学生年代のチームの5、6年生や3、4年生のゲームでも、しっかりとチームとしての守備のプレーモデルがあり、DFラインはどの高さに設定し、どのゾーンからボールを誘導し、どこでインテンシティを上げてボールを奪うのかが「決まっている」とわかるプレーをしています。

各選手がそれに向かって判断をしながらプレーをしていることにしばしば驚かされます。前述の通り、私も10－11シーズンに小学5年生のチームを監督として率いて戦いましたが、あれから5年が経って今見るカタルーニャ州の小学生のサッカーの戦術レベルは驚くほど上がっています。

カタルーニャ州では7人制のサッカーを採用しています。小学生年代では2学年ごとにカテゴリーが分かれ、1部、2部、3部と階層化されたリーグ戦のピラミッドが成り立っています。ですから、長いシーズンの中では一学年上だったり、バルセロナやエスパニョールといったプロクラブの下部組織と戦う機会があり、そのようなゲームでは必然的に守備の時間が長くなります。そういうゲームで守備がしっかりとオーガナイズされていなければどうなるでしょうか？　大量失点で負けてしまうのは明白です。

私が所属するUEコルネジャは育成年代でバルセロナやエスパニョールと戦う機会が各カテゴリーである強豪の街クラブです。基本的にはどのカテゴリーでも格上の相手と対戦する時には、守備から入るゲームプランで臨みます。そこでは各監督が自チームの選手に適した守備からカウンターのゲームプランを構築し、バルセロナやエスパニョールに一矢報いようと戦いに臨みます。もちろん、そのゲームだけで守備を学んでいるわけではなく、2学年で構成されるカテゴリーのうち1年目は身体も小さくハンデを背負って戦うゲームが多いので、守備をしっかりと学びチームのベースを作る期間となります。2年目になれば逆に優位にゲームを進める試合が多くなりますので、攻撃を学ぶことができます。2学年毎でカテゴリー分けされているスペインの育成年代では、そうした環境が自然と成り立っていますし、私は特に守備を学ぶには良い仕組みだと感じています。

サッカーの進化のスピード

これまでサッカーは様々な要素によって進化してきました。サッカーの歴史を紐解いていくとシステムの進化、戦術の進化、用具や環境の進化、また時にはルール変更（オフサイドルールやGKのプレーの制限など）があり、より魅力的なスポーツに変貌を遂げてきました。これらによりサッカー選手に求められる能力も日々変化し、昔よりも強靭な身体能力、複雑な構成要素を理解する知力、ゲームにかかる重圧をもろともしないメンタリティ、とてつもないスピードで展開されるゲームでミスをしないテクニックなど、選手に要求されるものやレベルは年々進化しています。

その進化があるからサッカーという競技が進化するのです。実際に、この5年で世界的に守備戦術が進化したことにより、サッカーに関わる人間に求められる能力も変わってきました。そして、この先も日々進化し続けるでしょう。

現在、テクノロジーの進化はすさまじいものがあり「IoT」（Internet of Things）という言葉が頻繁に使われていますが、サッカーの世界にもその影響は間違いなくあります。私の知人の1人に、サッカー分析のツールを開発している人間がいます。彼は「サッカーにおけるテクニック、戦術、フィジカルという3大要素はどこもほぼ同じレベルに来ていて、各国・各クラブでやっていることに大差は無い。これからはいかにしてテクノロジーを駆使し、情報のフィードバックの速度を促進してチームの進化のスピードを上げていけるかで勝負が決まる」と話しています。

今では試合のビデオを撮影して分析し、現場にフィードバックするのは当たり前のこととして行われていますが、ひと昔前は当たり前ではなく一風変わった取り組みと言われていました。おそらく今後はその分野で勝負が決まる時代になってくるでしょう。

具体的に何が大事かというと、現場へのフィードバックと改善のサイクルのスピードを上げていくことです。ゲームだけではなくトレーニングを撮影し、終わった「後」に分析して選手に伝える、それを基にトレーニング計画を立てることは読者のみなさんの中でもやっている人は多いでしょうが、ヨーロッパの最先端では「リアルタイム」で上からの練習風景がピッチ内にいるタブレットを持ったスタッフに送られ、スタッフは上からの俯瞰の動画でプレーを確認することができるのです。

ここにタイムラグがあることは理解できますか？

「後」で分析するのか、それとも「リアルタイム」で分析するのか。

これが非常に重要なのです。リアルタイムで分析をして選手にフィードバックすることで、プレーの改善のスピードは速まります。それによってチームのパフォーマンスの進化のスピードは格段に上がりますから、これを導入しているかどうかで成績に差が出るのは容易に理解できることだと思います。

今後サッカーへのテクノロジーの導入は世界中に広がっていくでしょう。既にヨーロッパのトップレベルのクラブや代表チームは、この技術を駆使して素晴らしい成果を上げています。使いこなす組織は結果を出し、進化のスピードを上げ続ける。反対に使いこなせない組織はその波に取り残されるという時代に突入しています。

私のチームでもこれに似たことをできることからやろうということで、戦術トレーニングの撮影をして次の日のトレーニングにそれを反映させられるようにしました。さすがにリアルタイムとはいかないですが試合だけのチェックとは違い、トレーニングを試合のリハーサルとして考えた平日の自チームのプレッシングの練習をしている時から誰が何をできているかをチェックできるのは、現場へのフィードバックのスピードと頻度が上がるので効果を実感しています。例えば、バルセロナ・ユースB戦の週には相手が1－4－3－3で行うビルドアップを見立ててサブ組に同じ動きをさせ、それに対してスタメン組が1－4－4－2で敵陣ゾーン3からはめに行くプレッシングを実行するトレーニングを行いました。トレーニング中も選手に対して指示を出し、うまくいくように修正を行いますが、ピッチ上では見えないことを後からビデオで見て気づくことがあります。

ちょっとしたポジションのズレが生じて相手をフリーにさせてしまう、スライドが遅くサイドチェンジをされた時にボールにプレスをかけられていない、というような現象をビデオ確認することで「これができていないからチームの守備戦術に亀裂が生じている」と理解することができます。結果として、試合中ではなく事前に分かることになるので試合に向けてより詳細な準備ができます。

もしこれが試合中に分かったとしたら「時すでに遅し」となっているかもしれません。現代サッカーでは1回のミスが即失点につながるというレベルになってきていますから、そのようなことが起こるリスクを練習中から見定めていく必要があります。サッカーの環境もここまで進化してきているのがヨーロッパのトップレベルです。

知人が言っていた**「テクノロジーや情報を使いこなせない監督や人間はサッカー界から消えつつある」**という言葉が強烈に私の脳裏に焼きついています。日本サッカーもこの波に取り残されないよう、しっかりと喰らいついていかなければいけません。余談ではありますが、その知人は一台のカメラで試合を撮影、分析し始めたことをきっかけとして、システム開発をスタートさせました。そのカメラのメーカーは、SONYだったそうです。ヨーロッパのサッカーを進化させたのは奇しくも日本メーカーの製品がきっかけとなったのです。

分析には2種類ある

日本では「分析」というと、スプリント数やパスが何本つながったという数字が一般的です。つまり、誰でも同じ意味を受け取る種類のデータを扱うことが現在の流行りのようです。先日、日本滞在中に「スカパー！」のアプリを開くと、試合中の各選手のそうしたデータが出ていることに驚きました。試合の解説もそれを意識した様子（データから根拠を述べるような解説）が感じ取れました。

スプリントやパスの数などのデータは**「客観データ」**と呼ばれます。パスが3本つながったという現象が起きれば、それは「パス3本」であり、2本でも4本でもないという誰もが納得するデータに当たります。最近よく見る「あの選手の走行距離は12キロメートル」というデータもこれに当たります。

そうした客観データも分析する上では使える情報なのですが、もう1つの**「主観データ」**という部類の情報があり、その情報は捉える人間によって意味が変わります。例えば、守備のプレッシングの映像を2人が見たら、片方の人は「良いプレスだ」と感じ、もう1人は「いやいや、ここができていない」と思うかもしれません。

このように見る人によって、情報の意味が変わるのが「主観データ」と言われる情報です。サッカーのプレーの改善には「主観データ」の観点からの分析が重要となります。「客観データ」はあくまで主観データを補うものでしかありません。「走行距離12キロ」という客観データにどのような意味が含まれるのかまで考え、どこで？　どのように？　いつ？　どのタイミングで速度が上がっているのか？　といった戦術的な意味を踏まえながら主観的に分析することが重要です。

主観データは扱う人によって意味が変わるわけですから、誰が分析するかはチームのパフォーマンスの変化に大きな影響を与えます。要するにサッカーのデータを扱う人、動画を編集する人がどこまでサッカーのことを熟知しているかによって有用な情報になるのか、そうでないのかという差が出てくるわけです。

自分のチームのプレッシングがうまくいっているのかどうかは、見る人によって評価が変わります。そのプレッシングがなぜ良いのか、またうまくいっていないのかを原因まで分かっている人がアナリストにいれば現場への情報の到達はとても洗練されたものとなります。

ですから、近年のヨーロッパではアナリストの価値が非常に高くなっています。昔のようにビデオを撮影し、監督の言う通りに動画を編集するだけでは有能なスタッフとは言えない時代になっています。先ほども述べた通り、アナリストもリアルタイムで動画を選択し、切り取って編集しなければならないわけですから、監督の指示を待っている時間はありません。

その人間がサッカーを熟知し、監督の求めているシーンを選ぶ能力、現象内にある問題を説明する戦術分析能力を持ち合わせていなければいけません。もちろん、機械を扱う技術があることは大前提ですが、指導者、監督と同等のサッカーの知識を持っていなければ現代サッカーにおけるアナリストの役割を果たすことはできないのです。

ヨーロッパトップレベルのクラブでは、アナリストにかなりの重要度を置き、人員もかなり割かれています。自チーム用の分析スタッフに数人、近々の何試合かの対戦相手にも数人、トレーニングをリアルタイムで分析するスタッフが数人、というように合計するとかなりの人数を置いています。それだけこの分野に対する認識が違うのです。

ビッグクラブであれば、対戦相手のチームを分析するスタッフが複数いて、それぞれに何チームかが割り当てられ、シーズンを通して相手の分析をし続けます。1試合だけではなく複数のゲームをチェックし続けるので対戦する時には丸裸にした状態になっています。相手のプレッシングがどのような形態か（ゾーン3からくるのか、ゾーン2で待ち構えるのか）、システムはどうなっていてどこでリスクをかけて奪いに来るのか、ということを事前に継続的にチェックするのです。加えて、自チームと対戦する時にはその戦術を利用してくるのか、または特別に違うプレッシングの方法を採用するのか、なども考慮して戦いの展開を予想して準備を進めるのです。このように、アナリストに求められる能力も近年では大きく変わってきています。そして監督の仕事もそれに準じて変わってきています。分析や戦術は優秀なスタッフに任せることで、あとはチームのマネジメントや采配の「決定」に集中することが監督の仕事となってくるわけです。

ひと昔前、ジョゼ・モウリーニョ監督の右腕であるルイ・ファリアが「サッカーを熟知しているフィジカルの専門家」として注目を浴びてサッカーをトータル的に観ることができるフィジカルコーチがいることで監督は安心してフィジカルコンディション（フィジカルを切り分けて考えることはできないのですが）をスタッフに任せられるようになりました。

今では、戦術面に関してもピッチ内でｉＰａｄなどのタブレットを使いこなす優秀なヘッドコーチとアナリストのタッグに任せていく傾向が一般化しています。日本サッカーもこの分野についてはスピードを上げて改善を進めていかなければならないと感じています。１つは、サッカーを戦術的にハイスピードで分析できる人材が少ないということ。

もう１つは、カメラ設営などの施設に対しての投資が積極的ではないということです。人とモノへのリソース確保を迅速に進めていかなければ、サッカー先進国であるヨーロッパや今急速に力を入れているアメリカ、この分野にも進出・投資をしてくると噂される中国にも追いつけなくなる可能性があります。そうなると、世界からのみならず、アジアからも引き離されてしまいかねません。

日本人選手がスペインで評価されにくい原因

ドイツのブンデスリーガでは、多くの日本人選手がプレーすることが普通になってきました。しかし、スペインのリーガ・エスパニョーラでは未だに日本人選手の活躍が証明されていません。これまで日本を代表する選手だった大久保嘉人（ＲＣＤマジョルカ／現川崎フロンターレ）、中村俊輔（ＲＣＤエスパニョール／現横浜Ｆ・マリノス）といった日本人選手たちがリーガに挑戦してきましたが、残念ながらチームで安定した出場機会を得られることはできませんでした。15－16シーズンからは日本代表MFの乾貴士がSDエイバルでプレーしており、今後の活躍に注目が集まっています。ドイツと比べると日本人選手が活躍するのが難しいのがスペインのサッカーと言えるわけですが、それはなぜなのでしょう?

私の視点では、**スペインで必要な守備能力の欠如**がその1つだと感じています。細かいパスから華麗な攻撃が注目を浴びているスペインサッカーではありますが、実は守備面でとても細かく、緻密な約束ごとが多い中でのプレーを迫られています。

スタートポジション、スライド、マークの受け渡し、味方との連動、などを細かく味方とコミュニケーションを取りながら行わなければいけませんし、監督も守備の仕事をしなければ信用して試合には使ってくれません。しかも、現在の日本人選手が入れるスペインのクラブはFCバルセロナやレアル・マドリーのようなビッグクラブ、守備を多少サボってもいいようなレベルではなく、中堅以下の「まず守備をしっかりとやってから」というチームです。そうなると、攻撃的な選手であっても守備の仕事でかなりのボリュームを求められます。

そこで日本人選手は2つのハンデを抱えています。まずはスペイン語を話せないという言葉の壁。次に、育成年代から守備の戦術を見につけてきていない点です。

1つ目の語学の問題ですが、チームの戦術を決めるのは監督であり、非常に多くの約束事がチーム内に存在していますので監督の言っていることを理解できない選手は機能的に動くチームのワンピースになることは難しくなります。守備は感覚でプレーできるほど簡単なものではありませんし、これまでよりもより強固で知的な守備が求められている現代サッカーでは組織の中に1人でも連動していない選手がいる場合、そこからゲームが壊れていきます。

スペイン語では、そのような選手のことを「Está perdiendo en el campo（迷子になっている）」というような表現をしたり、守備ができない選手がチームにいると「Está jugando con menos jugador（人数が少ない状態で戦っている）」と言われてしまいます。

まさにどこに行けばいいか分からないという現象が起き、しかも周りに聞くことができないわけですから、手の打ち様がありません。ヨーロッパの他のリーグを見た時に、スペイン同様に守備の緻密さが全体的に高いのはイタリアです。

イタリアのセリエAは、さすが守備の文化が根づいている国ですからどのチームも全体的に守備組織を作り込んでいます。私が住むスペインも1部リーグだけではなく4部であっても守備をしっかりとやらないと勝てないリーグのレベルですから、やはり守備は緻密にやっていると断言できます。

2つ目の育成年代の守備戦術の習得ですが、これは日本サッカーの育成年代における急務の課題の1つと言えるでしょう。私は日本へ帰国する度にJリーグの試合（J1、J2、J3）、大学サッカー、ユース年代、ジュニアユース、ジュニアといったほぼ全カテゴリーのゲームを見るのですが、守備のレベルを同年代のスペインの選手やチームと比べるとかなりの差があることをいつも痛感しています。

プロのゲームを見ても守備でできることが少ない、すなわちプレッシングの種類が豊富ではないことと、守備で大事なことが習慣化されていないことが目につきます。前線はプレッシングを実行しているのに後ろが連動していなくてライン間のスペースを広大に空けてしまっている、マークについてきていない、横のスライドのポジション修正が遅く簡単に間にパスを通されてしまう、せっかく追い込んだのに予測が足りず寄せが甘くて状況を打開されてしまうなど、「やってはいけないプレー」がまだまだプロレベルでも散見されます。

そうした原因を育成の現場を見ることで理解できました。**結論としては、育成年代で守備の練習時間が足りていません。**日本サッカーの特徴とも言える、圧倒的なテクニックの反復練習と最近では攻撃戦術がレベルアップしてきましたが、守備の戦術とテクニックレベルのための練習がまだまだヨーロッパのレベルには追いついていません。特に小学生の低年代では、未だにボール扱いのトレーニングばかりが行われています。

まるでサッカーはボールを扱うことが目的で、ボール扱いさえよければ試合に勝てる、ボール扱いが優れている選手が素晴らしい選手である、といったサッカーの本質からはかけ離れた価値観があるようにも見て取れます。低年代で守備を教える必要はなく、それは年齢が上がった時にやればよいと考えてられているのかもしれません。

また、指導者がどうやって守備を教えたら良いかわからない、という問題もあるでしょう。様々な原因があるのは理解できますが、いずれにせよ日本の小学生年代の選手たちが本来習得すべき守備戦術を適切な年齢、タイミングで教わっていないのは事実であり、それが日本サッカーの守備レベルの発展の妨げになっています。少なくとも小学生のジュニア年代までには次のようなことは身につけてジュニアユースに進んでもらいたいと考えています。

・自分のマークが誰なのかを見る
・自分がどこに立てば良いのか（ポジショニング）を知る
・マークをする相手はどこでボールをもらおうとしているのかを予測する（駆け引き）

守備の個人戦術とグループでの戦術の基礎となる情報を選手が受け取り、「サッカーにおける守備とは何なのか？」を知り、ジュニア年代から守備の戦術メモリーを高めていくように育成していくべきです。

このようなことがしわ寄せとなって中高生年代で守備を知らない、プロになっても守備を知らない、そのような選手がいざヨーロッパのサッカーに飛び込んでいった時にチームや監督から認められる存在になるのでしょうか？

少なくとも今までの歴史では、日本人への評価は「まだまだ」だと語っているような気がします。育成年代の指導者、特に低年齢の小学生を教えている指導者は早急にサッカーの守備についての知識を深めて選手にそれを伝えていくことを始めるべきです。初めはうまくいかないかもしれません。どうやって教えたらいいのかわからない方もいるでしょう。しかし、それも含めて勉強だと私は考えます。

プロの試合を見て守備がどうなっているのか研究する、知人と一緒にゲームを見て他の人の考え方やサッカーの見方を取り入れる、守備のトレーニングはどうやってやるのかをたくさんのトレーニングを見たり、ディスカッションをすることも十分勉強なのです。今ではインターネットがありますし、多くの文献がありますので情報を入れることは難しいことではありません。確かに情報過多の時代ではありますので選択に困ることはあると思いますが、とにかくまずはやってみることが重要です。初めからピンポイントで正解にいきつくことはほぼないでしょうから、失敗と成功を重ねながら指導者も指導における戦術メモリーを積み重ねていけば良いのです。そして、何よりも大事なこととして**一番の勉強の材料は、自分が実際に行ったトレーニングや試合の振り返りです。**

何がうまくいって、何がうまくいかなかったのか？
これを毎日のトレーニングから分析し、成功の可能性を高め続けるための研究と思考を深めていくことが自分にとって一番の経験になるはずです。

試合のインテンシティ（強度）は守備が決める？

「サッカーにおけるプレーのインテンシティ（強度）を上げたいならば、守備側をいかにコントロールするかが重要」

これは知人のスペイン人指導者の言葉ですが、最近になってようやく理解できるようになってきました。初めてこの言葉を聞いた当時も、何となくは理解していたつもりでしたが、「攻撃にもプレーのインテンシティを上げる要素はあるし、コントロールは可能だろう」と考えていました。

例えば、ボールを早く動かすこと、ミスをしないテクニックがあれば、攻撃のリズムは上がり、ゲームの展開も早くなるので結果的にインテンシティも上がると考えていました。また、単純なフィジカル能力が上がることで、ゲームを優位に進めることができます。ボディコンタクトの強度を上げること、コーディネーション能力を上げることで身のこなしが改善されミスのないテクニックを実現させることができる。それが結果としてプレーのスピードとインテンシティを上げると考えていました。

確かに理論的に考えると一理あるように見えるのですが、一歩踏み込んで考えていくと「ゲームのインテンシティの決定」という意味では近年のサッカーにおいては当てはまらない理論となってきています。なぜなら、現代サッカーにおいてボールを持っている攻撃側は「こう攻めたいからここを突く」といった「自分たちの攻撃ありき」の考えで攻撃をオーガナイズしていないからです。

猪突猛進で攻め込んでいく攻撃は現代サッカーのトップレベルにおいてほとんど見ることができなくなっています。それよりも、相手の守備のプレッシングとライン設定を見ながら、駆け引きをして、サイドチェンジを織り交ぜながら攻め込んでいく攻撃が多くなっています。ある意味で、**「相手の守備ありき」の攻撃**です。

相手が前からプレッシングをはめるべく前掛かりに出てきているのであれば、前線のラインを1つ飛ばすミドルパスを多用していくように、モダンなサッカーでは「守備がゲームの展開を決めることが多い」と言い切ることが可能なレベルにまで到達しています。

そういう側面を踏まえると、スペイン人指導者の言葉に全面的に同意できるようになりました。今では、**「ゲームの展開を左右するのは守備側のプレッシングにある」**とさえ考えています。

そう考える理由の1つとして、攻撃に比べて守備の方が指導者としてプレーのオーガナイズをしやすいという側面があります。テクニックアクションでミスが起こる攻撃に比べると、正しいポジションに立って、ボールの移動に対して素早くスライドを行い、再度正しい場所に立つということをさぼらずやっていれば、守備のプレッシングは成立してしまいます。

難易度で見た時には、間違いなく守備の方が低くなりますし、指導する上では守備を向上させる方が簡単です。そういった意味でも、「ゲームの展開を決めるのは守備」となります。その理解を持って以降、私も自分のチームで練習中に何度も試しています。実際問題、積極的にディフェンスへの働きかけをすることで、トレーニングの強度たるインテンシティは上がることがわかりました。

今の私の指導においてインテンシティを上げたい場合はとにかく守備に働きかけ、プレッシングに行かせます。よくある現象の1つとして、ボールは回っているけれども守備の強度を見れば低い、だから攻撃はうまくいっているように見える、というものがあります。そうした現象は、守備のインテンシティが低いから成立しているだけで、攻撃の精度やリズムをもう一段上げようと思えば、「もっとボールを動かしなさい」と攻撃側に働きかけるのではなく、守備側に「もっとプレッシングにいきなさい」と言って連動したプレッシングをオーガナイズしなければいけません。

それが今のサッカー指導においても核となる部分です。守備のプレッシングを積極的に行かせることで、サッカーにおけるプレー、ゲームやトレーニングのインシティ（強度）は上がります。そして、それはプレーのレベルに比例するのです。

敵陣にあたる「ゾーン3」からプレッシング行くことで、攻撃側はそれをはがしてボールを前進せざるを得なくなります。なぜなら、低い位置でボールを回していても大きなリスクが存在し続けるのですから、相手が前から出てくる分だけ今度は攻撃側が前にボールを運ぼうとするようになり、結果的によりダイナミックな展開になります。

逆に守備側がミドルゾーンの「ゾーン2」で待っている時というのは、ゲームのダイナミズムは落ちます。なぜなら、攻撃側にとっては後ろでボールを持っていても危なくないので、最終ラインでボールを保持する時間が増えるからです。

スペインにおいては今、育成年代であっても間違いなくゲームのインテンシティは攻撃ではなく、守備側のプレッシングによって決まっています。この事実と理論を指導する上で意識していると、指導者としては1つの道具になりえます。

しかし、サッカーにおいてインテンシティを求めることは当たり前のことなのです。日本ではアルベルト・ザッケローニ監督が日本代表監督を務めていた時、2014年のブラジルワールドカップ前になって「インテンシティ」という言葉が盛んに使われるようになり、現在はヴァイド・ハリルホジッチ日本代表監督と日本サッカー協会が**「デュエル」**という言葉をキーワード的に用いていることで球際の攻防や1対1の重要性がフォーカスされていますが、そこでも大切なことは守備でありプレッシングなのです。

私自身もチームの練習で選手がダラダラとプレーしている時には、「ダラダラするな」ではなく、守備者に対して「ボールに行け」という言葉を発しています。私のチームで重要視されているのは高い強度でトレーニングすることですので、「インテンシティがないサッカーには意味がない」という発破をかけることもあります。

実際にインテンシティがなければサッカーは成立しませんし、守備を激しく行かせることでインテンシティは攻守共に上がります。これには試合環境も影響を及ぼしています。週末のリーグ戦で対戦する相手チームのプレー強度をトレーニングで体験していない場合には、週末のゲームにおいて先手を取らされてしまうことが多々ありますので、私たちはトレーニングで口を酸っぱくして選手たちに「週末の試合の相手はもっと激しいぞ！」と発破をかけています。

日本に帰国して講習会やクリニックを開催する時によく聞かれる質問として、「どうすればインテンシティが上がりますか？」というものがあります。

その1つの答えが、**「守備を激しく行かせる」**です。単発で行かせてもはがされるだけですから、グループ、組織としてのプレッシングを教えた上で、それを連動させて、前からはめに行くプレッシングのアクションを増やすような指導ができれば必然的にインテンシティは上がりますので、その理論と指導法について次のChapterから順次説明していきます。

Chapter 2
守備のテオリア(理論)

4つの局面の中で何か起こっているのか？

すでにサッカーの展開を4つの局面に整理する考え方はかなり浸透してきていますが、改めてここでおさらいしておきましょう。

サッカーは自チームがボールを保持している時間帯の「攻撃の局面」、相手チームがボールを保持している時間帯の「守備の局面」、ボールの保有権が切り替わることによる「攻撃と守備の切り替えの局面（それぞれ2つ）」によって整理することが可能です。この4つの局面は、サイクルとして動いています**（図2）**。

本書では、フォーカスする守備について、「攻撃から守備への切り替え」、「守備」が大きく関係していますので、この2つの局面について詳しく見ていきます。

【攻撃から守備への切り替えの局面】

これは自チームが攻撃をしている時にボールを失った瞬間の局面を指します。それまで攻撃していたチームは守備のアクションに移り、ボールを失う前と後のアクションの属性は相反するものになります。

図２　４つの局面から見るサッカー

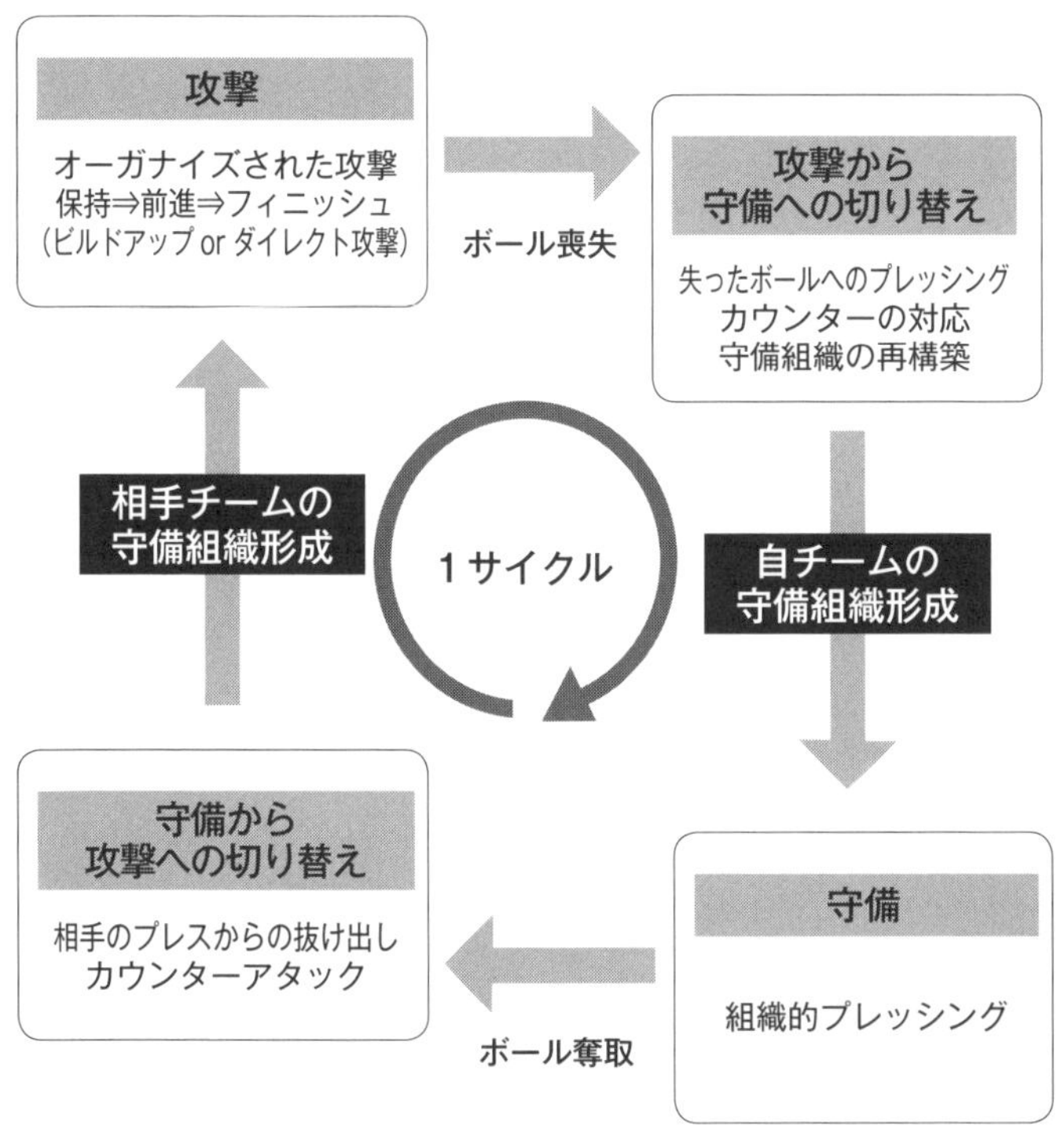

例えば攻撃時、スペースを確保するために広がっていた選手間の距離は、守備時ではスペースを消すためコンパクトにしなければいけません。また、攻撃時には相手の守備を撹乱するために「バランスを崩す」ポジションチェンジやマークを外す動き（アクション）をしますが、守備では組織に穴を作らないようにするといった「バランスを取る」ことを目的とした守備組織によるプレーへと移行することになります。これも相反する概念です。その瞬間において「やるべきタスクの変更」が発生するため、サッカーにおいてチームのバランスが最も崩れている状態となり、得点の可能性も高くなります。

具体的には4つの局面の図からもわかる通り、ボールを失った時には相手チームは奪ったゾーンからいち早く抜け出し、カウンターを発生させようとする（相手チームは反対の局面迎えている）ため、ボールを失ったチームは広がっていたポジションバランスからすぐに選手間の距離をコンパクトにして囲い込み、カウンターの芽を摘み取ることが重要です。それと同時進行でボールから遠い場所にいる選手は素早く守備のポジションに戻り、相手チームがカウンターアタックで狙うスペースを消すことが必要となります。守備の戦術が洗練された現代サッカーでは、この**攻守の切り替えを制するものが試合を制します。**

こうした局面の攻防においては、プレーインテンシティが高い点も現代サッカーの特徴です。加えて、今のサッカーでは多くのチームがこの奪った後のカウンターで縦に早い攻撃を重視しています。だからこそ、縦に早い攻撃やカウンターに対してしっかりと対応する守備というのは、以前よりも重要度が増しています。

Chapter 2では、この局面でチームとしてどのようなアクションを行っているのかを詳しく見ていきます。「ボールの周辺エリア」（図3）と「ボールから遠いエリア」（図4）に分けてそれぞれの戦術要素を解説していきたいと思います。

ボールの周辺エリアでは、次の戦術コンセプトを利用し、チームは失ったボールへのプレスをかけています。これを実行することで相手の攻撃の起点の芽を摘み取ることを目的にプレーしています。

守備の戦術コンセプト①

失ったボールへのプレス

【定義】

チームがボールを失った直後にボール保持者に対してプレッシングを実行する。

【目的】

・カウンターの起点となるパスを出させないようにする。
・相手の攻撃のサポートが整わないうちにボールを再び奪い返す。

図3　ボールの周辺エリアでのプレッシングの例

攻撃していたチームの右ウイングがボールを失った瞬間に周辺の選手たちが、ボールとその周辺に向かってプレッシングを実行している。これにより、ボール保持者は早くプレーの決断を迫られ、慌ててミスを起こす可能性が高まる。

図4　ボールから遠いエリア

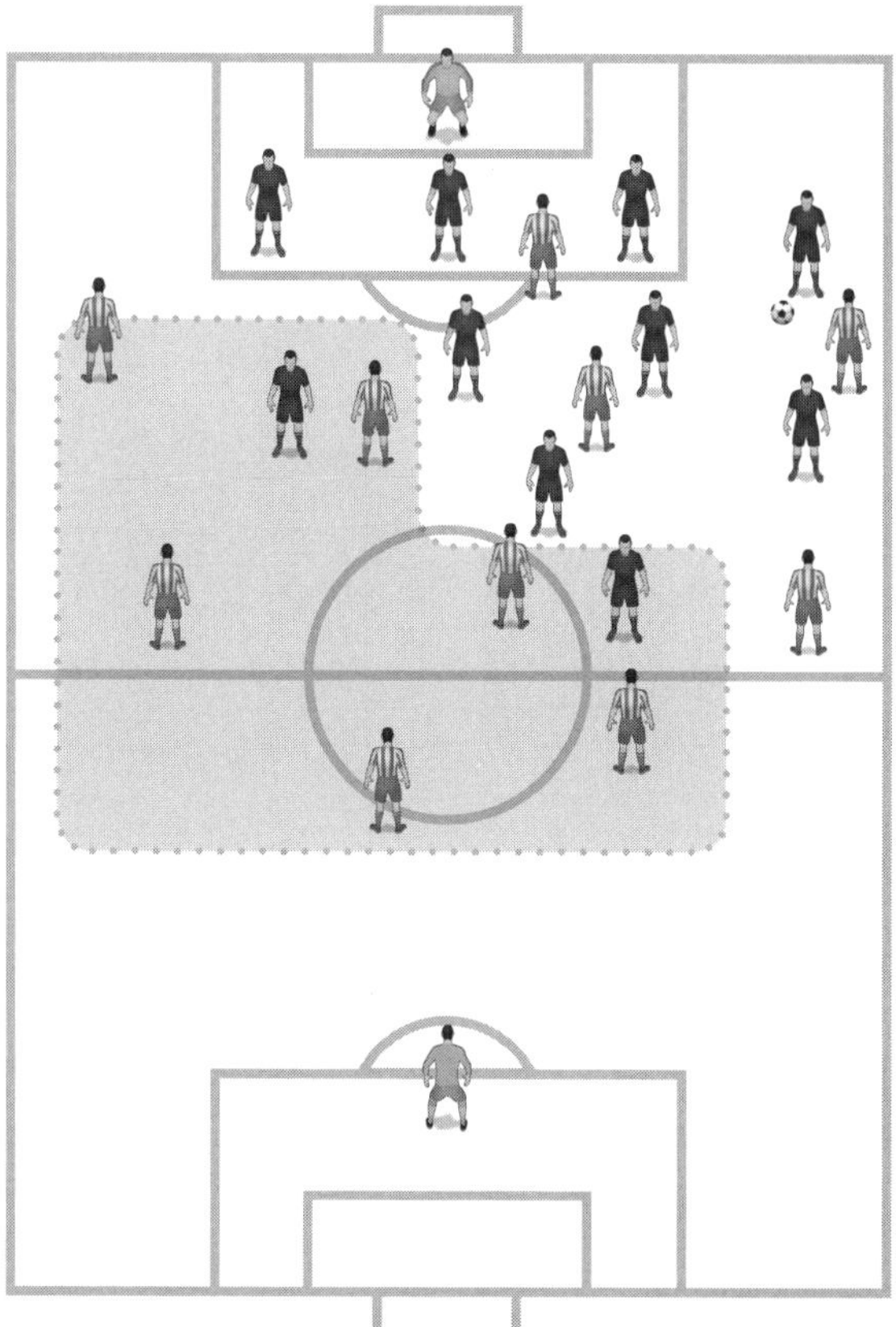

図のように、ボールから遠いエリアでは相手チームのカウンターで縦に抜け出す動きや、サイドチェンジに備えて守備組織を再構築することが重要となる。

図3では、攻撃していたチームの右ウイングがボールを失っています。その瞬間に周辺の選手たちが、ボールとその周辺に向かってプレッシングを実行しています。これにより、ボール保持者は早くプレーの決断を迫られ、慌ててミスを起こす可能性が高まります。

加えて、周辺にいるボールを奪ったチームの選手はパスを受けたとしてもマークをされている状況になっています。このプレスによってすぐにボールの保有権を得ることに成功すれば、再び攻撃を開始することができます。

「失ったボールへのプレス」がなぜ有効かというと、ボールを奪取したチームは攻撃をするためのバランスが崩れているため、パスコースが確保されていない、スペースが確保されていない、という状況になっているからです。

数秒前まではコンパクトなポジションバランスになっていたため、選手間の距離は近く、大きな展開も望めません。また、頭の中は「守備」のことを考えていたので、攻撃をするための頭のスイッチを切り替える必要があり、どうしてもカウンターに移行するまでには少し時間がかかってしまいます。

「失ったボールへのプレス」はこの少しの時間を利用してボールを奪い返そうと試みることです。プレスをかけてパスコースを消したり、相手に余裕を持たせないことでカウンターの起点となるパスを出させないようにすることが狙いとなります。

ですから、ボールの周辺の選手はボールを取られたからといって悔しがったり、味方に文句を言っている暇などなく、すぐに守備のアクションをしなければいけません。

なぜなら、そのようなことをしている少しの時間を与えてしまうことでハイレベルなサッカーや相手になると、すぐにそのゾーンからボールを運び出され、あっという間に自陣ゴール前まで運ばれてしまうからです。

往々にして前線の選手たちは守備に対する意識が低いため、この局面で失ったボールへのプレッシングをしっかりと実行できているチームは指導者（監督）によって適切にトレーニングされていると評価できます。

アルゼンチン人のディエゴ・シメオネ監督率いるスペインのアトレチコ・マドリーは、この守備コンセプトをしっかりと浸透させているチームの好例です。

また、スター軍団を率いるバルセロナのルイス・エンリケ監督も、「MSN」と呼ばれるメッシ、スアレス、ネイマールの前線3トップにしっかりと守備をさせています。これはエンリケ監督が素晴らしい仕事をしている証拠です。

ビッグクラブで難しいのは攻撃にタレントを揃えているため、ボールを取られたら足を止めてしまう選手が多い点です。前線に華やかな選手たちを並べてしまうと、どうしても守備が緩慢なチームになってしまいがちで、そういったチームはボールをすぐに奪い返すことができずカウンターを受けたり、ボールを支配されたりしてしまうことも多くなります。

バルセロナのメッシ、ネイマール、レアル・マドリーのクリスティアーノ・ロナウド、ベイル、ベンゼマといったスター選手たちはそう簡単に監督の指示を聞いてはくれませんから、それをまとめ上げるのは心理的アプローチを知り尽くし、説得力ある戦術を示すなど、監督としての相当な手腕が必要とされます。

あまりにも露骨に、守備の仕事を一方的に強調して選手のモチベーションを下げてしまうと、今度は攻撃のパフォーマンスも下がってしまい、結局選手の良さを消すことにつながります。そういった意味でも、バルセロナで14－15シーズン半ばにメッシとの確執を乗り越えてチームをまとめ上げたルイス・エンリケ監督は、現時点ではトップチームの監督1年目でいきなりUEFAチャンピオンズリーグ優勝を果たしたレアル・マドリーのジダン監督よりも一歩先を行っていると言えるでしょう。

ボールから遠いエリアでは相手チームのカウンターで縦に抜け出す動きや、サイドチェンジに備えて守備組織を再構築することが重要となります。そこで行なっているのが、次の戦術コンセプトです。

守備の戦術コンセプト②

守備組織の再構築のための後退（組織的プレッシングへの入口）

【定義】

ボールを失ったチームの選手が守備のポジションになるべく早く戻るという目的で実行するアクション。

【目的】

・攻撃をしていたチームが素早く守備の陣形を整える。
・危険なスペースを消して相手のカウンターを回避する。

この戦術コンセプトは、相手のカウンターを回避するためにも非常に重要なコンセプトです。相手チームはカウンターを狙っていますから、相手の「カウンター」が速いか、自チームの「後退」のどちらが速いのかの競争です。

チームによって各選手がどこに戻るか、というのは守備のプレーモデルによって異なります。各チームによってどこに戻るかは決まっていて、その後に組織的なプレッシングへと移行していきます。よって、戻る場所が決まっていなければチームの守備組織は整うことなく、その後

図５　守備組織の再構築のための後退

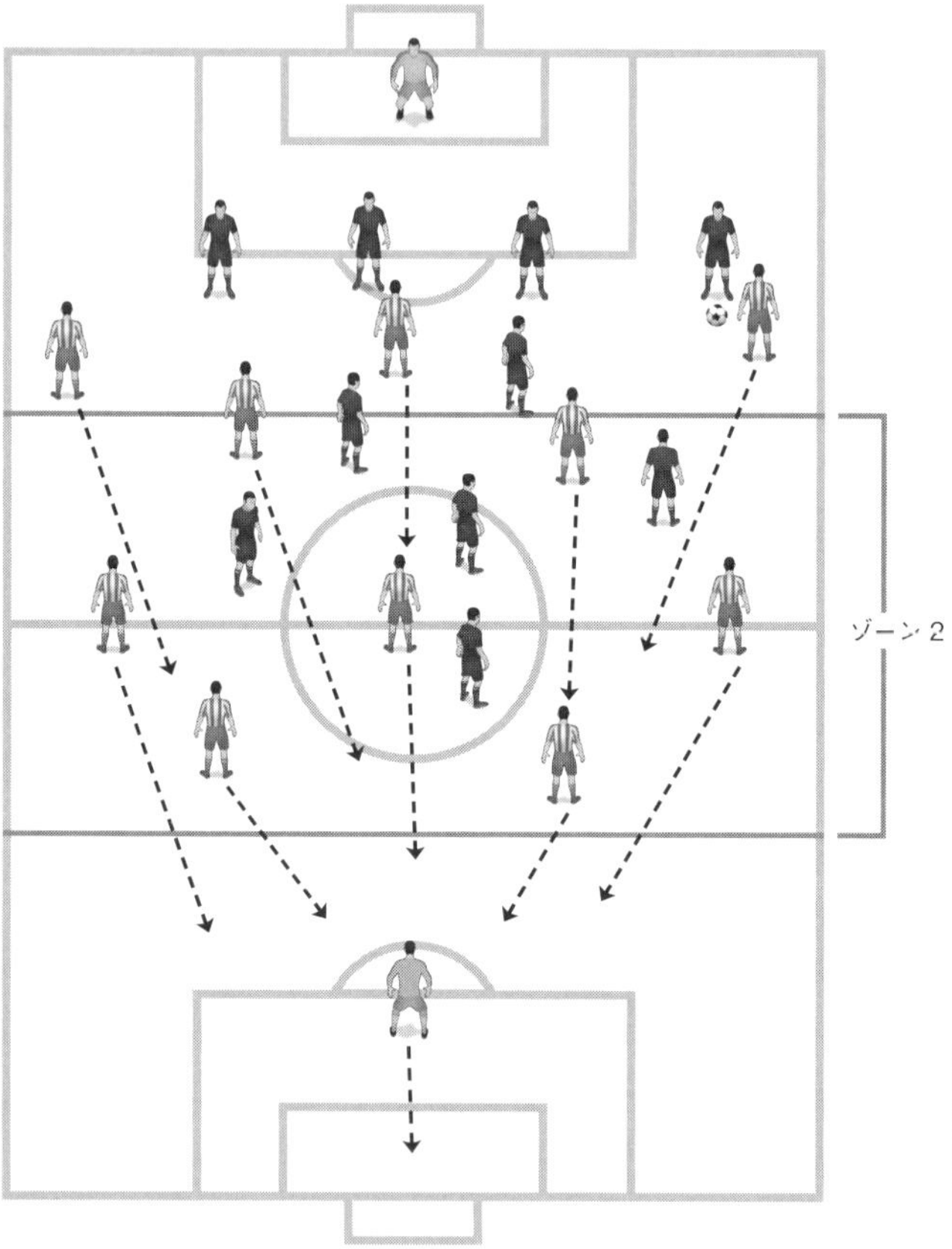

相手のカウンターを回避するためにゾーン１まで後退して、守備組織を再構築する。

の組織的プレッシングも上手く機能しません。この戦術コンセプトをどれだけ早く、高い精度で実行できるかによって、守備の局面での組織的プレッシングのスタートや良し悪しが決まってきます。

ここでは一般的に分けられる2つの後退の種類を解説します。なお、ピッチを3つのゾーンに分けてこれらをゾーン1、2、3とする図を攻めて見直してください。（p008参照）

1. 高いディフェンスラインを保ったままの後退（ゾーン3）

守備ブロックの高さは変わらず、中央に向かって選手が守備組織を形成する動きをします。失ったボールへのプレスを継続的に全員でかけるようなチームが採用します。

特徴としては、ボールへのプレスが続けてかかりやすく、周辺エリアのプレッシングをはがされたとしてもDFラインを高く保っているため、継続的にボールへのアプローチをかけることができます。

しかしながら、DFラインの背後に大きなスペースを与えるというのがデメリットとして挙げられます。FCバルセロナ、バイエルン・ミュンヘンのような、失ったボールをすぐに回収したいチームがこの設定を採用しています。

メリットとしては中盤とDFラインの距離がとてもコンパクトになるので、相手チームが

図6　高いディフェンスラインを保ったままの後退

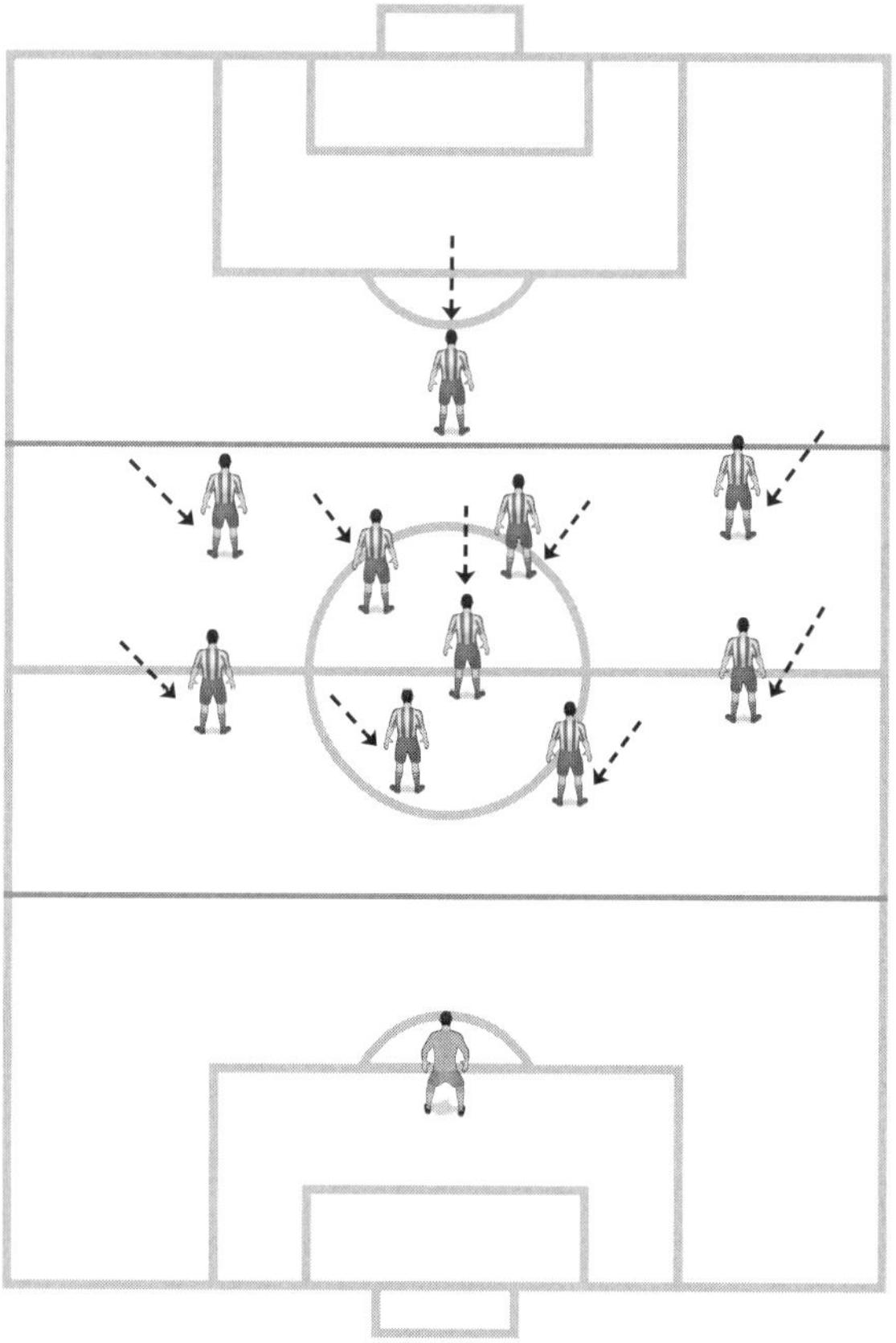

中盤とDFラインの距離がとてもコンパクトになるので、相手チームがボールを奪った地点から抜け出すためのコンビネーションプレーにも継続的にプレッシングを実行することが可能となる。

ボールを奪った地点から抜け出すためのコンビネーションプレーにも継続的にプレッシングを実行することが可能となります。これによってより素早いボール奪取の可能性が高くなるのが一番のメリットであり、狙いでもあります。

攻撃していたチームが右サイドでボールを失います。その瞬間、右ウイング、右サイドバック、右インサイドハーフ、FWがボール周辺の相手選手に対してプレスをかけます。逆サイドのウイング、インサイドハーフ、センターバック、サイドバックは高さを維持したまま中に絞りスペースをコンパクトにします。

こうすることで高い位置をキープしたままプレスをかけ続けることが可能になります。バルセロナはまさにこれを実行し、高いボールポゼッション率を維持するための素早いボール奪取を可能にしています。

鍵となっているのは、右サイドであればメッシ、ラキティッチ、ダニエウ・アウベスの3人で、彼らが素早い攻守の切り替えでボールを囲み、スアレスが前方から、ブスケツが後方から蓋をする形でパスコースを消します。

センターバックのピケとマスチェラーノはブスケツの周辺のスペースに配球されるパスに対して予測しながらインターセプトを狙い、予測通りのパスが出ればボールを奪い取ります。逆サイドのSBジョルディ・アルバとウイングのネイマールは中へ絞り、サイドチェンジをさせないようにスペースを消します。

一方、デメリットとしてはその密集地帯を抜け出された場合には大きなスペースをDFラインの背後に与えることになります。特にこのような戦術を採用するチームは、サイドバックの背後のスペースが空く傾向にあり、そこはGKのプレーエリアとすることが難しいため、相手に狙われるポイントになります。

実際、私が所属するコルネジャ・ユースBが15－16シーズンにバルセロナ・ユースBと対戦した時には、ボールを奪ったらまずは同サイドのサイドバックの背後にボールを入れ、カウンターアタックを狙う戦術を採り、実際そこから得点を奪うことができました。

このようにして、高い位置を維持したまま守備組織の再構築を採用することは、ボール奪取率を高めながらもカウンターの餌食になるリスクを抱えています。そうした状況に備え、GKのプレーエリアが広いこと、またセンターバックとサイドバックが長距離のスプリントに長けていることも必要とされます。

【各ポジションの役割と必要とされる能力】

センターバック：相手FWへの起点の縦パスに対してインターセプト、または前を向かせないような予測能力とアグレッシブさ（場合によってはイエローカードを受けない程度のファー

図7　ゾーン3での組織的プレッシングの例

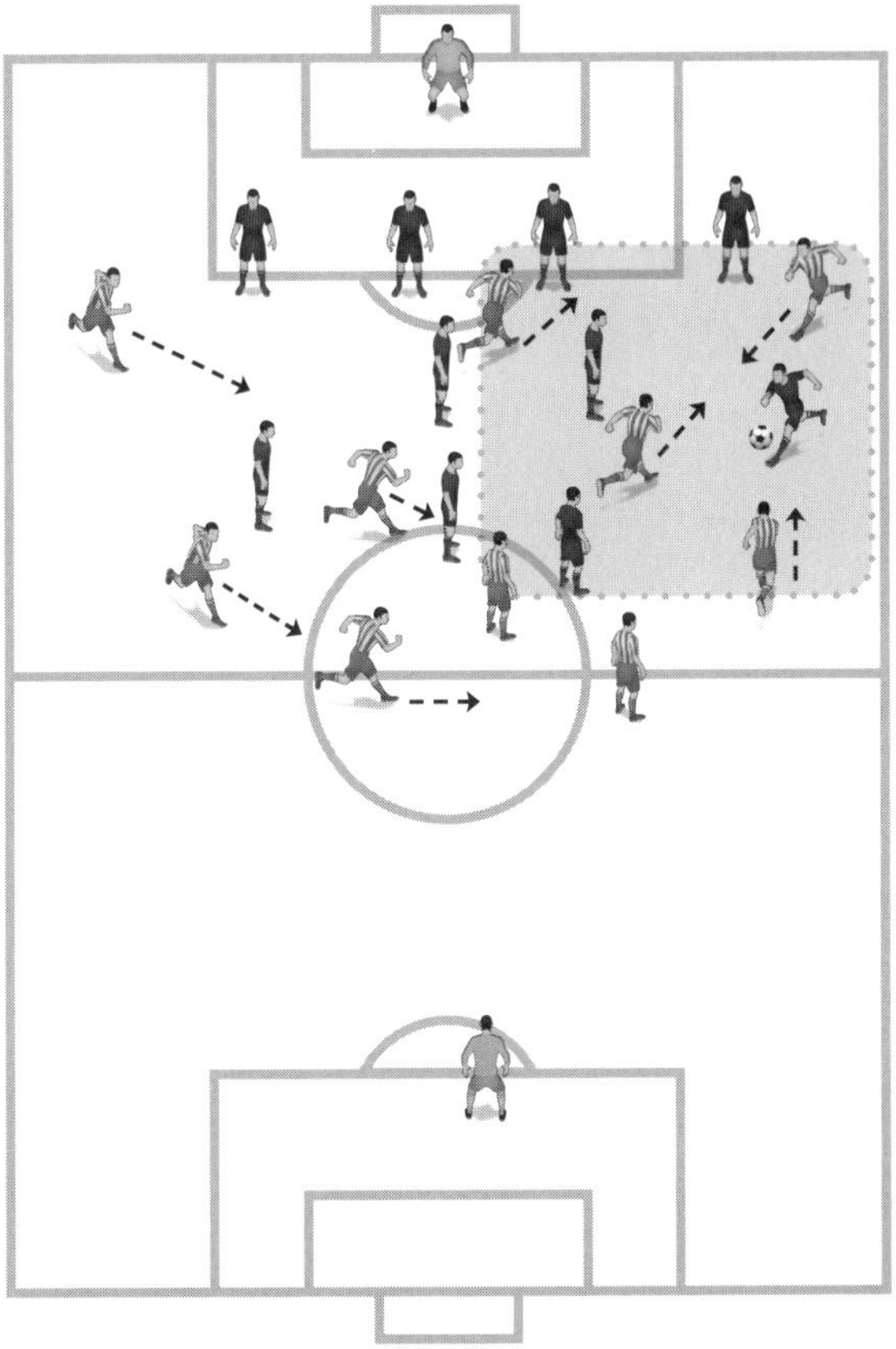

近年のバルセロナやバイエルンが実行するプレッシングの１つ。ボール周辺の選手が高い位置をキープしたままプレスをかけ続けることが可能となる。

図8　ゾーン3での組織的プレッシングのデメリット

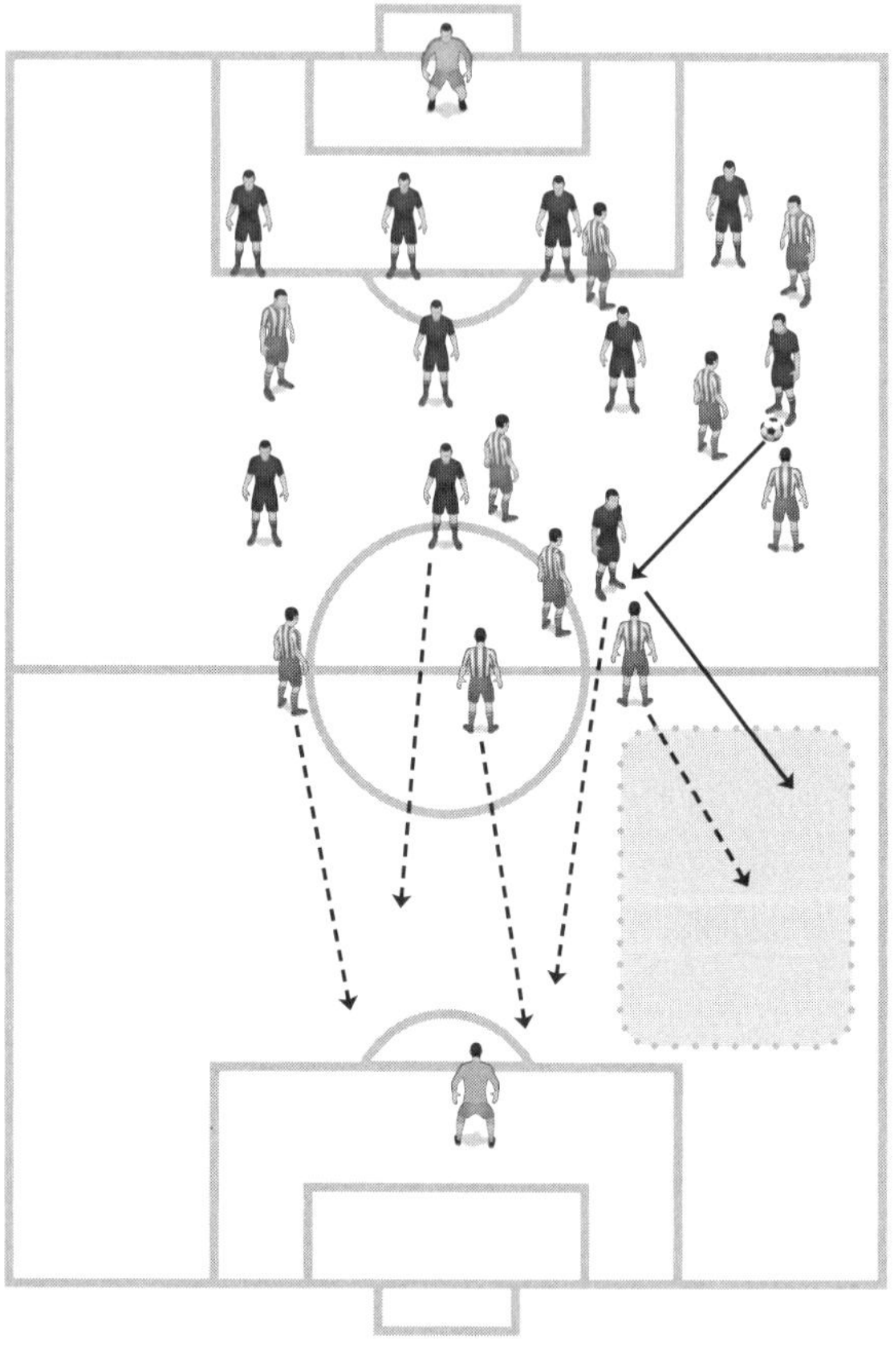

図のように、サイドバックの背後のスペースが空く傾向にあり、そこはGKのプレーエリアとすることが難しいため、相手に狙われるポイントになる。

ルでカウンターを止めるずる賢さ）。背後を突破された時のスプリント能力。

サイドバック：ボールサイドでは攻撃参加している状況から失った時に素早く囲みこむ切り替えの速さ。ボールと逆サイドでは攻撃が前進する時にボランチの横のスペースの中央エリアへと絞る。なぜなら、あまり広がりすぎるとカウンターを受けた時にゴール前に間に合わないため。ＤＦラインを突破された時、ボールサイドのセンターバックが外（サイド）へつり出されたら中のスペースを消すために下がりながらスライドできるようにする。この作業は比較的長い距離を高強度で走るのでスプリント能力が必要。

ボランチ：ボールを保持している時にはあまり攻撃に出ていかないようにする。ボールの後方でサポートをしながら、失った時には相手のトップ下の選手にマークをつき起点となるパスを阻止する。あるいは、ボール周辺のプレスがコンビネーションではがされ、自分が出ていかなければならない時はマークしている選手へのパスコースを消しながらアプローチをかける。攻撃をしながらも守備のスタートをできるようなポジション取り（なるべく中央にいること）や攻守の切り替えを知的に素早く行うことが必要。また、ボールを奪取できるフィジカル能力も重要となる。

トップ下、インサイドハーフ：ボールサイドでは失ったボールに対して近い相手選手へのパスコースを切りながらボールへプレッシャーをかける。ボールと逆サイドの場合は中央ゾーンへと寄りスペースを消す。またボランチが外へ出ていかなければならない場合はその空いたスペースを埋める。

サイドハーフ、ウイング：ボールサイドの場合は失うと同時に、ボールホルダーへ直接プレッシャーをかけにいく。失った後にすぐにボールを奪い返しに行く攻守の切り替えを素早く実行する必要がある。ボールから逆サイドにいる場合は、中に絞ること、加えてカウンターを受けた時に自陣の守備ブロックの後退にしっかりとついて行き、守備の仕事をしっかり行う。このポジションの選手はサイドアタック、1対1の攻撃に長けた選手が配置されることが多く、守備の仕事を好まない傾向が強いので、しっかりと守備をするメンタリティを持つことも大切。

ゴールキーパー：自チームが攻撃をしている時から前もってカウンターに備えていること。またDFラインの背後に送り込まれるボールを処理できるよう適切なポジショニングを取る戦術能力を有している。特にDFラインと離れすぎると出ていくのが遅くなるので注意する。その際、ペナルティエリア外でのプレーとなるため手は使えない。足、ヘディングでのボール扱いのテクニックも必要とされる。カウンターで突破された時には相手選手と1対1の局面を迎えるため、これもトレーニングされている必要がある。

2．プレッシングには行かずに守備ブロックを形成するための後退

この方法は、ボールを奪取することを優先せずにカウンターを受けないことを目的としたアクションとなります。

メリットとしてはカウンターでの失点のリスクを最低限に抑えられるという点があり、デメリットとしては失ったボールへの継続的なプレスをかけることが不可能なため、すぐに奪取することが難しい点です。

このやり方は前述の高い位置（ゾーン3）での後退と比べると、相手やボールの位置に関係なく、まず自分のポジションへと戻り守備組織を整えようとするため、戦術的、体力的な負荷は低くなります。ゲームを一度落ち着かせたいという時や、前線のプレスがうまく機能しない相手の時には有効となります。

【ゾーン1（自陣ゴール前、ペナルティエリアから5メートルほど前）への後退】

守備のブロックが自陣ゴール前まで後退する方法。

カウンターを受けた時に、自陣ゴール前のスペースのリスクマネジメントを最大限に考える方法で、少しのスペースも空けたくないというチームが採用することが多い守備的な選択肢です。

カウンターでの失点のリスクは軽減でき、その後の展開でも背後のスペースをあまり気にせず前向きの守備ができるメリットはありますが、ペナルティエリア周辺で相手にボールを持たれるというデメリットもあります。

この戦術アクションは、例えばビルドアップのプロセスにおいてゾーン2でインターセプトをされ、ボールを失った時にも利用されます。

ボール保持者にプレッシャーがかからず、ドリブルで持ち上がられているような状況でDFラインの背後へのパスが出てくる可能性がある時にはまずDFラインの背後へのスルーパスを出されない、出されても対応できるようにするためまずはゴールのスペースを消すことが重要です。

【中盤（ゾーン2）への後退】

ピッチの中間の高さに守備ブロックを形成するやり方です。前からの組織的プレッシングが機能しないような対戦相手、自チームのGKの守備範囲が広くない時にこの設定が採用されるケースが多くなります。

ゾーン1まで下がってしまうと、自陣ペナルティエリアに近いエリアで相手にボールを持たせることになりますが、この設定はそれよりもボールを遠い位置に置くことができるのでより安全です。

図9　ゾーン1への後退のアクションの実戦例

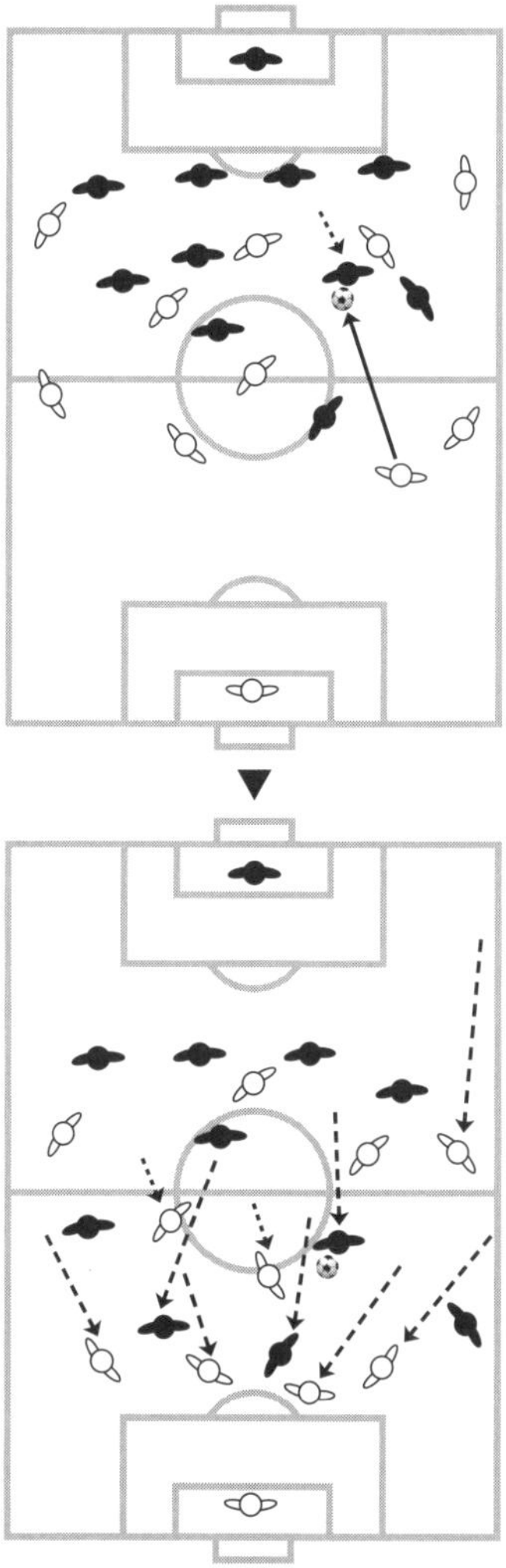

ゾーン1（自陣ゴール前、ペナルティエリアから5メートルほど前）まで後退することで、カウンターでの失点のリスクは軽減でき、その後の展開でも背後のスペースをあまり気にせず前向きで守備ができるメリットはある。しかしペナルティエリア周辺で相手にボールを持たれるというデメリットも存在する。

加えて、DFラインの背後にロングフィードをされてもGKとの距離が近いため処理がしやすい利点もあります。

これらが、大きく2つに分けられる「後退」の種類です。チームの特徴やプレーモデルに合わせて各監督が方法を選択しています。

傾向としては、ボールを保持したいチームは攻撃能力が高く深い位置であるゾーン3までボールを運べ、ボールを失う位置も高いため、ボールから遠いゾーンの選手たちが高いラインを保ったままの後退を選択し、継続的に前線からのプレッシングを実行する傾向にあります。対して守備重視で、まずは後ろのスペースを消して安全な状況になってからボールを奪ってカウンターを狙うようなチームはゴール前への後退（ゾーン1）、もしくは中盤への後退（ゾーン2）を選択するのが一般的です。試合をたくさん分析するとわかるのですが、多くのチームはこの方法を採っています。

なぜなら、選手の能力が高く監督の力が優秀なリーグの上位に位置するチームのみが高い位置での守備組織を形成する設定を採用できると言えるからです。

各国のリーグのサッカーを比べると奪ってから足元でつなぐ傾向の強いスペインよりも、攻撃が縦のロングフィードを多用するプレミアリーグの方がボールロスト後のDFラインの後退が速く、深くまで下がる傾向があります。対戦相手のサッカーによってもこの設定は影響を受

図10　ゾーン2への後退のアクション

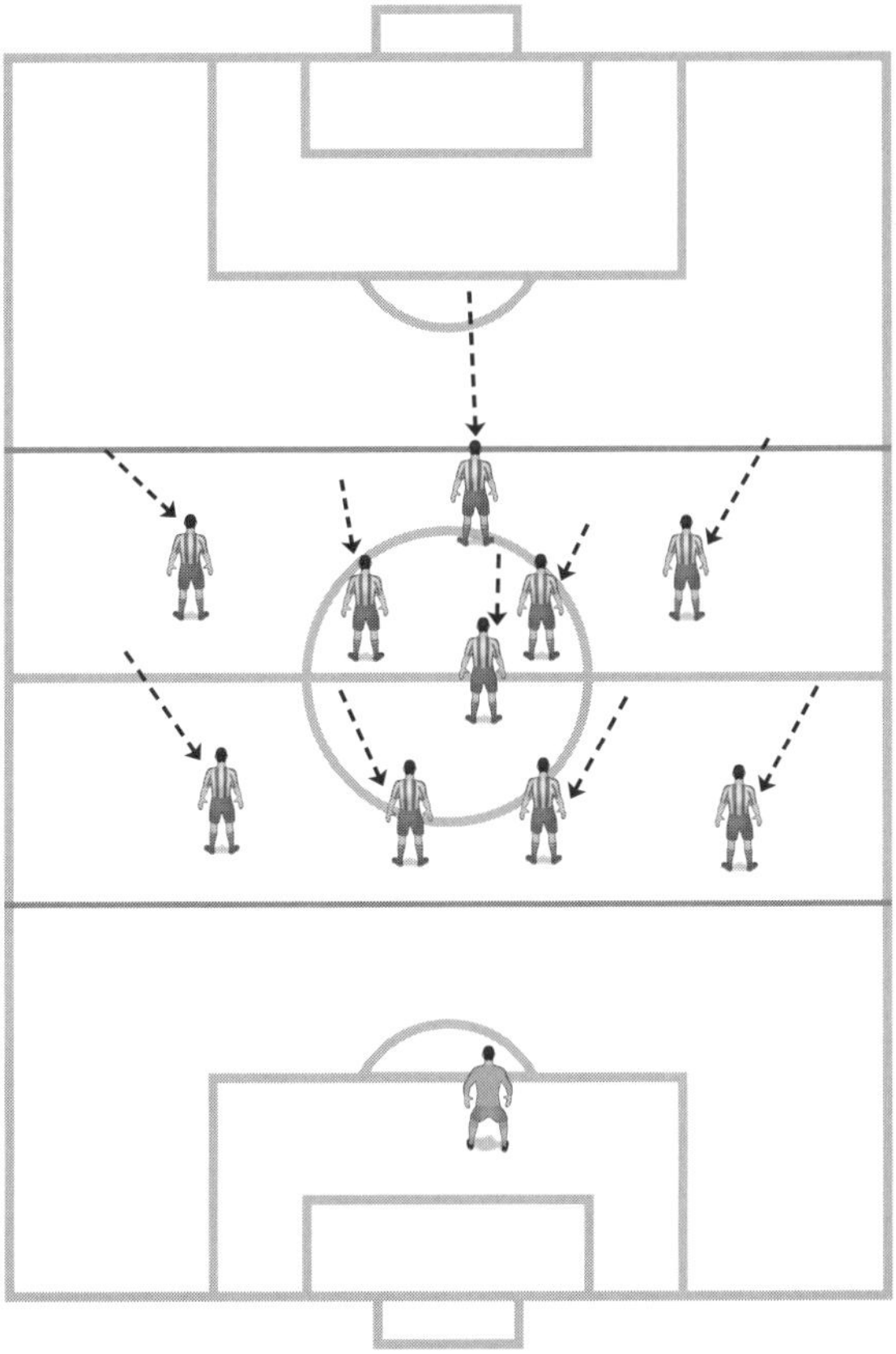

ピッチの中間の高さに守備ブロックを形成する戦術アクション。前からの組織的プレッシングが機能しないような対戦相手、自チームのGKの守備範囲が広くない時にこの設定が採用されるケースが多くなる。

図11　ボールを失った場合の状況と選択肢

ゾーン３でロストした場合

ゾーン３でボールロスト

周辺ゾーン：失ったボールへのプレス
攻撃の前進をさせないためには？
失った選手、ボール周辺の選手がボール保持者に寄せる
ドリブル・コンビネーションではがされない

遠いゾーン：ゾーン３での後退

ゾーン３での組織的プレッシング
メリット：ボールを奪うチャンス
デメリット：カウンターのピンチ

遠いゾーン：ゾーン２、
またはゾーン１への後退
メリット：ディレイ、カウンター回避
デメリット：相手に攻撃の
コントロールを許す

ゾーン２でロストした場合

ゾーン２でボールロスト

周辺ゾーン：失ったボールへのプレス
攻撃の前進をさせないためには？
失った選手、ボール周辺の選手がボール保持者に寄せる
ドリブル・コンビネーションではがされない

はがされる

ゾーン１まで後退
ボール保持者の状況
前線のマーク

はがされない

ゾーン２をキープ
ボール保持者の状況
前線のマーク

けます。

みなさんが指導者であれば、以下の設定を決めておく必要があります。チームでのアクションとなりますので選手が各自の判断でどこに戻るかを決めることはＮＧです。これは指導者がしっかりと決めておかなければなりません。

●ゾーン３で失った時にボールから遠い選手たちがつくポジション：ゾーン３、２、１のどこにつくのか？（ボールを奪いに行くのか？　それとも守備ブロックを形成することを優先するのか？）

●守備ブロックを形成することを選ぶ場合はボール周辺の選手がいつまでプレッシングをかけ続けるのか？（ＧＫがボールを持ったら下がる、サイドチェンジされたら下がる、などを決めておき、そうなった時にはボールを深追いせずに自分の守備のポジションにつく）

●採用する守備システム：１－４－３－３、１－４－２－３－１、１－３－５－２などを設定し、各選手がどこのポジションに戻るのかを決めておく。

守備の局面

ボールをロストして攻撃から守備への切り替えの局面で、カウンターを阻止し、自チームの守備組織が整えば、次は守備の局面を迎えます。これまで記述した通り、この局面を良い形で迎えるためには、各選手が監督に決められたポジションに素早く戻り、チームとして守備の再構築のための後退を正しく実行していることが大前提となります。

DFラインがガタガタ、ボールと逆サイドの選手が中に絞っていない、などという組織の穴ができてしまうような後退を実行している場合、守備の局面で行う「組織的なプレッシング」にも穴ができてしまいます。

繰り返しになってしまいますが、**切り替えの局面のプレーの精度が守備の局面の組織的プレッシングの質に大きく左右する**と言えます。

正しいポジションについた後は、11人が連動してチームで「組織的なプレッシング」を実行して守備のアクションを行います。チームはバランスの取れたポジショニングを維持して守備組織を形成し「組織的プレッシング」という戦術コンセプトを実行します。このコンセプトは守備の局面の一番大枠の目的となる戦術アクションになりますので、**「守備の局面=組織的プレッシング」**と認識しても良いでしょう。

守備の戦術コンセプト③

組織的プレッシング

【定義】

プレッシングとは、1人、数人、もしくはチーム全員で相手に自由にプレーさせないために行う動作で相手の攻撃を妨げるものである。

【目的】

・相手チームが保持しているボールを、ボールを奪取したいエリアへ誘導し、ボールを奪う。
・自陣ゴールを守る。
・相手チームの攻撃の前進を妨ぐ。

プレッシング……集団
アプローチ……個人

プレッシングは、集団で行う守備の戦術行為を示し、アプローチとはプレッシングの中の個人で行う相手へ接近する行為を示します。（**図12**では、ボール保持チームの左サイドバックに

向かって守備チームの右ウイングがアプローチに行っている）

プレッシングはボールを保持している相手選手、またその周辺の相手選手、相手チーム全員に対して自由を与えないようにするアクションです。これによって、相手チームが攻撃したいエリアへボールを運ぶことを封じ、ゲームを有利に進めることができるようになります。４つの局面のプロセスとしては、この組織的プレッシングによってボールを誘導して奪い、その後のカウンターアタックに入っていきます。

近年のヨーロッパのトップレベルのゲームを見ていると、プレッシングの方法がとても緻密になってきています。以前であれば、プレッシングの実行にバリエーションはあまりなかったのですが、最近はボールの位置、相手の攻撃の方法によってシステムを変えたり、マークのつき方を変えたりといろいろな戦術を駆使しながら戦うチームが増えてきました。ここでは、その様々な方法を整理して見ていきたいと思います。

攻撃にもプロセスがあるように、守備のプレッシングにもプロセスがあります。攻撃には**「ボール保持⇒前進⇒フィニッシュ」**という3つの段階がありますが、守備ではそれを阻止するために**「誘導⇒ボール奪取」**というプロセスに整理して考えることが可能です。

サッカーはチームスポーツですから、これをチーム全体で共通の目的を持って連動する必要

図12　プレッシングとアプローチの例

プレッシングは、集団で行う守備の戦術行為を示し、アプローチとはプレッシングの中の個人で行う相手へ接近する行為を示す。図のような場合は、ボール保持チームの左サイドバックに向かって守備チームの右ウイングがアプローチに行っている。

があります。68メートル×105メートルという広大なフィールドで複数の人数がプレーしているのですから、攻撃チームには多くの選択肢が与えられています。そこで守備チームはただ単にボールを奪いにいっても簡単にパスを回されてかわされてしまいます。

「ボールを奪う」というアクションを可能にするには、その前の準備段階として一定のエリアへの「誘導」を知的に行っていかなければなりません。

チームのプレッシングがオーガナイズされていないチームは、FWが果敢に相手のセンターバックへとアプローチをかけて誘導していながらも、後ろの選手がそれに連動しておらず、マークについていない場合はパスを受ける選手がフリーになり簡単にはがされてしまうということが起きます。

また、サイドに追い込んでボールを取るという狙いがあるにも関わらず、一方のサイドで後ろの選手がしっかりとマークについていない場合や、縦パスのインターセプトが狙えるにも関わらずボールにアプローチする選手が誘導をミスし逆サイドへ展開させてしまった場合には、ボール奪取のチャンスが台無しになります。アプローチに行く際には中を切りながら守るべきです。

プロセスとしては「誘導」が先にくるのですが、チームとしてはこの「誘導」と「奪取」の双方をリンクさせて相互作用を働かせるようにする必要があります。ですから育成年代の選手たちなどでベースとなる守備の知識が無い場合、まずは**「守備は1人ではボールを取ることはできない」**ということから教えることがスタートになるでしょう。

ゲームを見ていて守備が良いチームは「どのエリアでボールを奪おうとしているか」がわかります。それは奪いたいエリアにボールが入ってきた時のプレーのインテンシティが上がるからです。インターセプトを狙って動きのスピードが上がる、リスクをかけて足を出す、はがされそうになったらファール覚悟で止めに行く、というように守備のアクションが激しくなるエリアに同一性が出ます。チームがプレーモデルを持ちながら守備のアクションを実行していなければエリアの同一性は出てきません。

さらに細かく分析してみると私の認識では、3つの状況に使い分けされています。

①ゾーン3で積極的にプレッシングを実行する場合
②ゾーン2でブロックを形成して待つ場合
③ゾーン1に押し込まれゴール前を守る場合

3つの状況によって守備のアクションを使い分けることがうまいチームとして、アトレチコ・マドリーを挙げたいと思います。例えば、15－16シーズンのUEFAチャンピオンズリー

図13　プレッシングがオーガナイズされていないチームの例①

チームのプレッシングがオーガナイズされていないチームは、FWが果敢に相手 CB へとアプローチをかけて誘導していながらも、後ろの選手がそれに連動しておらず、マークについていない場合はパスを受ける選手がフリーになり簡単にはがされてしまうということが起きる。

図14　プレッシングがオーガナイズされていないチームの例②

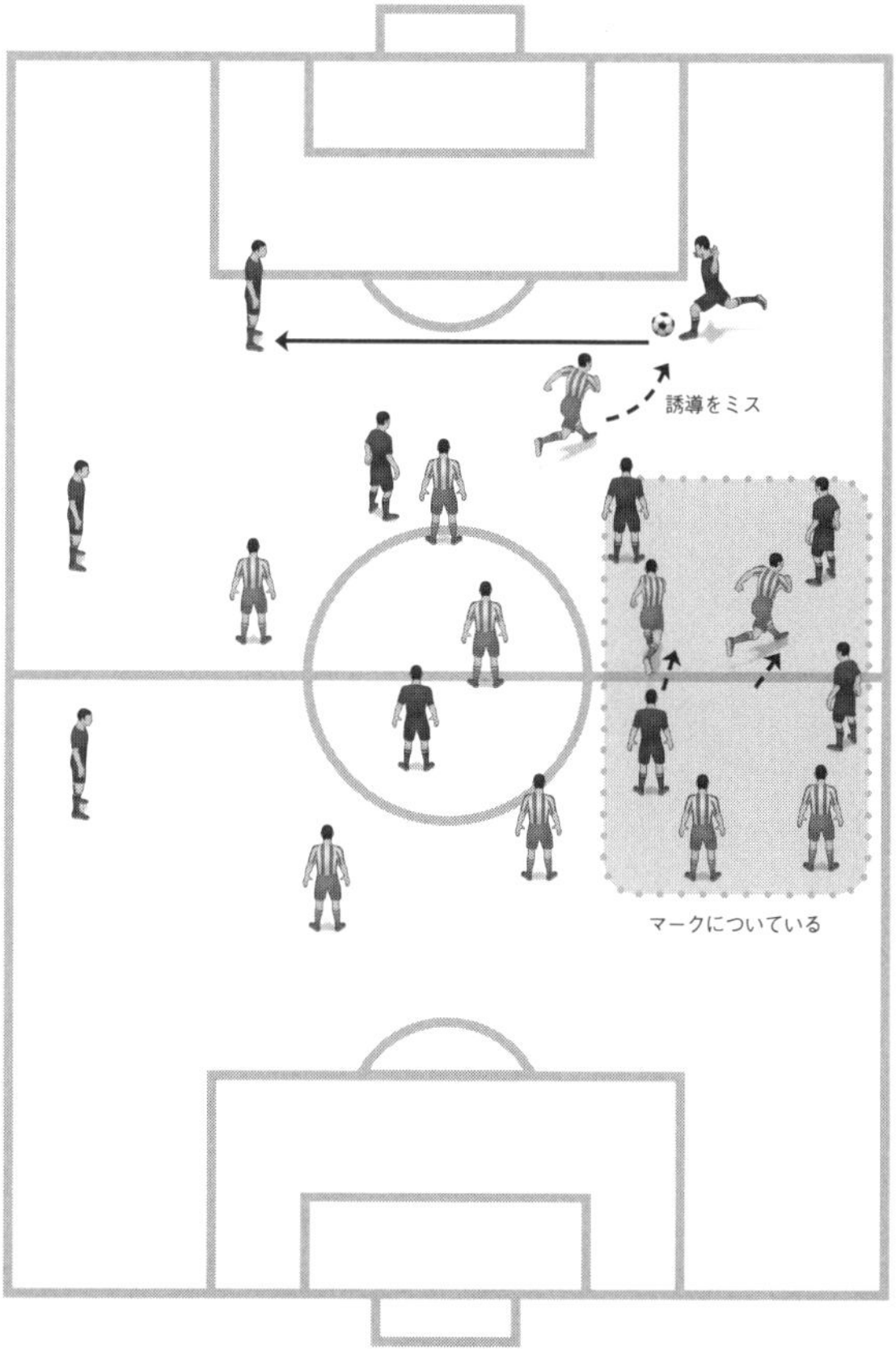

図のように、サイドに追い込んでボールを取るという狙いがあるにも関わらず、一方のサイドで後ろの選手がしっかりとマークについていない場合や、ボールにアプローチする選手が誘導をミスし逆サイドへ展開させてしまった場合には、ボール奪取のチャンスが台無しになる。

グの準々決勝でバルセロナと戦った時には第1戦、第2戦ともに、前半10分ほどは①のプレッシングを採用しました。

これは相手に自由を与えることを妨げ、バルセロナのリズムを崩すという目的のために実行しました。一旦ゲームが落ち着くと、今度は②を採用していました。バルセロナのパス回しの状況によっては、GKに戻した時やカウンターでゾーン3深くまで到達してボールをロストした時には①を発動させていましたが、中盤のプレスをはがされゴール前まで押し込まれた時には③の方法も使っていました。つまり、3種類のプレッシングを状況に合わせて使い分けていたということになります。

これを実際にピッチで選手全員がミスなくプレーするためには、かなりの戦術浸透度が無ければ不可能ですから、ここにシメオネ監督の手腕がはっきりと見て取れます。

チームの監督は、一般的に組織的プレッシングをオーガナイズするにあたり、監督は次のことを決定します。

1．どのエリアからプレッシングを実行し始め、どこでボールを奪おうとするのか？マークの種類は？

2．DFラインの高さ

3．プレッシングをはがされた時の対応策

4．ゾーン2でブロックを形成して待つことを選択した場合、ゾーン3でプレッシングをかける際の一定のシチュエーション

そのために、前述の3つのゾーン分けをさらに細かく分けてピッチを**図15**のように分割して考えると整理しやすくなります。自陣ゴール前から「ゾーン1」に始まり、真ん中が「ゾーン2A」と「ゾーン2B」、そして相手ゴール前が「ゾーン3」となります。

このゾーンの分割を活用し、監督は組織的プレッシングの設定をしています。

①ゾーン3でプレッシングをかける設定

これはボールを持ちたい、リズムを相手に作らせたくないチームが採用することが多い戦術です。前から人数、リスクをかけてプレッシングにいきます。これを可能にするにはDFラインを高い位置に設定する必要があります。ゾーン2Aのハーフライン付近にスタートポジションの設定を行い、ライン間の距離をコンパクトにします。プレッシングがうまくはまってボールを奪えた場合には相手ゴールに近い場所からショートカウンターを仕掛けることが可能になりますし、相手のパスコースが無い場合には苦し紛れのロングフィードを蹴らせてパスの精度

を低下させ、競り合いで勝つ、こぼれ球を拾ってマイボールにすることが可能となります。

【メリット】

・相手にリズムを作らせない。
・ボールを早く奪うことができる。
・相手ゴールに近い場所でボールを奪えば短い距離でフィニッシュまで到達可能。

【デメリット】

・フィジカル的な負荷が高い。
・前線の連動を求められるので戦術的にトレーニングされている必要がある。
・プレッシングをはがされると押し込まれ、フィニッシュに持っていかれるリスクがある。
・中盤の選手は前へプレスに行きながらもロングボールを蹴られた時にはプレスバックしなければならない。
・GKの守備範囲が狭い場合はDFラインの背後のスペースに大きなリスクを抱える。
・前線が前に出ていくのでライン間にスペースができる可能性がある。

例えば、**「1ー4ー2ー3ー1システムを採用し、プレッシングをゾーン3から開始しサイ**

図15　3分割の考えを使った守備

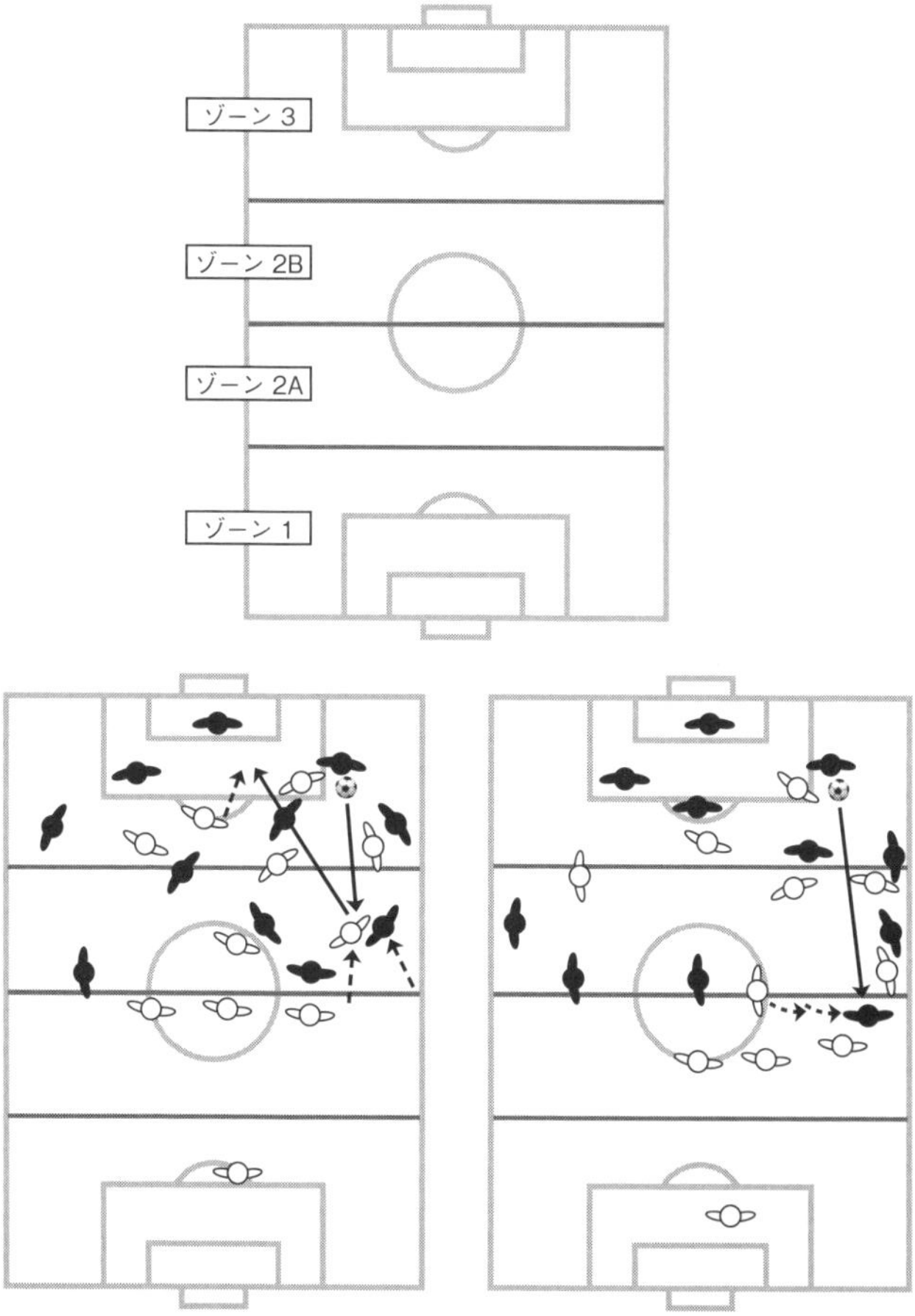

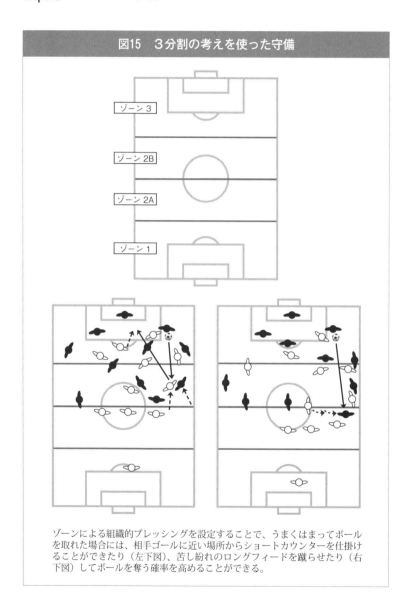

ゾーンによる組織的プレッシングを設定することで、うまくはまってボールを取れた場合には、相手ゴールに近い場所からショートカウンターを仕掛けることができたり（左下図）、苦し紛れのロングフィードを蹴らせたり（右下図）してボールを奪う確率を高めることができる。

ドでボール奪取を目的とし、DFラインをゾーン2Aに設定」した場合は**図16**のようになります。

守備側のセンターフォワードがゾーン3でボールを保持する側のDFラインに対して中へのパスコースを切りながら誘導に行きます。これによって、ボールを奪いたいエリアである「サイド」へとボールを誘導します。

サイドへボールを「誘導」すると同時に、チーム全体のポジションバランスもボールサイドにスライドをして図のようにボール周辺では相手選手にマークがつけている状態を作ります。

これで「誘導」と「奪取」が機能しています。

ボール保持者の近くに1人の選手がプレッシャーを実行することのできるポジショニングを取り、さらにその周辺のエリアにいる相手選手にもマークがついているという状況を作り出しています。

ボール保持者が慌ててパスを出せばミスになる可能性も高まりますし、周辺でパスを受けた選手もマークにつかれていますからインターセプトできる可能性が高い状況です。相手チームがビルドアップによる攻撃をしてくるチームであればこのような現象が起きるでしょう。

別の相手のリアクションとしては、**図17**のようにGKを使ってサイドチェンジをするチームもあるでしょう。私も何度か対戦していますが、バルセロナの下部組織は攻撃における前進ができない場合、ＧＫを使ってサイドチェンジを試みます。そのようなチームに対してゾーン3でプレスをかけ続けるには逆サイドのＭＦが本来マークをしていたサイドバックを捨ててセンターバックへ飛び出すという方法もあります。

こうすることでセンターバックは自分にプレッシャーがかかっていないところからいきなり相手がアプローチをかけてくるので慌てます。さらにボールはＧＫがいる中央エリアから来ますが、相手ＦＷが外側から来るのでボールと相手のプレスを同一視することが難しく、困難な状況でボールを受けることになります。

適切なタイミングでこうしたプレスをかけることができれば、相手センターバックを慌てさせるのみならずここで奪って即決定機に持ち込めるかもしれません。

しかし、タイミングが遅いと同サイドのサイドバックがフリーになっていますから、パスで簡単にはがされてしまいます。逆に、タイミングが早いとＧＫにその動きを認知され、頭を超えるパスをＳＢにつけられてしまうことがあります。だからこそ、しっかりとトレーニングしておくことが必要な戦術なのです。

ポイントは、ＧＫにあえてセンターバックに出させるようなポジショニングと素振りを見せておき、ＧＫのキックアクションと同時に一気にスプリントをかけ、アプローチすることです。

私はいつも選手たちに「ボールの移動中に全力で寄せろ」とコーチングしています。

図16　サイドへ誘導してからの守備の例

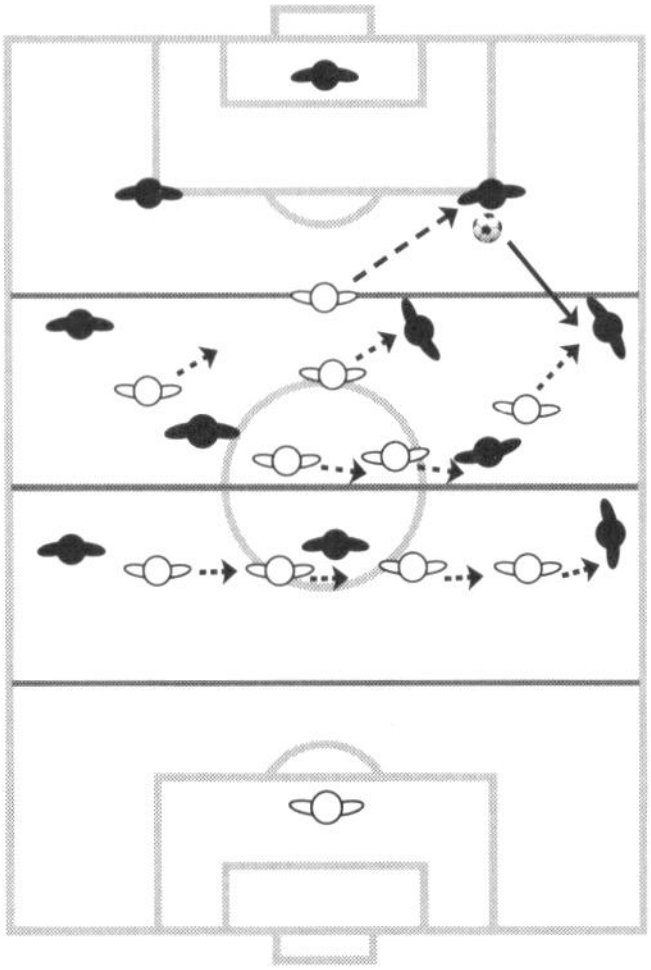

守備チームのセンターフォワードがゾーン３でボールを保持する相手ＤＦラインに対して中へのパスコースを切りながら誘導を図る。

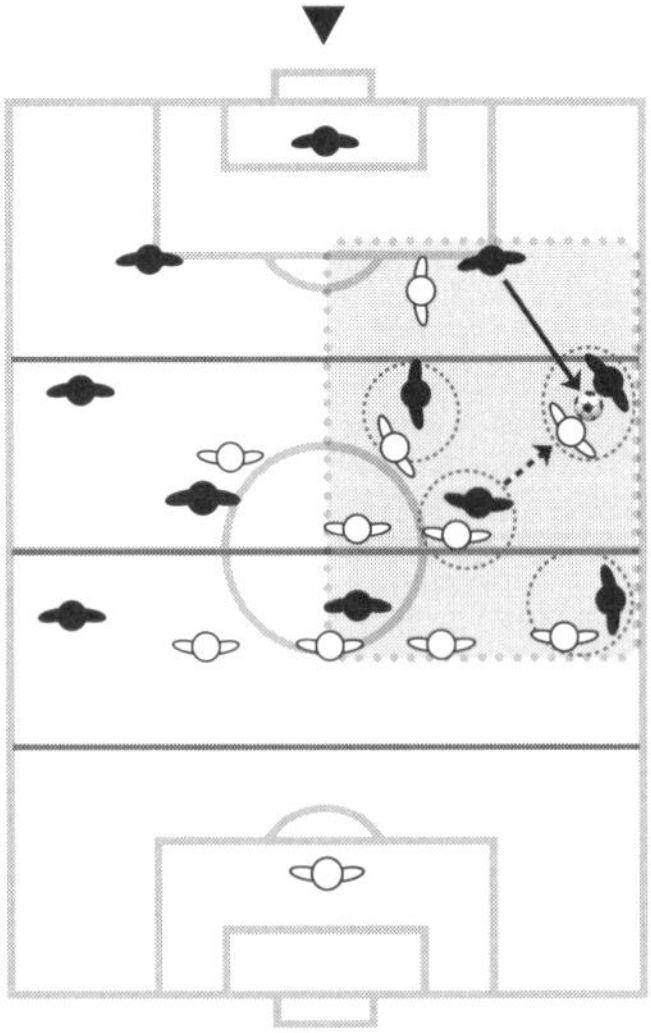

サイドへボールを「誘導」し、チーム全体がボールサイドにスライドして相手選手にマークがつけている状態を作る。これが「誘導」と「奪取」が機能した一例。

もう1つ大事なのは、アプローチに行く際のコース取りです。サイドバックを捨ててアプローチに行っていますので、外を切りながら寄せる必要があります。内側から行ってしまうと簡単にはたかれてしまうので気をつけなければいけません。

これが見事に機能し、ボールを奪えた場合にはGKと1対1の状況を迎えることができるので得点の可能性は非常に高くなる戦術です。

ではこれに対する攻撃側のアクションとその対応パターンにはどのようなものがあるでしょうか？　整理して見ていきましょう。

②GKが相手MFの動きを見てセンターバックに出さないパターン

GKが、プレッシングをかけるチームのMFの動きを見定めることによってボールをセンターバックにパスしないパターンです。その場合は、GKがボールを保持してパスコースを探すためプレーが一度落ち着きます。攻撃チームがセンターバックへの配球ではない別の選択肢を探し、守備チームは「さあ、何をしてくるんだ？」と待っている状態と言えます。GKがつなぐことをやめてロングフィードを蹴る場合は、全員がフィールド中央などに寄って空中戦の競り合いから展開がスタートします。またこのような状況下でも足元でつなぐチーム（バルセロナなど）は、ボランチがセンターバックの間に下りてくることで数的有利を作ろうとします。

図17　相手がGKを使ってサイドチェンジを試みるときの守備

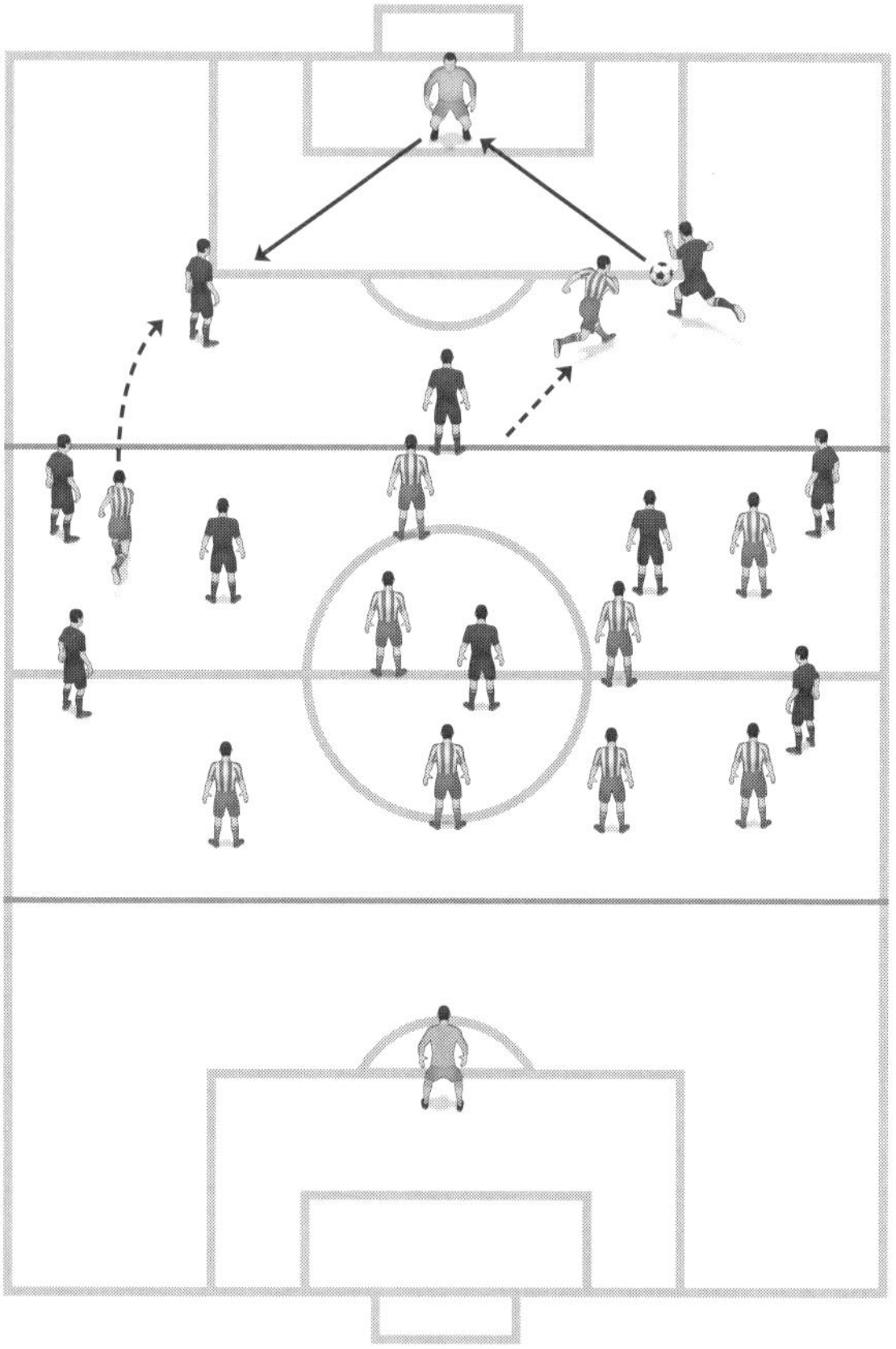

GK を使ってサイドチェンジを試みるチームに対してゾーン３でプレスをかけ続けるには逆サイドの MF が本来マークをしていたサイドバックを捨てて CB へ飛び出すという方法もある。

ここでフリーにすると前を向かれてしまいボールを前進させてしまうことになるので、この場合もゾーン3からプレスをかけたい場合はトップ下がついていくなどしてフリーにさせないようにマークにいきます。そうすることで相手のビルドアップを遮り、問題を起こすことが可能となります。

周辺のパスコースが無くなったGKはロングフィードをすることが多くなります。足元でつなぐことが多いチームは意外と空中戦に弱い傾向にありますので、ビルドアップを攻撃のプレーモデルに組み込んでいるチームには、有効な手段となる可能性があります。

GKにもプレッシャーに行くかどうかは、各チームで異なる方法があります。過度に深追いしてパスではがされるのを嫌ってGKにまでプレスはいかないというチームもありますし、DFへのパスコースを切りながらGKまでプレッシャーをかけてボールを奪取しようとするアグレッシブなチームもありますが、そのあたりは各チームの事情によりますので良し悪しはありません。

③GKがセンターバックに出すがプレッシャーを受けてGKにリターンパスを出すパターン

センターバックが相手選手のプレッシャーを感じてGKにボールを戻すパターンです。ここからさらにGKまでプレッシャーをかけ続けるかどうかでその後の展開にも違いが出ますが、

図18　相手のビルドアップを遮る守備

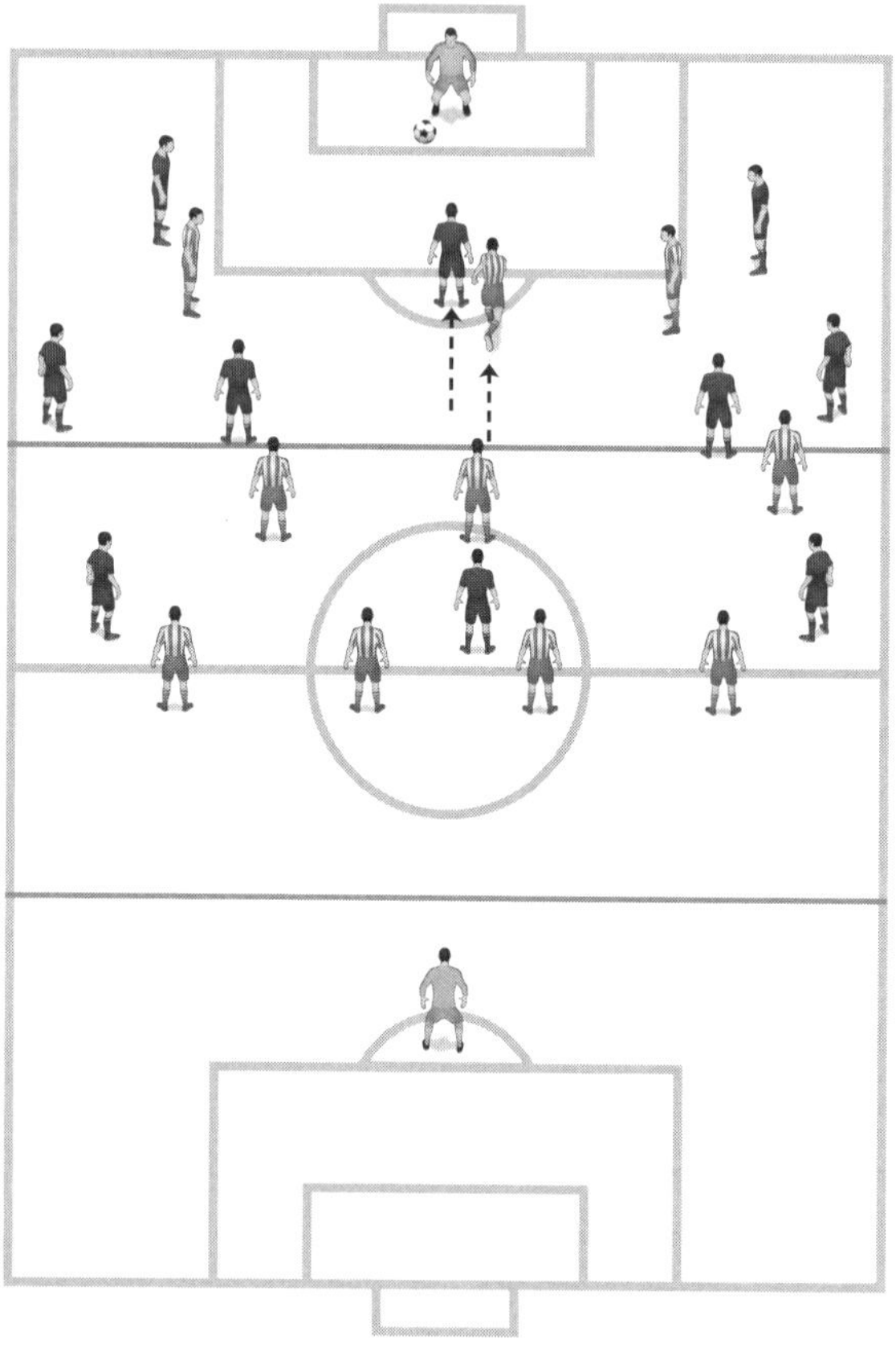

相手のボランチがCBの間に下りてビルドアップをしようとした場合、トップ下がついていくなどしてフリーにさせないようにマークにいくことで相手のビルドアップを遮り、問題を起こすことが可能となる。

もしプレッシャーを継続してかけ続けた場合、ＧＫはロングフィードで状況を打開するでしょう。その時にも相手チームのタイプで２つの現象が起きます。

《A》相手チームがビルドアップ型の場合

フリーになっているサイドバックへ浮き球でパスを出すことが多く、その際には**図19**の上図のようにボランチが横のスライドをしてサイドバックへアプローチして対応するのが方法の１つです。近いサイドのボランチが外へ出て行き、チーム全体が逆サイドへ横のスライドを行います。こうして一度崩れたバランスを取り戻します。

これによって相手の攻撃はそこまで前進することができず、中盤のラインを超えられていないのでゾーン２でもう一度守備を行うことが可能となります。

また相手のサイドバックが高い位置を取っている場合、こちらのサイドバックが縦のスライドをして対応する方法もあります（**図19下図**）。ボールの移動距離も長いので浮き球の競り合いになることが多いパターンです。サイドバックの背後はセンターバックがカバーリングすることになるので、ＤＦラインにスペースができる危険性が出てきます。

それに備えてボランチは下がってＤＦの穴を埋めるようにしなければなりません。そのため、蹴られた後のプレスバックが重要となります。ボールを受けた攻撃チームのサイドバックが１

図19　守備例①相手チームがビルドアップ型の場合

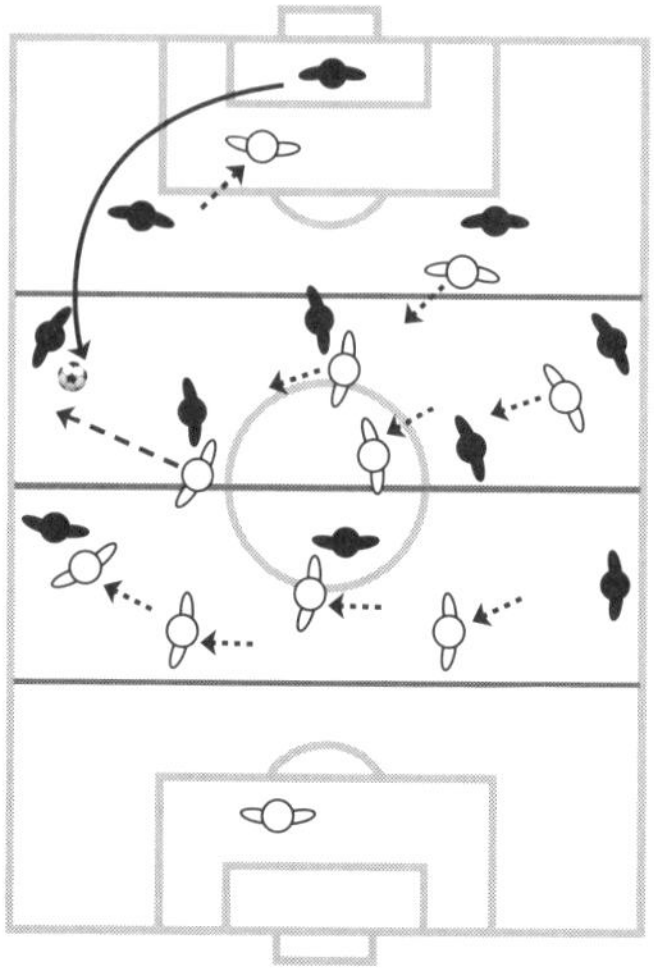

ボランチが対応し、全体が横へスライドする。

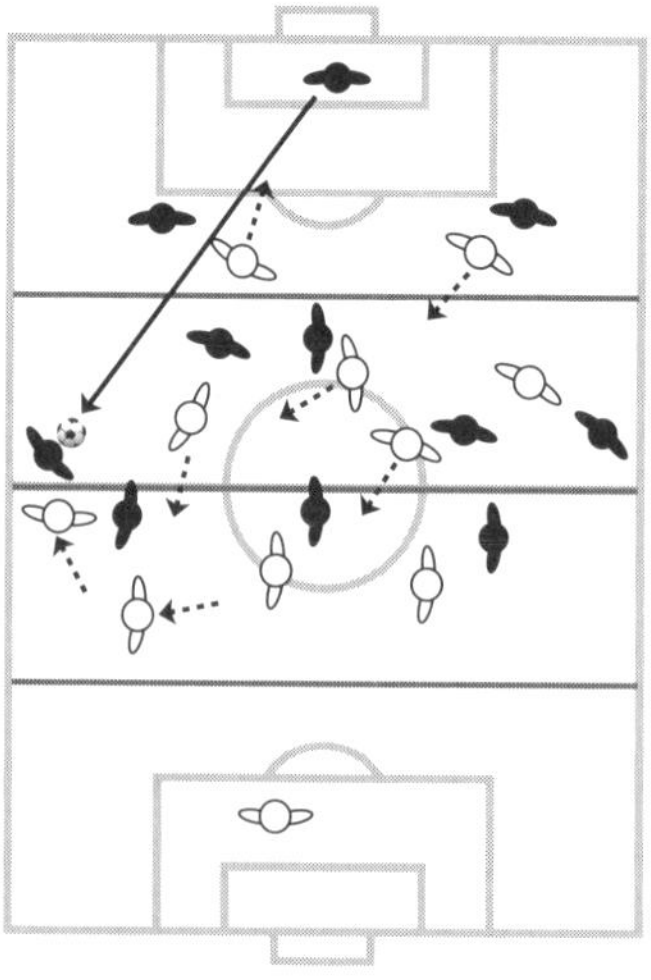

対応がＳＢの場合は、近くのＣＢがカバーリングを行い、ボランチはプレスバックして、スペースを埋める。

タッチで味方とコンビネーションをするなどしてプレスをはがされた場合は、ゾーン1まで押し込まれる危険性もあります。

《B》相手がつながずにクリアする場合

危険回避のために遠くにボールを飛ばすパターンです。サイドに蹴られた場合には①と同じ方法で対応すれば良いですが、中央に蹴られた時にはセンターバックがハイボールを競り合い、他のDFラインの選手はカバーリング、ボランチから前の選手はプレスバックをすることが必要となります（**図20**）。

多くの場合、DFラインの背後までボールが直接届くことはないでしょう。なぜなら、守備側がゾーン3でプレスをかけた場合は攻撃チームのGKは前に出ておらずゴールに近いところにポジションを取っているからで、そこからDFラインの背後までには届かないのが通常です。

このケースではセンターバック1人がボールへ対応し、残りの選手たちは中央へ絞りながら『カバーリング』のアクションを実行します。FWがボールをフリック（バックヘッド）して別の選手が背後へ抜け出した場合に備えて必要な戦術コンセプトです。

図20　守備例②相手がつながずにクリアする場合

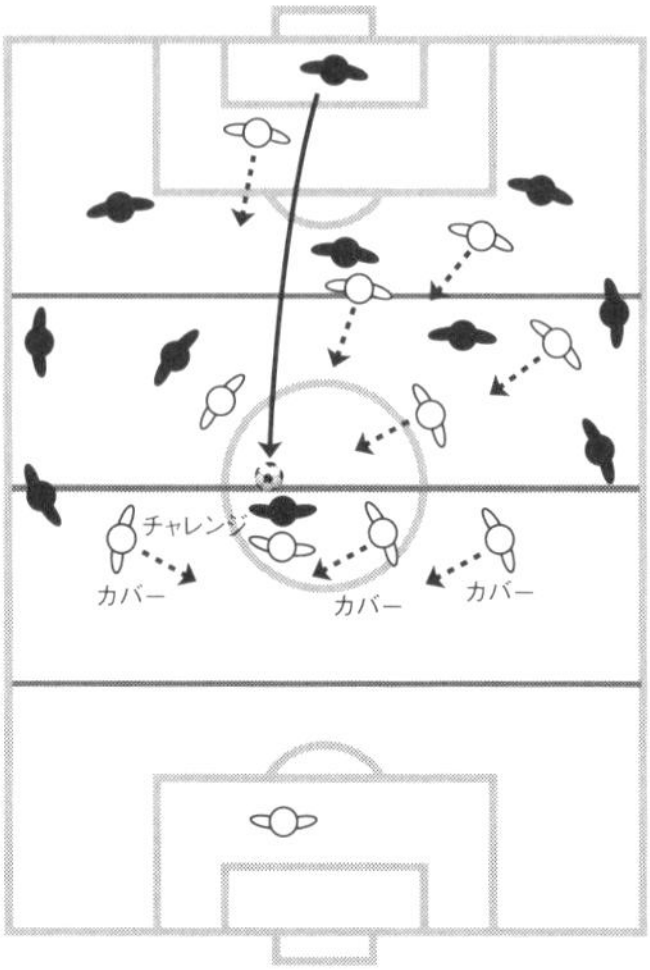

ＤＦラインはチャレンジ＆カバーを実行する。

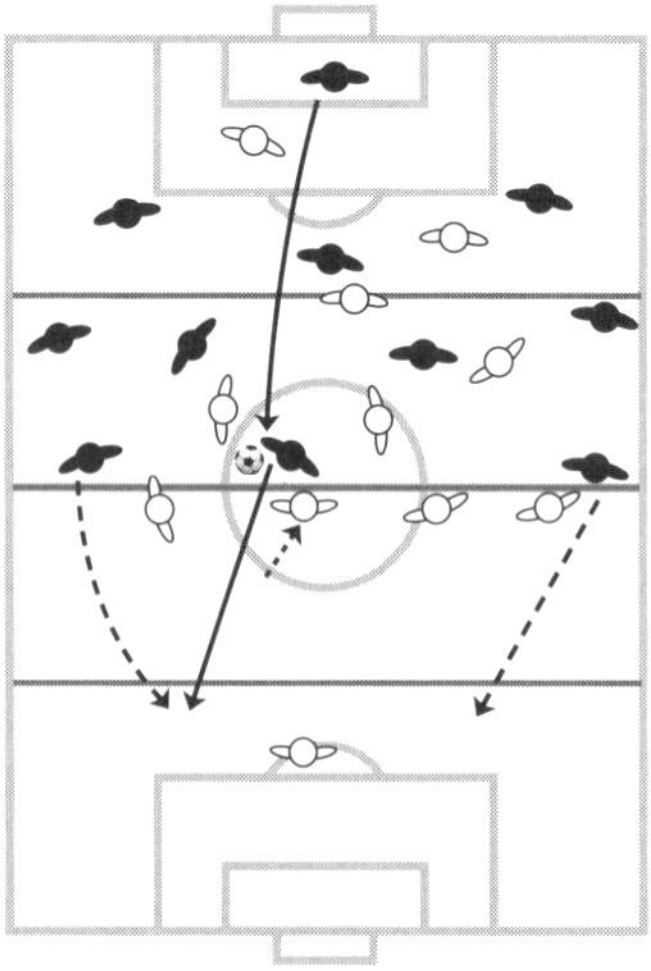

カバーリングが無い場合は、背後を狙われる危険性がある。

守備の戦術コンセプト④

カバーリング

【定義】

カバーリングとはある味方を助けるポジションに「居る」ことです。その味方は相手に抜かれていることもあります。

【目的】

・突破されてしまう可能性のある味方選手を助ける。
・ボール保持者に対峙している味方選手に最大限の安全性を与え、最高の守備アクションを引き出す。
・ボール奪取の可能性を高める。

この戦術コンセプトは、ゾーンでのマークを実行している時に利用されます。コンセプトにもある通り、味方を助けるためのポジションに「居る」ことで既に実行できています。**図21**を見ての通り、隣の選手の背中のスペースを助けるポジションを取っています。実際にはポジションを移動していませんが、いつでも移動できるというポジショニングです。右サイドバックの背後のスペースを右のセンターバックが、その右センターバックの背後のスペースを左センターバックが、そして左センターバックの背後のスペースを左サイドバックが助けるポジションを取っています。

カバーリングとは個人のアクションではありますが、チーム内の何人かの選手が行うことで、ラインとして、また守備ブロックとして連携の取れた守備アクションを実行することが可能になります。

日本サッカーの指導理論において、カバーリングとは「味方が抜かれた後に助けに入るアクション」のことを指すようですが、スペインでは少しニュアンスが異なり、**「味方を助けられるポジションを取っていること」**自体、すでにカバーリングを実行していることになります。

ですので、一見動きは止まって見えている、横並びになっていても頭の中では味方と連携していることになっているのです。これは私の個人的見解ですが、味方が抜かれてから「カバーリングにいかなくては！」と対応するのと、バランスの取れた組織ブロックを作っている時から「自分はあの味方のカバーリングをすでにしている」というように頭の中で常に味方とつながっているのとでは、危険な状況への事前対処における守備アクションのスピードに違いが出ます。加えて、「カバーリングが後ろに居てくれている」ということがわかっていれば、ボールへのチャレンジもよりアグレッシブに行うことができます。

図21　カバーリングの例

カバーリングは個人のアクションとなるが、チーム内の何人かの選手が行うことで、ラインとして、また守備ブロックとして連携の取れた守備アクションを実行することが可能になる。

私も日本人に指導をしていてボールへのアプローチが甘かったり、チャレンジを恐れてしまっている現象によく出くわしますが、「後ろにカバーが居るから大丈夫。そこはチームとして奪いたいところだから行ってくれ。抜かれても大丈夫だから」というようなコーチングをしてあげるとプレーのインテンシティがグッと高まるという現象を何度も見てきました。

日本サッカーの課題の1つだと認識していますが、「ボールへのアプローチが甘い（緩い）」ということがよく言われます。実はこれは個人的な改善に加えてグループでの戦術を整備してあげることで抜かれることに対する恐れを解消し、心理的により優れたパフォーマンスを引き出すことも可能なのです。

もし指導している選手たちがアグレッシブに守備ができないという課題を抱えているようであれば、このようなアプローチの仕方もあると思いますので検証してみてください。ちなみに、スペインではカバーリングの戦術コンセプトを守備の全体の組織的プレッシングにおけるポジション確認をしながら「君は今、この選手のカバーリングをしているからね」というような言葉で教えるのが一般的です。全体をオーガナイズしながらも、個人の戦術を同時に教えていくのです。

次に紹介するのは、スペインサッカーにあって日本には定義づけが存在しない守備の戦術である「ペルムータ」です。

これはカバーリングのカバーリングと言えるアクションになります。

守備の戦術コンセプト⑤

ペルムータ

【定義】

ある選手が突破された時に、そのカバーリングに入るために自分のゾーンから出て行き、空けたスペースを突破された選手が素早く埋めるアクション。埋める動きはスペースに向けて、またはフリーになった相手選手に向けて行われる。

【目的】

・守備のバランスを維持する。
・フリーなスペースを与えないようにする。
・相手の攻撃の進展を防御する。

ペルムータは特に、サイドの選手が突破されてしまった時に多く実行される戦術です。これができていない例として、突破されてしまったサイドバックの選手がどこに戻れば良いかわからず、カバーリングに入ったセンターバックが元々「居た」場所にスペースが空いてしまっているという現象があります。中央のスペースを空けてしまうことは危険ですので、サイドバックはすぐにスペースの穴埋めをする必要があります。これを知っているかどうかで失点の危険性を低下させることができますから、習得しておいて損はない戦術でしょう。**図22**は2人でのペルムータになりますが、3人でのペルムータ（**図23**）もあります。

●ゾーン2でブロックを作り待つ設定

この設定は、ゾーン3で出ていくプレスが効果的に実行できないチームや対戦相手の攻撃が守備側のゾーン3のプレスを上回ると判断した時に利用されます。私が所属するスペインのカタルーニャ州の育成年代でも、バルセロナやエスパニョールなどの格上と戦う時はこの設定をベースに戦うチームは多いです。

守備側がトレーニングを積み、プレッシングをある程度できるようになったとしても、よりハイレベルのチームと試合する時には見事にそれをかいくぐられることもあります。そうなってしまうと、ゾーン3のプレッシングのデメリットであるライン間やＤＦラインの背後のスペースに一気にボールを運ばれ、相手にスピードに乗った前進を許してしまい、場合によってはフィニッシュやゴールまで持っていかれる危険性もあります。

また、ゾーン3に出ていくプレッシングと比べるとゲームのリズムは低いものになるので

図22　ペルムータの例

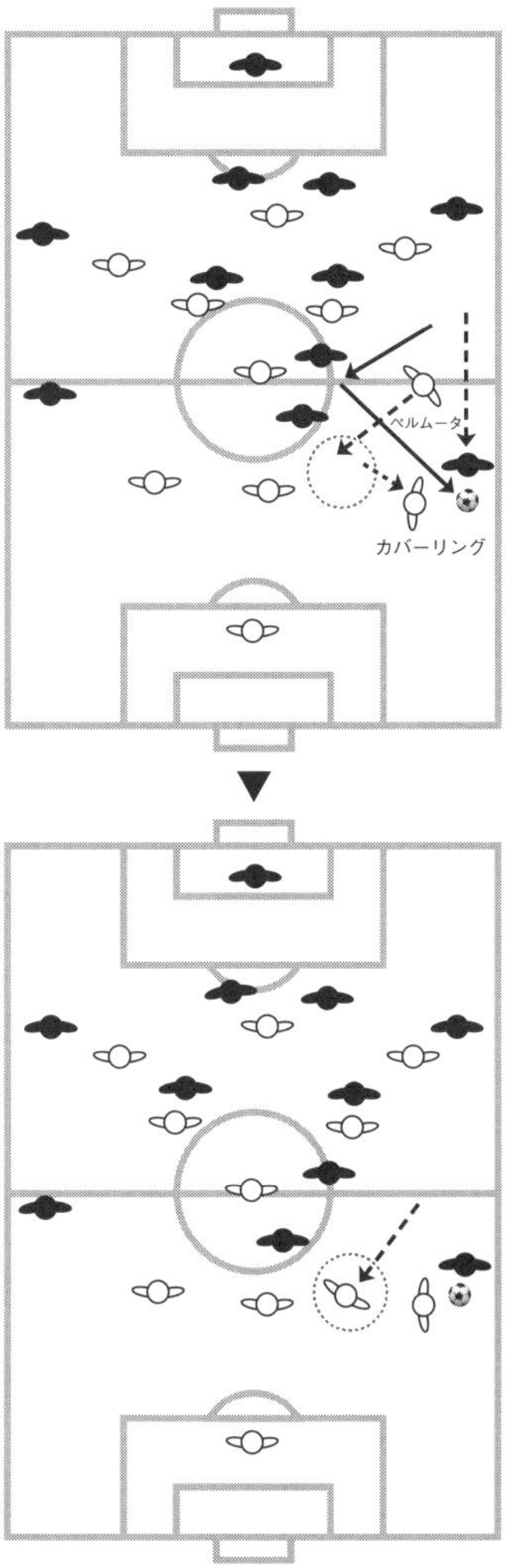

図23　3人でのペルムータ

カバーリングを実行したCBの空けたスペースをボランチが下りて埋め、ボランチが「居た」スペースにSBが戻るパターン。

フィジカルの消耗を抑えられるという特徴もあります。ゲームを落ち着かせたい場合や、ボールを取り返すよりも失点をしないことを優先する時には有効な戦術です。

【メリット】

・体力の消耗がそれほどない。
・相手に焦りやフラストレーションを与えることが可能。
・ＤＦラインの背後のスペースを使われるリスクを抑えることができる。
・中盤、ライン間のスペースをコンパクトに維持することが可能。
・ボールを奪った時には相手のＤＦラインの背後にスペースがあるのでカウンターを実行しやすい。

【デメリット】

・相手にボールの保持されてしまうことでパスを回されてリズムを作られる。
・相手に余裕がある状態でのロングフィードでは、ＤＦラインの背後までボールを送られてしまう。
・サイドチェンジを繰り返し行われ、スライドしている間にポジションチェンジなどを許す時間を与えてしまう。

図24の例はゾーン2で待つチームのほとんどが利用する1－4－4－2で中盤がフラットなシステムでの組織的なプレッシングの例です。

一番の特徴はゾーン3での相手のボール保持時は前に出ずに2トップが中にポジションを取って相手のボランチへのパスコースを閉じながらスライドします。センターバック間のパスは好きにやらせ、ボールサイドのFWはセンターバックが前進できるドリブルのコースを切り、もう1人のFWは相手ボランチへのマークにつきます。ここでは相手のセンターバック2人とボランチ1人の計3人を2トップでスライドしながら前進を防ぎます。サイドバックにボールが入った場合は、サイドのMFがアプローチしながら対応します。

このようにしてチーム全体がゾーン2で待ち、ライン間の距離をコンパクトにすることで縦のスペースを与えない、横にスライドすることで前進のためのドリブルやパスのコースを消して相手の攻撃に問題や迷いを引き起こします。ボールの保持はさせていますが前進はさせていません。こうしていると攻撃チームは中盤の選手の足元へのパスコースが無いのでフラストレーションを抱えることになります。

DFラインでただ単に横につないでいても埒があかなくなり、中盤にも配球できないとなればリスクをかけたパスや中盤でのポジションチェンジなどをしてチャンスをうかがいます。守備側としてはそのような可能性の低いパスやスペースの無いエリアに入ってきたところ、守備

図24　1－4－4－2システムでの組織的なプレッシング

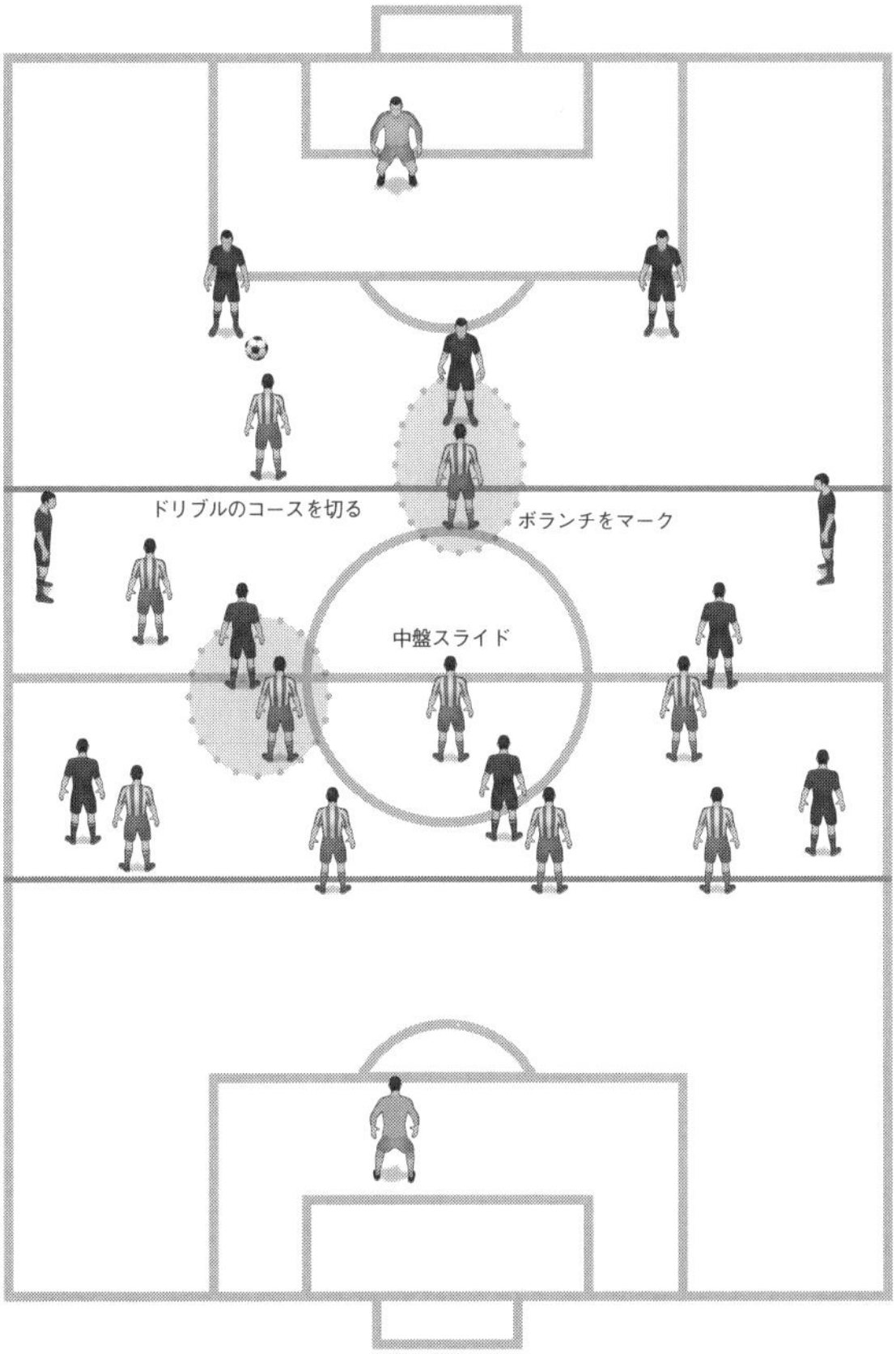

中盤がフラットの1－4－4－2システムの場合、ゾーン3での相手のボール保持時は前に出ずに2トップが中にポジションを取って相手のボランチへのパスコースを閉じながらスライドする。

図25　ゾーン２で待ちライン間をコンパクトにした守備の例

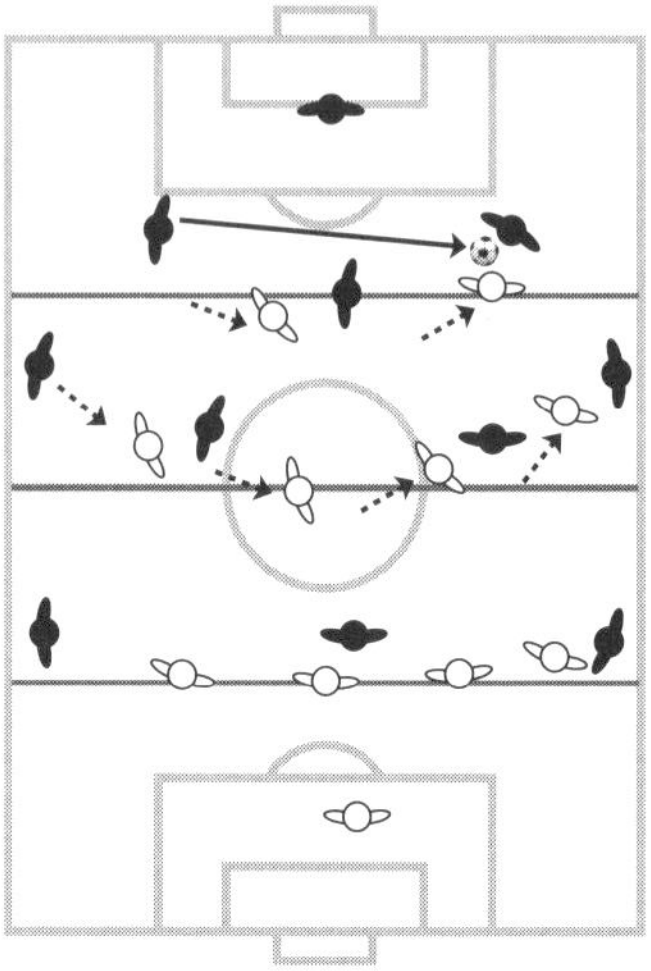

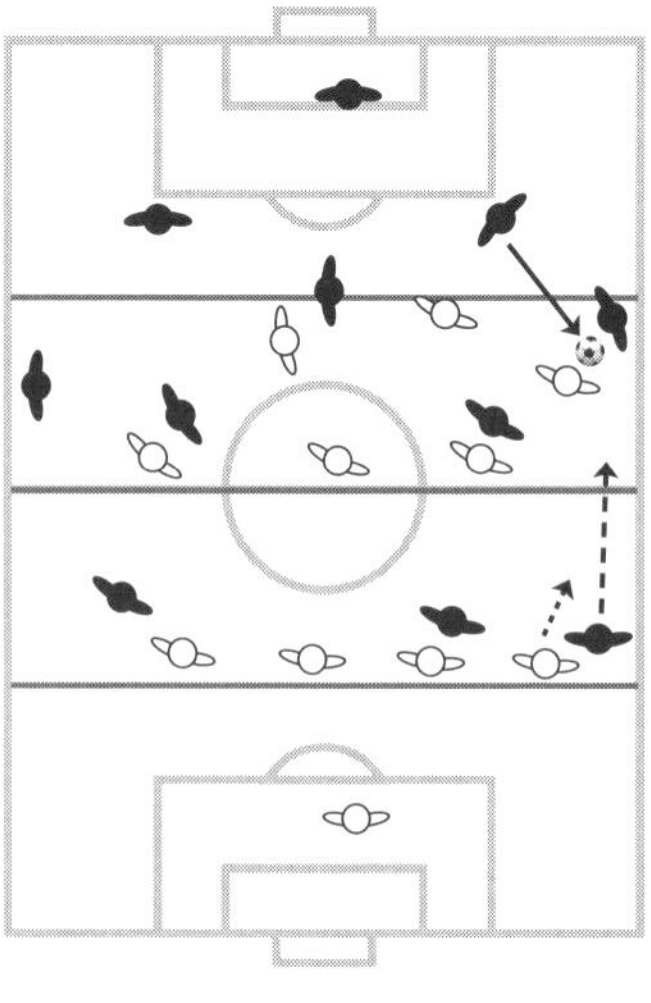

チーム全体がゾーン２で待ち、ライン間の距離をコンパクトにすることで縦のスペースを与えず、前進のためのドリブルやパスのコースを消して相手の攻撃に問題や迷いを引き起こす。

側が予測しているところにパスが出てくればインテンシティを上げてボールを奪いに行くことでボール奪取の可能性を高めることができます。

前線の誘導で中を切り、サイドへ誘導し、サイドでの縦パスを狙うことを目的としています。攻撃側の中盤、ウイング、ＦＷの選手にまでマークについているのでインターセプトを狙うこともできる状況です。

また、中盤への足元へのパスコースが無い時にはＤＦはトップへの浮き球でのフィードによる前進を図ることになりますので、これも前向きで空中戦を競れる守備チームの方が主導権を握る可能性が高くなります。

さてここで出てきた戦術コンセプトに「スライド」があります。詳しく見ていきましょう。

守備の戦術コンセプト⑥

スライド

【定義】

タッチラインに「居る」相手ボール保持者へ向けて行われる、個人またはグループによる守備アクション。プレッシングを実行する前の事前アクションであり、1人の選手、1つのライン、またはチーム全員で行われる

【目的】

・タッチライン際で数的有利を作り、相手のボール奪取を試みる。
・スペースを縮小し、プレーする時間を削除することで相手の攻撃の進展を妨げる。
・数的不利な状況からバランスを整える。
・ボール保持者に対峙する選手に対してカバーリングを行う。

「スライド」は、横方向でのポジションの移動によりボール周辺に選手を集中させてボールを相手チームから奪取しようとしたり、相手の前進を遮るためのポジション修正の動きです。相手がサイドチェンジをした時にはこのコンセプトが利用されます。

このようにして、チーム全体がスライドをしてボール周辺に人数がいる状況を作ることでプレッシングが効果的に実行することができるので、プレッシングの予備動作となる戦術コンセプトです。

これに加えて、スライドを実行している時には必ず行っている守備アクションがありますので、それもセットで解説していきます。

図26　スライドの基本と例

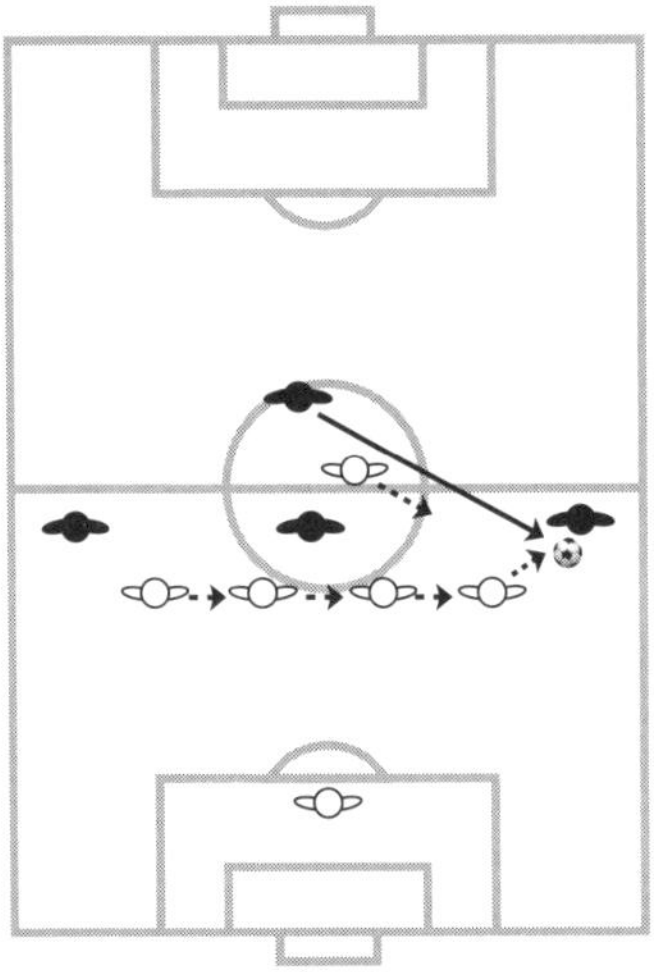

タッチラインに「居る」相手ボール保持者へ向けて行われる、個人またはグループによる守備アクション。

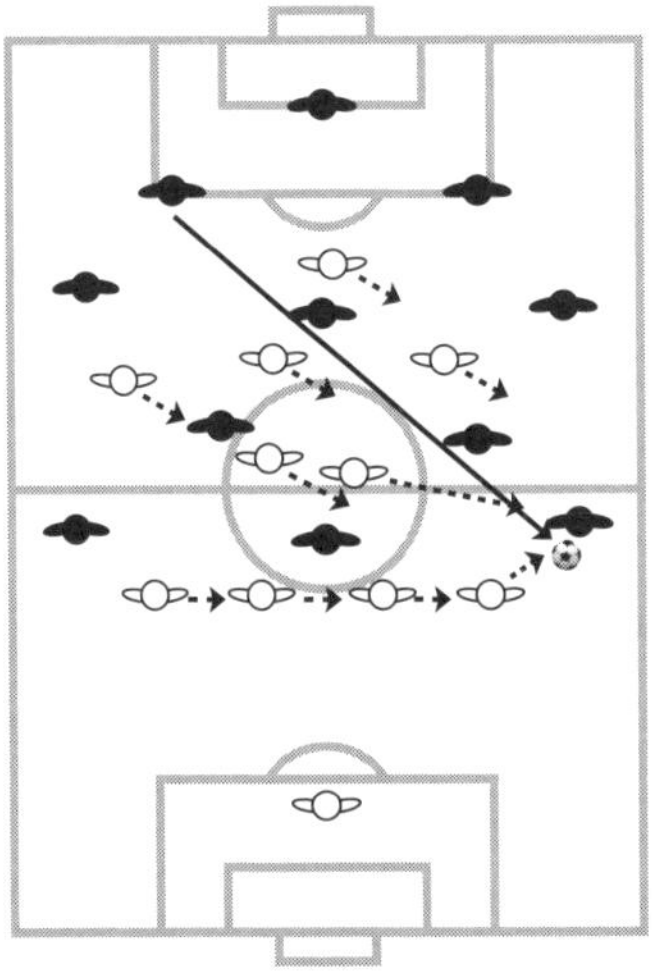

図のように攻撃チームの左サイドにボールが出ると、守備チームは、右ＳＢがホール保持者へアプローチし、右ＣＢがカバーリング。左のＣＢと左ＳＢ、ボランチも距離を維持して横にポジションを修正する。

ビヒランシア（守備の警戒）

【定義】

ボールを保持していないチームの選手が、どのタイプのマークも実行していない時にボールを持っている相手チームの選手を見張ること。

【目的】

・空いているスペースを相手チームの選手に有効に利用されないようにする。
・相手チームの選手を見張ることで相手をコントロールし予想外の事態を防ぐ。
・相手チームの選手やフリーなスペースを視界に入れ、次の展開の予測をしやすくする。

図27では攻撃チームの左サイドバックがボールを保持しています。この時、守備チームの左サイドバックと左の中盤の選手はマークをしていませんが、各々が相手選手や逆サイドのスペースを視界に入れて警戒していることで、次の展開の予測をできるようにしています。ゾーンによるマークを採用し、ボールがあるサイドに人数をかけるプレッシングを実行するチームが多い近年では、主にボールとは逆のサイドのポジションに位置するプレーヤーが実行するの

図27　ビヒランシア（守備の警戒）

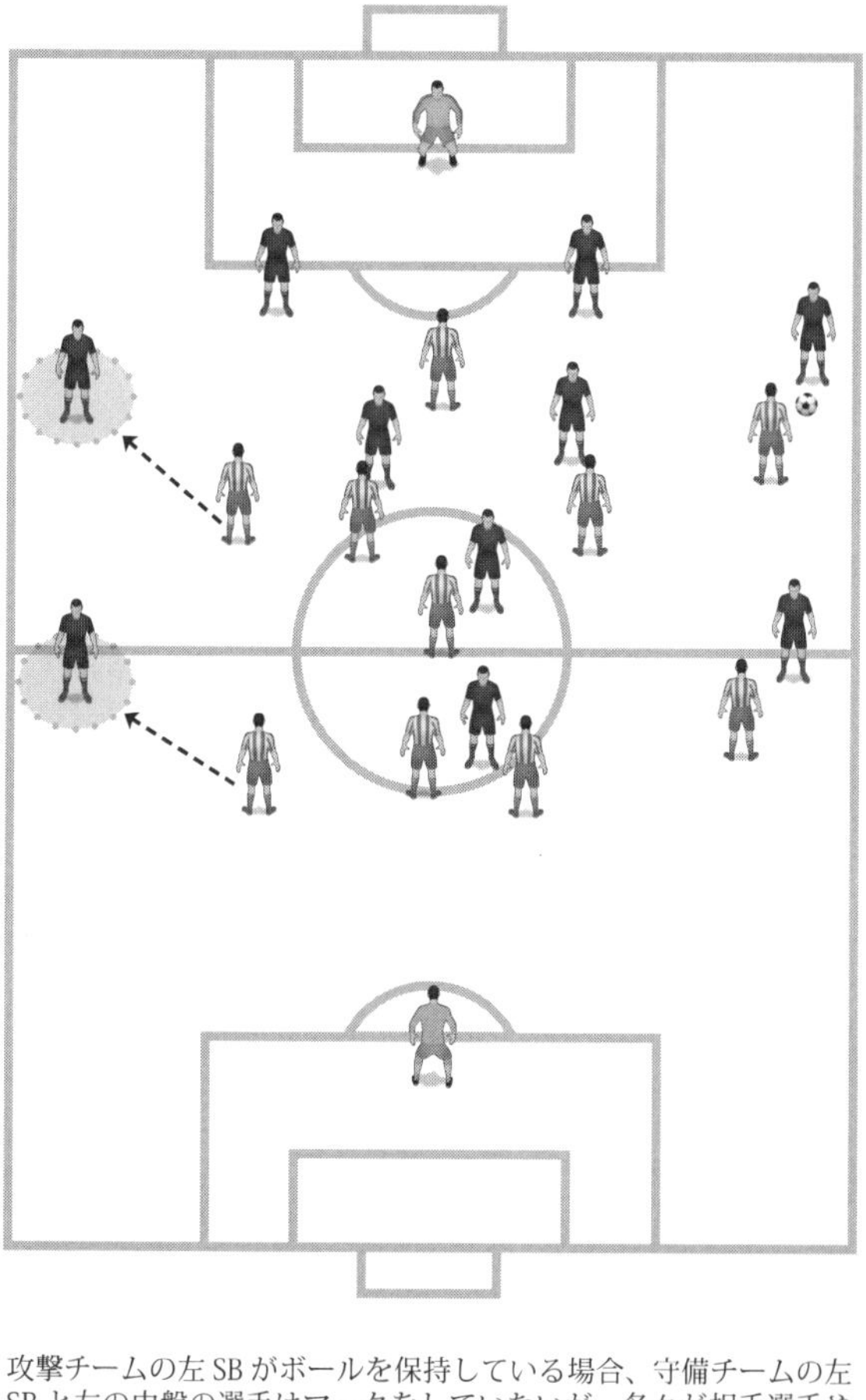

攻撃チームの左 SB がボールを保持している場合、守備チームの左 SB と左の中盤の選手はマークをしていないが、各々が相手選手や逆サイドのスペースを視界に入れて警戒していることで、次の展開の予測をできるようにしている。

が「ビヒランシア（守備の警戒）」という戦術コンセプトです。

この図の例では、守備チームの左サイドバックは左センターバックのカバーリングができるポジションにいます。周辺にマークする選手がいませんが、逆サイドに張っている相手右ウイングの選手を警戒する必要があります。もしも警戒の戦術コンセプトを実行せずに相手の右ウイングの動きを認識していなければ、もしかすると相手のマークを外す動きについていけなくなり、ピンチを迎えるかもしれません。

このような事態を防ぐためにも、マークについていなくとも周りの状況を認識し、警戒する必要があるのです。

さて、このような守備の戦術コンセプトを駆使してバランスよく守った場合には何が起こるかについて紹介していきます。

●攻撃チームがポジションチェンジをしてくるパターン

このような守備を行った時に起こる問題としては、攻撃側のチームが前線と中盤でポジションチェンジをしてくることがあります。ＤＦラインにプレッシャーをかけない分、時間を自由に与えることとなり、その分前線のモビリティ（動き）をしっかりと見極めてパスを配球する余裕を与えてしまいます。

図28のようにサイドバックが高い位置を取ってマークを引き連れてスペースを作り、そこへ中盤の選手が侵入しフリーになるというアクションはバルセロナがよく行うプレーです（左サイドのジョルディ・アルバとイニエスタ、右サイドのダニエウ・アウベスとラキティッチ）。またレアル・マドリーも右サイドバックのカルバハルが高い位置に出て、モドリッチがそのスペースに下りてくることがあります。このようにしてスタートポジションで〝ズレ〟を作り出すことで、相手の安定した守備組織を崩していくのです。

中央の選手がマークを追ってサイドまで追っていくという行為は、ゾーンディフェンスの守備において「ついていくべきなのか？」という心理的な迷い、戦術的な問題となります。ですから多くのチームはこのアクションを実行された時、意図的でない状況下でその選手をフリーにさせてしまうことになります。これをきっかけに攻撃チームは中盤ゾーンで前向きのプレーすることができ、前進することができるようになってしまいます。

このような場合に有効な手段としてマークの受け渡しがあります。私のチームでは、相手がサイドなどでモビリティを活用し、ポジションチェンジをしてきた時はこの戦術を利用して対応をしています。

相手サイドバックが高い位置を取ってきた場合、その選手を守備側のサイドバックがつかみます。守備側のサイドＭＦ（ウイング）は自分のゾーンに中から下りてくる相手のインサイド

図28　バルセロナがよく行うポジションチェンジ

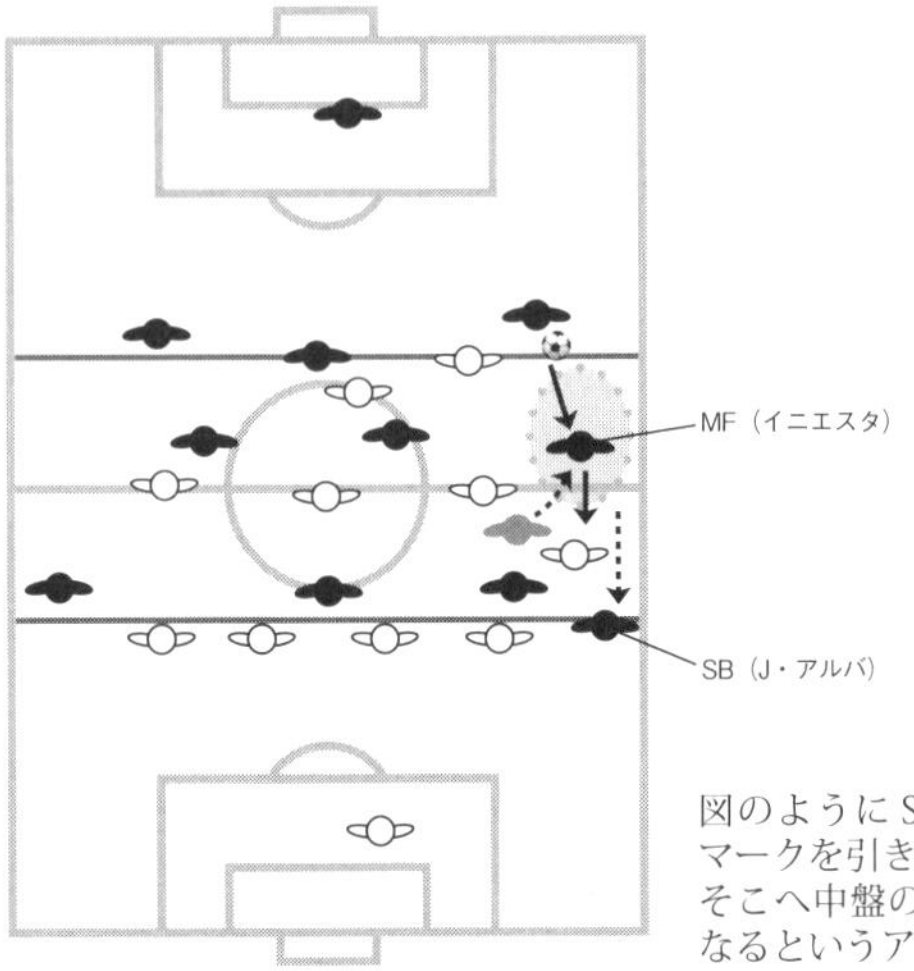

図のようにSBが高い位置を取ってマークを引き連れてスペースを作り、そこへ中盤の選手が侵入しフリーになるというアクション。

相手SBが高い位置を取ってきた場合、その選手をSBがつかむ。サイドMF（ウイング）は自分のゾーンに中から下りてくる相手のインサイドハーフをマークしにいく。

ハーフをマークしに行きます。これによってバランスを維持したまま相手のポジションチェンジにも対応できます。

もちろん、これができるようにするには週のトレーニングで戦術練習、リハーサルをして試合に臨むことが大事です。準備をせずに、その日のゲームでいきなり「相手がこうしてきたからこう対応しよう」というのはとても難しい戦術アクションとなります。

●DFラインからロングフィードし、守備チームのDFラインの背後へ

中盤の足元にパスを配球することが難しいと判断した場合はダイレクト攻撃で前線にロングフィードをしてくることも考えられます。同サイドであればサイドバックの背後にフィードすることが多いでしょう。

図29のような場合はセンターバックがサイドバックの背後をカバーリングして対応し、前を向かせない、サイドバックがプレスバックし挟んで奪うなどを試みます。それと同時にチーム全体が下がり、ゾーン1にブロックを形成するような展開になります。

ゾーン2で待っている時にはゾーン3でプレーしている攻撃チームのセンターバックのボール保持者に対してプレスをかけることができませんから、それはデメリットの1つです。

センターバックが予測をしてインターセプトすることができれば良いのですが、ゾーン1で

キープされた場合には押し込まれてしまうことは致し方ありません。その分、ロングフィードされた後の対応で相手が後ろ向きならばインテンシティを上げて守備を行い、できるだけミスを誘発したい状況です。

次はゾーン2で待つ設定で別のシステムである1－4－2－3－1を用いるケースも紹介します。

図30は相手がゾーン2Bまでボールを運んでくるのを待って、相手が入ってきたらプレッシングを開始する方法です。1トップでプレッシングをかけるので、誘導の方向は縦の前進の蓋をするというよりも、横パスを切ってどちらかのサイドに相手の攻撃の方向を限定するという方法になります。

中盤は3人ですから、マンツーマンマークという設定になっています。これはリーガ・エスパニョーラでも相手の危険な選手がはっきりしている場合に利用されることが多い守り方です。

例えば、バルセロナの攻撃において中心となるイニエスタやメッシにマンツーマンでマークにつくことで中央でのボール奪取や攻撃を自由にさせないことが狙いです。ポジションチェンジをする相手中盤の選手へのマークをマンマークで行うことと、サポートの動きを実行するセンターフォワードへのマークもタイトに行い、中央エリアでの自由を奪うことを目的としているプレッシングの方法です。

図29　相手のロングフィードに対してゾーン1まで戻って対応

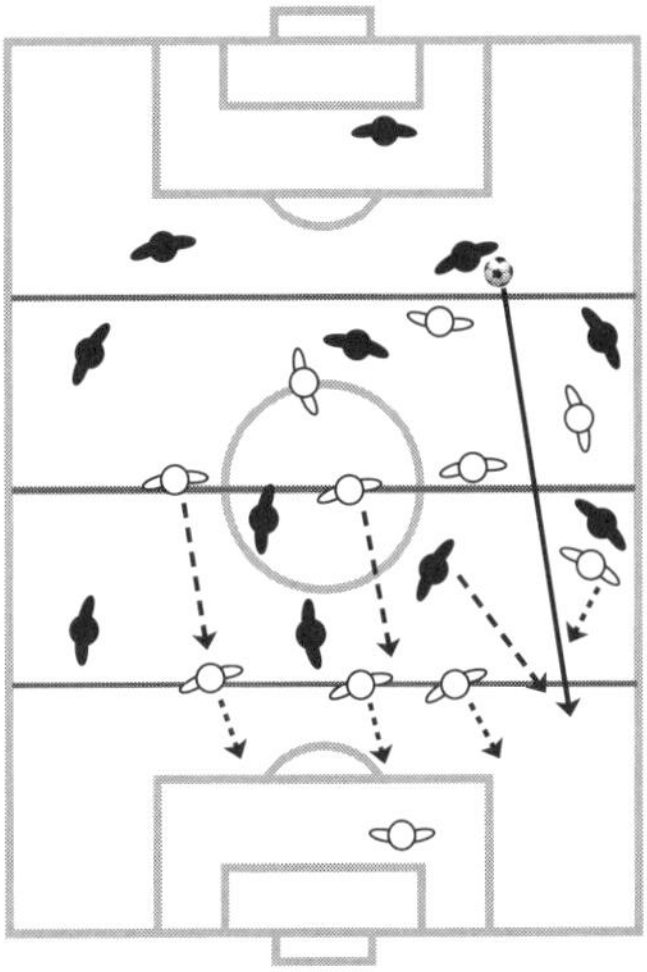

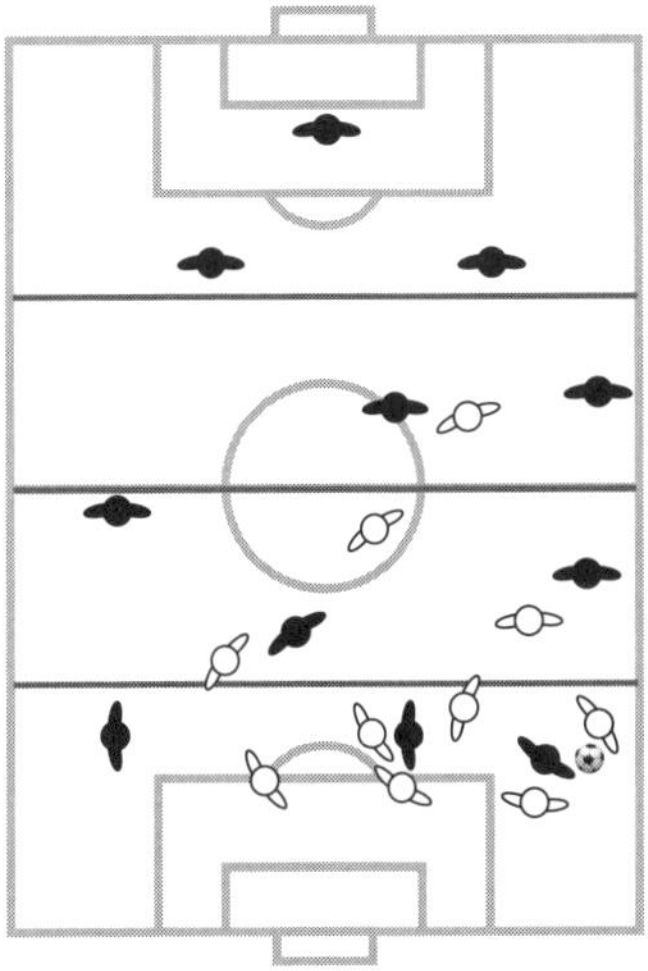

このような場合はＣＢがＳＢの背後をカバーリングして対応し、前を向かせない、ＳＢが後退し挟んで奪うなどを試みる。それと同時にチーム全体が下がり、ゾーン１にブロックを形成するような展開になる。

ポジションチェンジを繰り返すチームと戦う時にはマークの受け渡しが難しくなることがありますが、このようにマンマークではっきりと役割を決めてしまうこともその問題を解決するための方法の1つです。

復活してきた3バック（5バック）

ここ最近では、以前にあまり見られなかった3バックのシステムが復活してきています。4バックがベーシックなシステムとなっていてほとんど見られることはなかったのですが、2014年のブラジルワールドカップでオランダのファン・ハール監督（当時）が1－3－5－2のシステムを採用し、スペインを下したゲームが1つのきっかけでした。この試合前は、当時世界チャンピオンだったスペインに対してオランダがどのような戦いをするのかに注目が集まっていました。オランダは伝統的に1－4－3－3のシステムを採用していましたから、試合前に1－3－5－2のラインナップが発表された時には、私も驚きました。

当時のオランダを率いたファン・ハール監督は自国の伝統的なシステムやサッカーを捨て、スペイン対策のやり方で試合に臨みました。あの試合でオランダがスペイン相手に勝利を収めたことで世界中が、「スペインに勝つにはこういうやり方がある」と1つの方法を目撃しまし

図30　ゾーン２で待つ守備の例

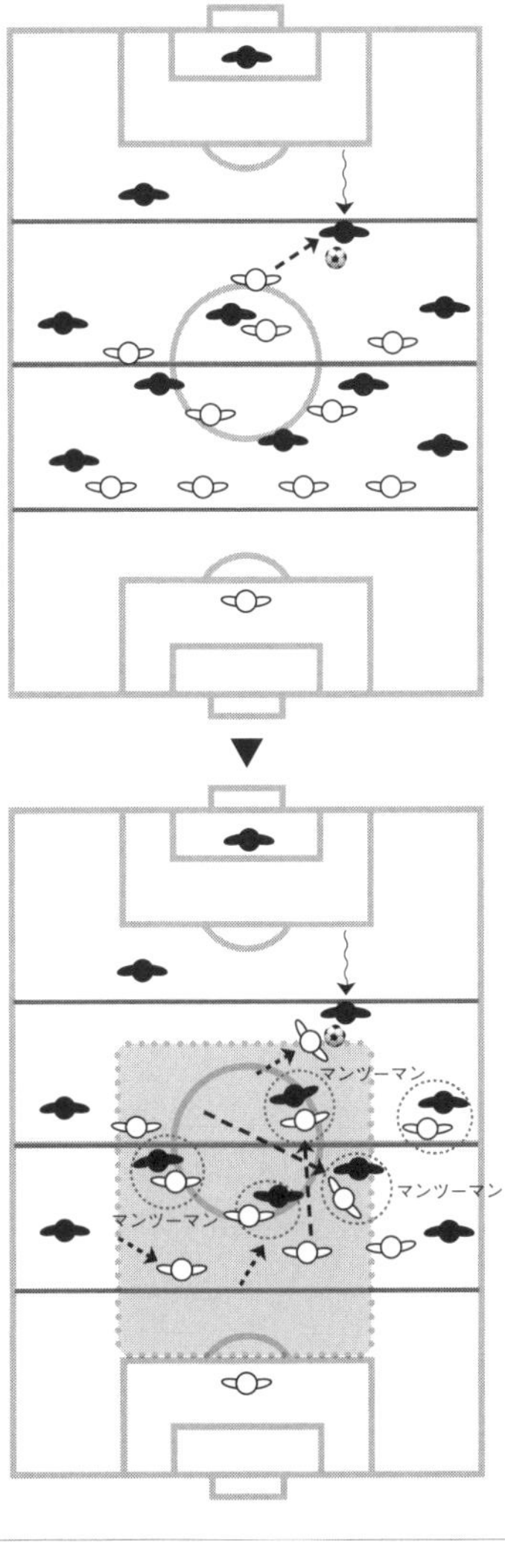

これは相手がゾーン２Ｂまでボールを運んでくるのを待って、相手が入ってきたらプレッシングを開始する方法。１トップでプレッシングをかけるので、誘導の方向は縦の前進の蓋をするというよりも、横パスを切ってどちらかのサイドに相手の攻撃の方向を限定するという方法になる。

図31　オランダがスペインに採用した守備戦術

5バックのシステムを組んだオランダ。1人が出ていっても4人が残り、カバーリングをすることでスペースを与えることはなかった。

た。この頃のスペインの戦術はボールを保持しながら、ライン間のスペースを利用し、攻撃を前進させていくものでした。オランダはそれを封じるためにゾーン3には出ていかず、ゾーン2でブロックを形成して待つという設定を採用しました。

2トップは開いたところで待ち、センターバックからサイドバックへのパスコースを消して、ボールが中に配球されるように誘導します。あえてスペイン代表の強みであるフエゴ・インテリオールという中央でのプレーを誘発し、そこに対してDFラインの選手が積極的に前に出ていくという戦術で対抗しました。この戦いを4バックで行うとDFラインにスペースを与えていますので、5バックのシステムを組んだのです。

こうすることでライン間に入ってくるスペインのサイドMF（ウイング）の選手にもDFラインから積極的に出ていけるようになっていました。5人でDFラインを組んでいますから、1人が出ていっても4人が残り、カバーリングをすることで、スペースを与えることはありません。

これで決定的チャンスを最小限に抑えて失点を1に抑えながらロッベンを中心に縦に速いカウンターアタックで見事に得点を重ね、勝利を手にしました。

私の視点ではこのゲームをきっかけに世界中が4バック以外の3バック、5バックの特性を改めて見直し、その後徐々にこのシステムをベースに戦うチームが台頭してきたと認識しています。

それまでバルセロナやスペイン代表のようなボールを持つチームが「最強」と評価され、4バックが主流でした。しかし、**この試合によって「3バックや5バックは時代遅れの守備的なシステムだ」という認識が一気に崩れた**と私は考えています。現在、イタリアのユベントスがこの戦い方を採用し、15－16シーズンのCLではボール保持に長けたバイエルン・ミュンヘンをあと一歩のところまで苦しめたことは記憶に新しいトピックスです。

●ゾーン1でブロックを作り待つ設定

これは設定というよりも、ゾーン3またはゾーン2で組織的プレッシングを実行し、それをはがされてしまった時に起こる状況です。カウンターを受けてゾーン1まで後退しなくてはならなくなり、その後ゴール前で守る状況もこれに当たります。チームとしてあまり望しい状況ではないというのがこの設定です。

なぜなら、まさにゴール前であり、少しのスペースを与えてしまう、攻撃チームの1つのコンビネーションプレーでシュートチャンスまで持っていかれてしまう危険を含むゾーンだからです。クロスボールが入ってくるゾーンでもあるので、相手に空中戦を得意とするFWがいる場合も危険な状況となります。

【メリット】

・試合に勝っていて残り時間が少ない状態ではゴール前を固めてスペースを消すことで守り相手にフラストレーションを与えることが可能。
・守るという目的を達成するためには一番わかりやすい。
・相手のＤＦラインの背後には大きなスペースがありカウンターで有効活用することが可能。
・相手がコンビネーションプレーで中央突破をするのは難しい。

【デメリット】

・押し込まれているためボールを奪っても相手ゴールまでの距離が遠い。
・自陣深くで守っているため、わずかなミスで決定的チャンスを与えてしまう。
・ペナルティエリア内に侵入されるリスクが大きい。（ＰＫのリスクもある）

このゾーンでの守備チームの一番の目的は **「ゴールを守ること」** です。ボールを積極的に奪うというよりも、失点しないということが優先されるエリアです。守備ブロックを形成し、中央でやられないようにしながら相手がミスしたらボールを奪う、またはクロスボールを跳ね返すというアクションが主となります。

そういった意味で中を固めるという目的のために、**センターバックが簡単にはサイドバック**

のカバーリングに行かないようになってきているのも最近の傾向です。アトレチコ・マドリーは、ゾーン1で守備を行う際にはボランチがセンターバックのゾーンを埋められるような状況でない限り、センターバックが外に出ていくことはほぼありません。

その代わり、サイドバックは抜かれることなくボールを外へ誘導し、精度の低いクロスボールを上げさせるというプレーを求められています。

そのような状況でクロスを上げられたとしても、中の人数がそろっていますのでしっかりと跳ね返すことができます。

この方法は「クロスは上げられてもいいから中で絶対に跳ね返せるセンターバックがいる」という自信、裏づけのあるチームが採用している戦術です。アトレチコ・マドリーのゲームを見ているとクロスボールは上げられるものの、ほとんどがセンターバックのゴディンとヒメネス（サヴィッチ）が跳ね返すか、ハイボールはＧＫのオブラクが処理しています。

中央突破に対する守備もセンターバックとダブルボランチで強固に行われますので、ゾーン1で守られると本当に崩すことが難しく、得点を奪われにくいチームです。

２０１６年４月13日のＵＥＦＡチャンピオンズリーグの準々決勝の第２戦、アトレチコ・マドリー対バルセロナのゲームでは最後までこのゾーン1で守り切ったアトレチコ・マドリーが２－０で勝利しました。

図32　ゾーン1で守備ブロックを形成する例

アトレチコ・マドリーの守備でも見られるように、ボランチがCBのゾーンを埋められるような状況でない限り、CBが外に出ていくことはほぼない。

ゾーン1での守備時には2つの傾向が見られます。1つは前述のように前の選手たちもブロックに参加し、カウンターのチャンスを放棄してでも守備に参加する場合です。これは残り時間が少なく、とにかく失点したくない場合や、相手が完全に力が上で人数をかけて中盤のスペースも消したい場合に使用される守り方です。

もう1つは、FWが縦関係になり1人が前線に残るパターンです。これはカウンターの起点を高い位置に作るのが狙いです。対戦する両チームの力の差が大差ではなく、そこまで守備に全員の人数まではかけなくても良いという時にはこうなります。どちらかというと、前線に誰か1人を残しておくのがベーシックな戦術と言えるでしょう。

例えば、15－16シーズンのプレミアリーグで旋風を巻き起こしたレスター・シティはゾーン1に押し込まれた時にはこのような形（**図33**）を採ります。FWジェイミー・ヴァーディーを前に残し、岡崎慎司が相手のボランチをケアするように一列下りて守備に参加します。サイドを割られてゾーン1に押し込まれた時の各選手のタスクは次のようになっています。

サイドハーフ・サイドバック：ボールサイドを2人で守る
センターバック2人・逆サイドのサイドバック：中に絞ってゴール前を固める
ボールサイドのボランチ：中からボール保持者にサポートする攻撃チームの中盤にマーク

逆サイドのボランチ：ＤＦラインの前のスペースを埋める
トップ下：相手のボランチのマークにつく（岡崎）
逆サイドのサイドハーフ：絞ってきてスペースを埋める
フォワード：チームがボールを奪った後のカウンターに備え前線に残る（ヴァーディー）

さて、このゾーン１では「ゴールを守ること」が最優先であるのですが、そうは言っても守っているだけではゲームに勝つことはできませんし、90分間をこのゾーンでプレーすることはどのチームも望んではいません。ゾーン１はリスクの伴うエリアなのです。ではここからどのようなプレーでゾーン１に居続けることを回避するのでしょうか？

ラインの押し上げとスペースの縮小を図る

ゾーン１からゾーン２に押し上げるためにはそのタイミングを決めることです。１つは守備チームがボールを奪い、カウンターを発生させてゾーン３までボールを運んだ時にはラインを押し上げてブロックをゾーン２まで持っていきます。では相手がボールを保持している時にゾーン２に上げるタイミングはいつなのでしょうか？

図33　レスターのゾーン1での守備

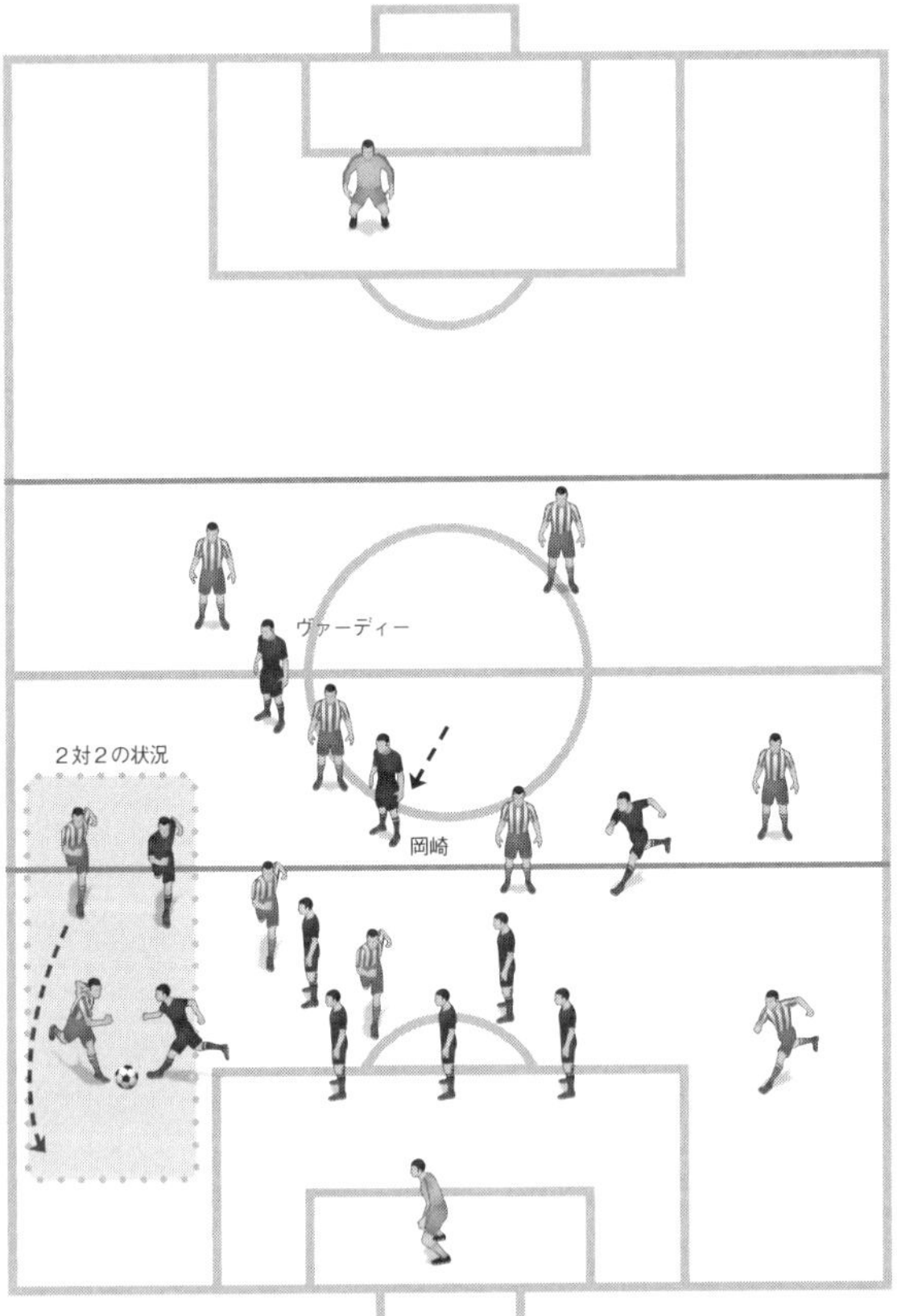

レスターはゾーン1に押し込まれた時には図のような形を採る。FW ヴァーディーを前に残し、岡崎慎司が相手のボランチをケアするように一列下りて守備に参加するような形。

それは攻撃チームがバックパスをしたタイミングです。特にバックパスでGKまで下げた時、またはセンターバックが後ろに深くサポートしてボールを受けた時というのは相手のボール保持の位置がゾーン3となりますから、DFラインを素早く押し上げ守備ブロックをゾーン2に形成することが可能となります。

このようにしてゾーン1に押し込まれてしまった時でも、中にボールを通さない、なおかつ前進させないような守備をボールに対して行い、相手がバックパスをしたチャンスを逃さず全体のラインを押し上げるのです。私のチームでもこのような時には「上げろ！」と言ったり、スペイン語で「Ganar Metro!（直訳では『距離を勝ち取れ』）」といったような言い方でこのアクションを実行しています。

スペイン語の表現からもわかる通り、ラインを押し上げてゾーン1から脱出することはチームにとってメリットのあるアクションなのです。

バルセロナのゲームでは、このアクションが随所に見えます。彼らが望む場所はゾーン3であり、なるべく高い位置に守備ラインを置きたいわけですから、相手チームがボールを下げた時には本当に素早くDFラインを上げてチームを押し上げていきます。

昔からそうですが、DFにはラインコントロールするリーダーが必要です。今のバルセロナではマスチェラーノがその役を担っています。みなさんも試合を観戦する時などは誰がリーダーなのかを探す視点を持って、ラインコントロールしているリーダーの言動を見てみると面白いでしょう。

守備の戦術コンセプト⑧

スペースの縮小

【定義】

プレッシングを実現させるために集団で行うアクション。守備のラインを前進させる動きで前方のスペースを縮小する。

【目的】

守備ブロックの中のラインを前進させることで前方のスペースを縮小させ、ボール奪取を試みる。

この守備アクションは、プレッシングを実行する時に利用する戦術コンセプトです。**図34**のようにラインを前進させることでスペースを縮小させ、ボールを保持するチームが有効に利用できるスペースを少なくしています。相手チームがバックパスをした時などに実行されることが多く、前線からＤＦラインの選手が連動して前進することで守備のブロック全体が前進し、ボール周辺のスペースを消すことができます。

これによって相手チームにとっては心理的にもプレッシャーを受けることになるので、慌ててパスミスを誘発させることができます。一方で、ＤＦラインの背後にスペースが発生するので、ＧＫも一緒に前進してＤＦラインの背後へのパスをケアします。

守備はチームによって約束ごとが明確にあるかどうかでチームが機能するかどうかが決まります。特に、ボールを扱うことを必要としないアクションになりますので、戦術とフィジカルの重要度がより高くなり、指導者の仕事が浸透しているかどうかがわかる部分でもあります。

また、このようにして約束ごとが多いアクションであることから、選手としてはボールがどのような状況にある時にどこに立つのか？

ボールが移動したらどこに移動するのか？

ということをしっかりと頭に入れておく必要があります。監督目線で言うと、まずそれを理解できない選手は「守備ができない選手」という評価を下すことになります。それがあって初めて、球際の強さ、読みが鋭い、などの個性をプラスαで発揮できるのです。

私の視点では、日本サッカーの課題である守備において、育成年代から個人の守備アクションの向上に加え、指導者がこのような守備の大枠となる「組織的プレッシング」を理解していく必要があると考えています。そうでなければ、個人のアクションは「何のために」行うのかの評価ができず、選手が「自分のプレーが正しく行われているかどうか判断できない」ことになってしまうからです。

FWの選手がゾーン3に飛び出してボールを追い回しているけれど、周りの選手がそれに連動せずにパスではたかれてプレスをはがされてしまった、という現象を見た時にあなたならその選手をどう評価しますか？

「あの選手は追い回していたから頑張っている」、「ハードワークできる選手だ」と評価するのでしょうか？

ここまで紹介した守備の戦術コンセプトを理解してもらえれば、もう答えはわかるでしょう。**その評価は守備のプレーモデルの設定によって決まるのです。**ゾーン3からプレッシングを実行していく設定なのであれば、アプローチにいった選手のアクションは正しく、それに連動していない周りの選手のミスとなります。

逆にゾーン2で待つ守備を行うのであれば、飛び出していった選手のミスとなります。まずは、チームとしての守備のプレーモデルありきで、各選手のプレーはそれによって評価されるべきです。そして、何よりも私が伝えたいことはこのプレーモデルの守備の設定は選手が決めるのではなく、監督や指導者が決定することなのです。

プレーモデルの設定には大きな責任があり、そこに指導者として評価される基準があるとい

図34　スペースの縮小

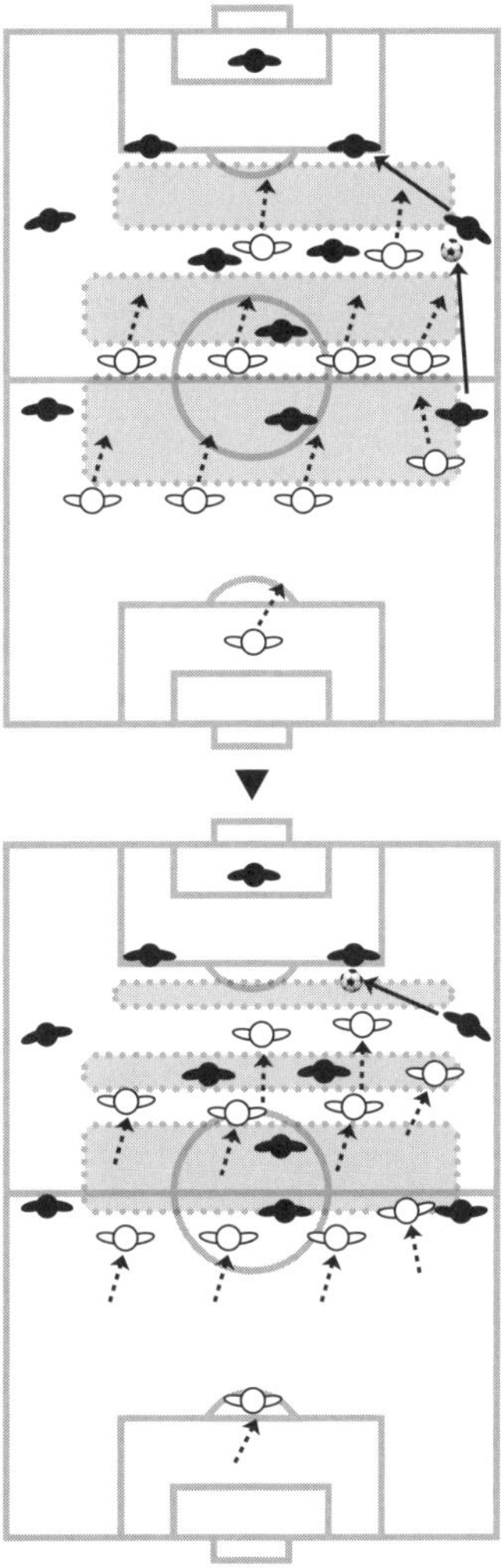

このようにラインを前進させることでスペースを縮小させ、ボールを保持するチームが有効に利用できるスペースを少なくする。

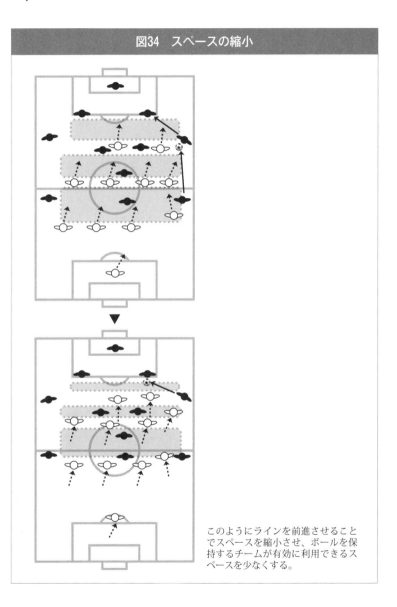

うことです。日本サッカーのレベルが上がるためにはまず、指導者がこの組織的プレッシングの構造を理解し、きちんと自チームにおいて守備のプレーモデルを設定する必要があります。

2トップ型と1トップ型の違い

組織的プレッシングを実行するにあたり、守備のシステムを決定しますが、2トップ型と1トップ型ではプレーをするにあたって起こる現象に違いがでますので、ここで取り上げておきましょう。

システム論になると、「現代サッカーではシステムは関係なく、流動的に動きながらサッカーをしている」という意見も出てくるかもしれませんが、私は**「スタートポジションとしてのシステムはとても重要だ」**と考えています。なぜなら、両チームのスタートポジションのハマりがあって初めてそこからどこのスペースを狙うのか、といった意図のあるモビリティが生まれるからです。各システムによって生まれるスペースは異なり、守備のシステムによって相手の攻撃方法にも影響が出るので、こちらのプレーにも間接的に影響を及ぼすこととなります。こうしたシステムにおけるマッチングの傾向を知っているのと、知らないのとでは、知的にチームプレーが進められるかどうかに違いが出てきます。そして、この配置によって起こる一番の違いは何かと言うと、相手チームのボール保持からの前進の頻度です。

2トップ型では2人によるスライドが可能となるため、攻撃チームのセンターバック2人のパス交換からの「コンドゥクシオン（スペイン語で『運転する』の意）」と呼ばれるドリブルでの持ち上がりに対して蓋をすることができます。1トップで守備をするのと比べて、前進の機会を抑えることが可能となります。そうなるとボールの循環はセンターバック間、サイドバックへ散らすことになりますが、サイドバックにもしっかりとチェックに行けば簡単に前にボールを運ばれることはありません。よって、メリットとしては守備ブロックの位置を維持するには良いシステムです。しかしながら、デメリットとしては2トップの間を通された時には一度に2人を越えられることになるので、そこからピンチを迎えることになります。特に試合終盤にフィジカルがもたなくなり、2トップのスライドが遅れるなどで2人の間を通されるパスが増えてくると、相手の前進を簡単に許し、押し込まれる展開になります。

戦術的には相手のセンターバックが開いたポジションを取った時に、2トップの距離を広げられてしまいます。GKから間を通されることもありますし、攻撃チームのGKの配球レベルが高い場合はこのようなプレーが可能となりますので、2トップがはがされる現象が起きるでしょう。

ひと昔前のバルセロナは、このようにしてセンターバックが幅を取りながらやや低い位置を

図35　２トップ型のシステム

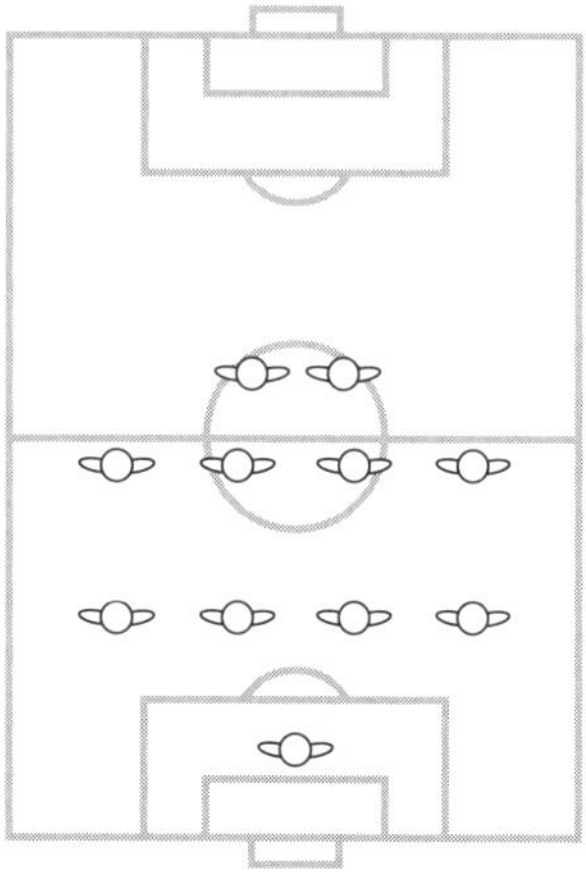

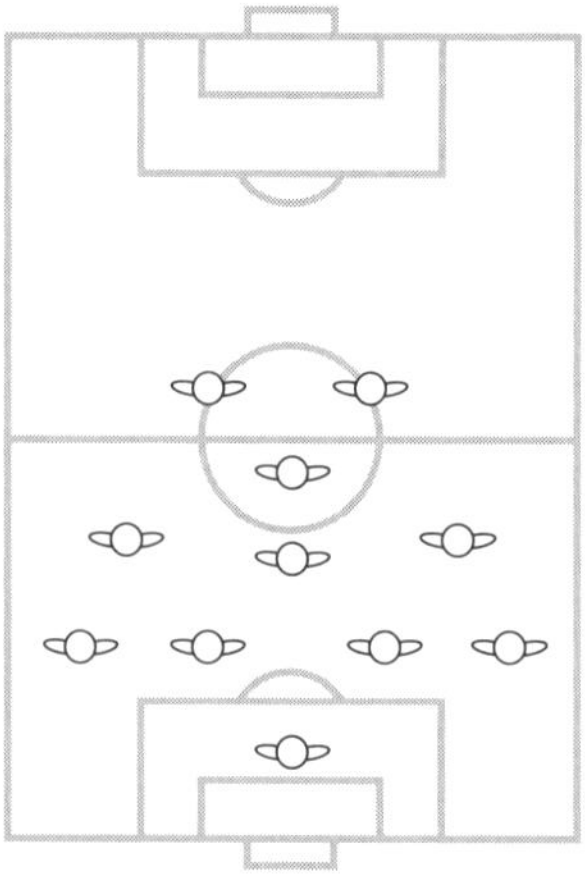

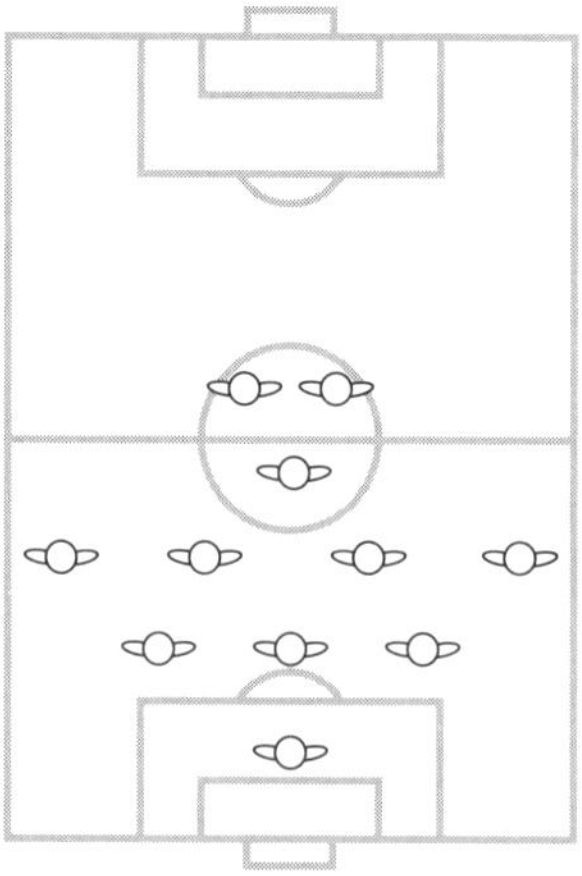

図36　1トップ型のシステム

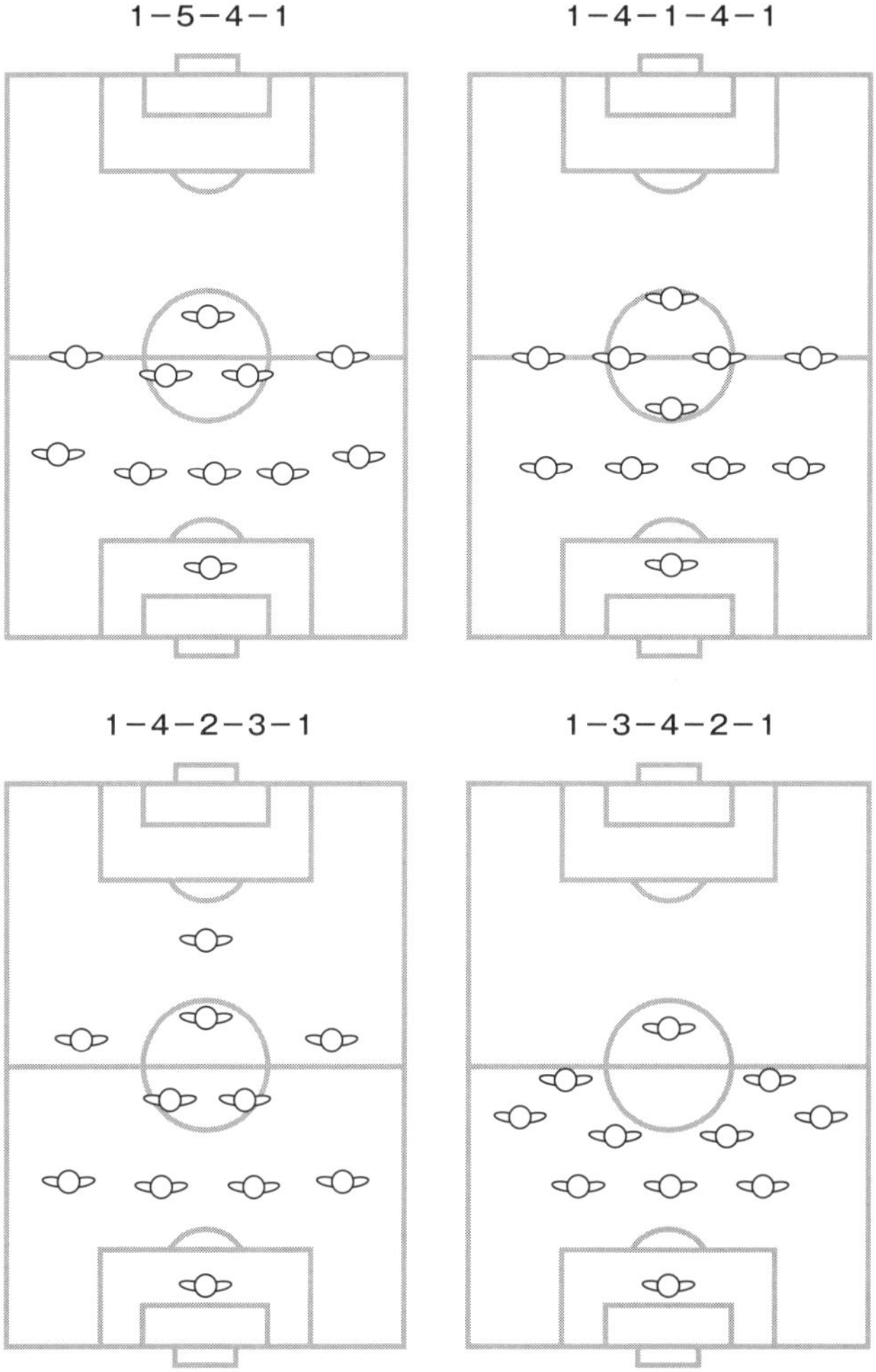

取ることで2トップを引き出して広げ、その間にボランチのセルヒオ・ブスケツが下りてきてボールを受けるというシーンを意図的に作り出していました。それに対してボランチにも1人ついていき、サイドのMFの選手たちは少し中に絞り、サイドバックとインサイドハーフの両方にアプローチできる中間ポジションを取るということで対応するのが一般的な守り方となっています。

【メリット】

・攻撃チームのDFラインからの前進の回数を抑えることができ、守備ブロックを維持することが可能。
・相手の攻撃が停滞するためゲームを落ち着かせることができる。

【デメリット】

・ボールを奪える回数は減る。
・2トップの間を通された時にはピンチを迎える。

対して1トップ型は対センターバックでは1対2の数的不利であるため、攻撃の前進を完全に遮ることはなかなか難しいシステムです。現象としてはどうしてもセンターバックにドリブルで持ち上がられる回数が多くなります。

センターバックのコンドゥクシオン（運ぶドリブル）に対してしっかりと制限をかけなければ、ズルズルと守備組織を下げなければいけなくなります。ロングフィードをされる場合の距離もゾーン3から蹴られる場合とゾーン2に侵入されて蹴られる場合とでは、深くまでキックが届いてしまうので違いが出ます。

しかし、反面ではセンターバックが前進してくる分、ボールを奪う可能性は高くなりますので、あえてドリブルによる持ち上がりを誘導してボールを奪う機会を狙うことも可能という見方もできます。この1トップ型では相手の前進を誘発する回数が増えますので、試合がダイナミックな展開になり、リズムやインテンシティは総じて高いものになります。

また、前進の回数が増えればボールを失う回数も増えることになるため、2トップ型と比べると試合自体もダイナミックな展開になるでしょう。それだけ選手にかかる体力的な負荷は高くなると言えます。

【メリット】

・攻撃チームの攻撃の方向を明確に誘導できる。

・前進を誘発することができボールを奪うチャンスは増える。

・中盤の人数は多くなる。

【デメリット】

・前進のきっかけを許すため守備ブロックを押し込まれる可能性が高くなる。

落ち着く2トップ型か、試合をダイナミックにする1トップ型か、このあたりもプレッシングの方法によって監督の狙いが出ているところではあるので、このような視点で見ると面白いでしょう。

誘導から奪取にプロセスがあるということを前提に、これまで戦術コンセプトを解説してきました。おそらく、ここまで読んで頂ければ、徐々にサッカーにおける守備の大枠がつかめてきたのではないかと思います。

私も日本のサッカー指導者と話をしたり、私の運営するPreSoccerTeamのプログラムに参加する指導留学生たちの頭の中を覗いてみると、このような「サッカーの大枠」に関する知識がヨーロッパの指導者と比べてやや劣っていることに気づきます。

日本の指導理論はまずはディティールから入り、徐々に大枠へと広がっていく考え方ですが、スペインのコーチングスクールでは初めからいきなりチーム戦術のことを叩き込まれます。**「チームありきの個人であり、個人ありきのチームである」**を前提にサッカーの授業が進むのです。

この組織的プレッシングはまさに守備の大枠であり、サッカーにおける守備とは何なのか？

のスタートでもある最重要コンセプトですから、守備について考えが困惑した時に〝元に戻る場所〟として認識しておくと良いでしょう。

さて、守備の局面の大枠には『組織的プレッシング』があり、そのプロセスには「誘導」⇒「ボール奪取」があるということを見てきましたが、奪取に関わるところでもう1つの戦術コンセプトを見ていきましょう。

それは『マーク』です。

このマークという戦術コンセプトが機能していなければ相手をフリーにしてしまい、ボールを奪うことはほぼ不可能です。相手が勝手にミスをしてくれればよいのですが、現代サッカーにおいてハイレベルになればなるほどそのようなことは起きません。誘導をしてボールを一定のエリアに運んだら、そのエリアでは相手に対して、特にパスを受けようとしている選手に自由を与えないようにしっかりとマークにつかなければなりません。ここでは、その『マーク』について解説していきます。

マーク

【定義】

マークとはボールを持っていないチームの選手が、相手チームのボール保持を防ぐために敵について行う守備アクション。

個人別でマークの実行の方法を見る時には「マンツーマン」と「ゾーン」の2つの種類のマークの方法があります。

各選手はこの2つのうちのどちらかでプレーをしていて、どちらかのみとなっています。一番の違いは、マンツーマンは「人」に対して責任を持ち、ゾーンの場合は「自分の担当のゾーン」に対して責任を持っているという点です。

●マンツーマンマーク

【定義】

「人」に対しての責任を持つマークの方法。ピッチ上のどのゾーン、どの場所であっても一定の選手をマークし続ける。監督によってあらかじめ決められた相手の選手に対してマークをする。

【特徴】

・相手選手のプレーの可能性を大きく制限することができる。
・相手チームの中心選手に仕事をさせない目的で採用されることが多い。
・個人での責任が非常に大きい（1人がやられるとチームへのダメージが大きい）。

●ゾーンマーク

【定義】

「ゾーン」に対して責任を持つマークの方法。各選手の担当のゾーンに侵入してきた選手をマークし、自分のゾーンから出ていくまでそれを続ける。

【特徴】

・相手の攻撃を妨げるために高さの異なる複数のラインを形成する。
・ボールの場所により選手のポジショニングは決定される。
・選手は安全を感じやすい。
・マークの受け渡しが行われるので選手間のコミュニケーションがとても重要。

相手がポジションチェンジをしても、各選手配置と各自のゾーンを維持しマークの受け渡しを行う。

図38では、マンツーマンマークとゾーンマークのメリットとリスクを比較しています。この選択は対戦相手によっても変わってきますし、自チームの選手の特徴によっても採用する方法は変わってきます。どちらが優れているということはなく、それぞれの特徴を理解することが大事です。現在はほとんどのチームがゾーンによる守備を採用しています。それはゾーンの方が効率よく、体力的な消耗を抑えることができるからです。コミュニケーション能力や戦術能力といった知的活動によってフィジカルの負担を軽減していることから、よりサッカーの中での知的活動の重要度が高くなっていると言えます。

分析が難しくなってきている4つの局面

近年のサッカーの進化によって4つの局面は以前よりも分析をするのが難しくなってきているというのが私の認識です。なぜなら、現代サッカーでは積極的にボールを奪いに行く守備が行われているため、奪われた瞬間の「攻撃から守備への切り替え」の局面に行う失ったボール

図37　マンツーマンマークとゾーンマークの基本

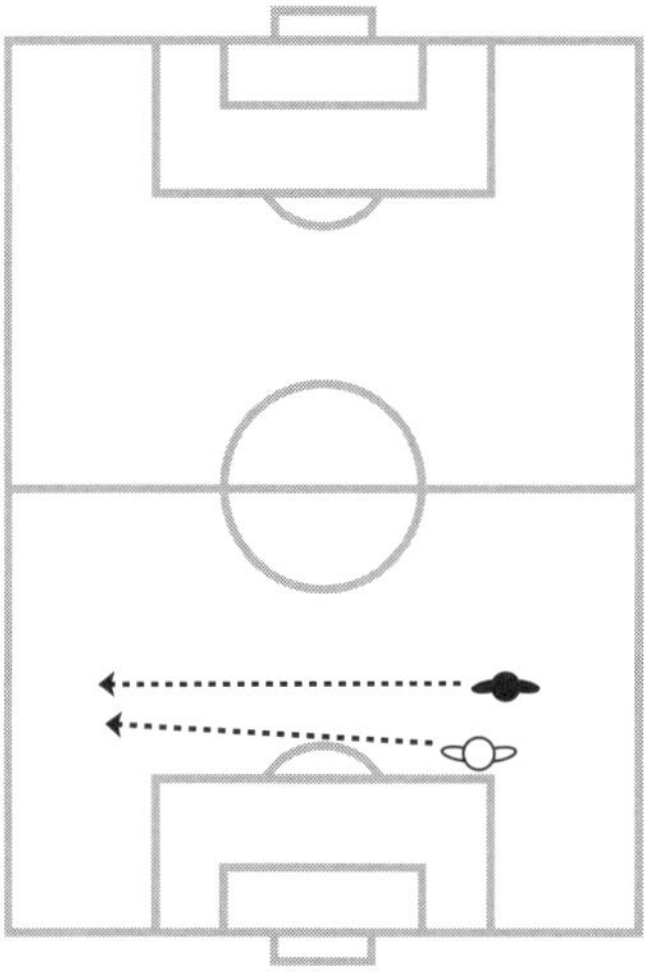

マンツーマンマーク
「人」に対しての責任を持つマークの方法。ピッチ上のどのゾーン、どの場所であっても一定の選手をマークし続ける。

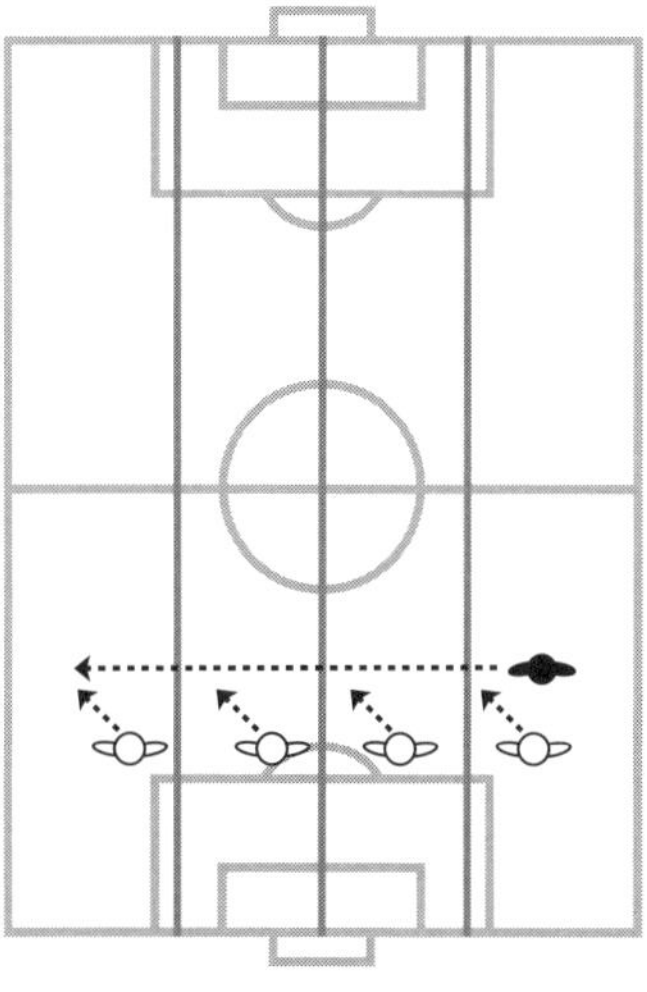

ゾーンマーク
このようにラインを前進させることでスペースを縮小させ、ボールを保持するチームが有効に利用できるスペースを少なくする。

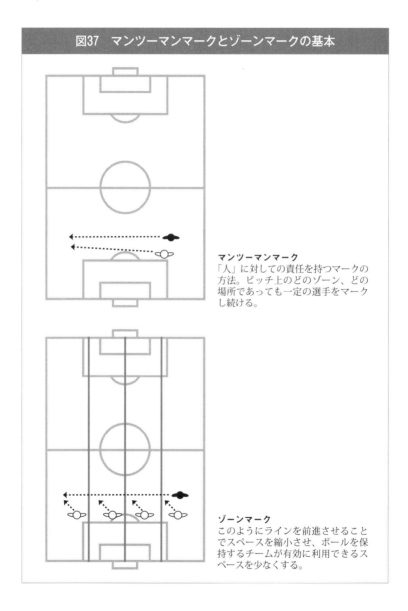

図38　マンツーマンとゾーンの比較

	マンツーマン	ゾーン
メリット	■マークにつかれる選手は自由度を大きく失う ■アクションが比較的簡単 ■標的となる選手に対して集中しやすい	■選手は慣れたゾーンでプレーすればいい ■個人のミスは味方のカバーによって解決される ■チームで連結され、バランスがとれて連動した動き
リスク	■１人の選手のミスが大きな被害を被る ■フィジカルコンディションの要求が大きい ■普段のポジションとは違うエリアでのプレーを求められる場合がある ■チームでのスピリットを要求されない	■１対２の状況を招く可能性 ■ボールから最も遠い選手が受動的になる可能性 ■味方の助けに頼ってしまい、気を緩ませてしまう

へのプレスと、「守備」の局面において行われる組織的なプレッシングが同時に行われるような傾向が出てきているからです。

以前であれば、攻撃から守備への切り替えの局面では失ったボールに対してプレスをかけることで、相手のボール保持者に時間的余裕を与えずカウンターの起点となるパスの精度を落とすことができていました。

カウンターを発生させるのを防ぐことで自チームの守備組織を整えるためのポジション配置につくという、どちらかというと「時間稼ぎ」的な要素が強く、その後に「さあ、守備のプレスをかけ始めよう」といった守備の傾向がありました。

これによって4つの局面は、比較的にはっきりしていて、分析しやすかったのですが、すさまじい勢いで進化を続けるヨーロッパのサッカーでは前述したように**「守備から攻撃への切り替え」の局面と「守備」の局面が一体化**してきています。

どういうことかというと、ボールを失った時にボール周辺の選手たちはボールにプレスをかけるアクション自体は同じなのですが、周辺以外の選手たちが下がらないままブロックを形成する、下がるのを我慢して組織をコンパクトにしたままゾーン3で組織的なプレッシングをかけるというプロセスに移行するチームが増えてきているのです。

このような攻撃から守備への切り替えの局面から守備の局面への移行はバルセロナのように

ボールをとにかく早く奪い返したいチームのみが行っているプレーでしたが、基本的にゾーン2でブロックを形成して待つチームでもゾーン3で失った時はブロックを高い位置に形成しサイドチェンジされたらそこからはゾーン2にブロックを下げて待つ、というような戦術を採るチームが出始めてきています。

これは高い位置でよりリスクをかけて奪うチャンスを狙って仕掛ける守備と言えるでしょう。このようなことから、攻撃から守備への切り替えでの「失ったボールへのプレス」と「組織的プレッシング」が一体化しつつあるトレンドは今後一般化するという見方もできます。

選手個々が行う守備の判断

組織的なプレッシングを実行したら、いよいよボールを奪取するチャンスが訪れます。ボールを奪取する瞬間における戦術コンセプトは「予測」と「インターセプト」の2つです。この2つのコンセプトは関連が強いので一緒に説明します。

これまでの流れでは、チームとしての約束ごとや決まりごと、また共通認識というような「型」に割と近い要素がたくさん出てきました。

現代サッカーでは、チームのプレーモデルに基づいてプレーする傾向が強まってきていますが、個人のプレーアクションは選手が判断してアクションをすることが求められます。大枠としてのチームのやり方が決まっていても、個人のアクションはそれに向かって判断の連続でプレーが進みます。味方のプレーは他の選手のプレーに影響を及ぼしてそれを基に周りの選手は判断を下しながらプレーをしています。

ここで選手が行っている判断については、『PAD＋E』（**図39**）の考え方を利用するとわかりやすいでしょう。選手は状況を認識し、分析し、判断をし、実行に移しています。

守備においてもそれは同じで、状況を認識して次に何が起こるかを予測しながらプレーをしています。

よくある素晴らしい例では、バルセロナのセルヒオ・ブスケツやマスチェラーノは相手のカウンターの芽を摘むインターセプトに優れた選手で、バルセロナのプレーモデルである「失ったらいち早くボールを取り返す」というコンセプトを実現するためのキーマンです。

彼らはまさに状況分析の能力が高く、戦術メモリーも豊富に持ち合わせているため、相手よりも先に重要なスペースに現れてインターセプトをすることができるのです。

特にボールから離れている選手や、直接関わらないエリアにいる選手などはこれが優れているかどうかで差が出ると言っていいでしょう。

例えば相手チームの攻撃方向を前線の選手が誘導して、次のパスの出どころがある程度予測できたら、ポジションを修正してパスをもらうであろう選手に対して距離を詰めることができます。またパスを受けようとしている選手がどこでボールを受けようとしているかを読むというのも予測に入ります。

守備の戦術コンセプト⑩

予測・インターセプト

【定義】

予測とは、守備をしている選手が次に起こることを先読みする動作で、ボールを受けようとして待っている相手攻撃者に対してそれを妨げる動作であり、ボールポゼッションは敵のままです。インターセプトとは相手がボールを蹴って目標に到達する前に、ボールの軌道を変えたりカットしたりすることを指します。

ＰＡＤ＋Ｅの視点から見ると、ボールに触るアクションの前には認識・分析・決断のプロセスを踏んでいます。ですから予測には、このＰＡＤの部分が非常に大きく影響を与えています。特に戦術メモリーを構成する経験値はとても重要な要素です。その選手がそれまでに経験している状況、または相似した状況を知っているかどうかでリアクションのスピードも変わってきますから、ここにこそ低年代からの戦術トレーニングの量の差が出るとも言えます。

ここで1つの例をPAD＋Eのプロセスを見ながら紹介します。**図40**で、守備チームの右サイドバックの選手はどのような予測と判断をしているでしょうか？

【認識】

ボール保持者の状態（目線や動きのアクション）、ボールを受けようとしている周りの相手選手のデスマルケ（マークを外す動き）が「いつ」「どこへ向けて」実行されるのか？ などを見て情報を収集。

【分析】

発生するであろうあらゆる可能性を分析。足元で受ける、背後にデスマルケをする、中に動いてスペースを作る動きをする。

【判断】

それを防ぐ対応策を決定。

①足元で受けようとしているならインターセプト。

②前を向かせないという対応、背後にデスマルケをするのであれば下がって対応。

③中に相手が動くのであればマークを受け渡す（チームの守り方によって対応策は変わるが、それも判断の材料になる）。

図39　PAD+E

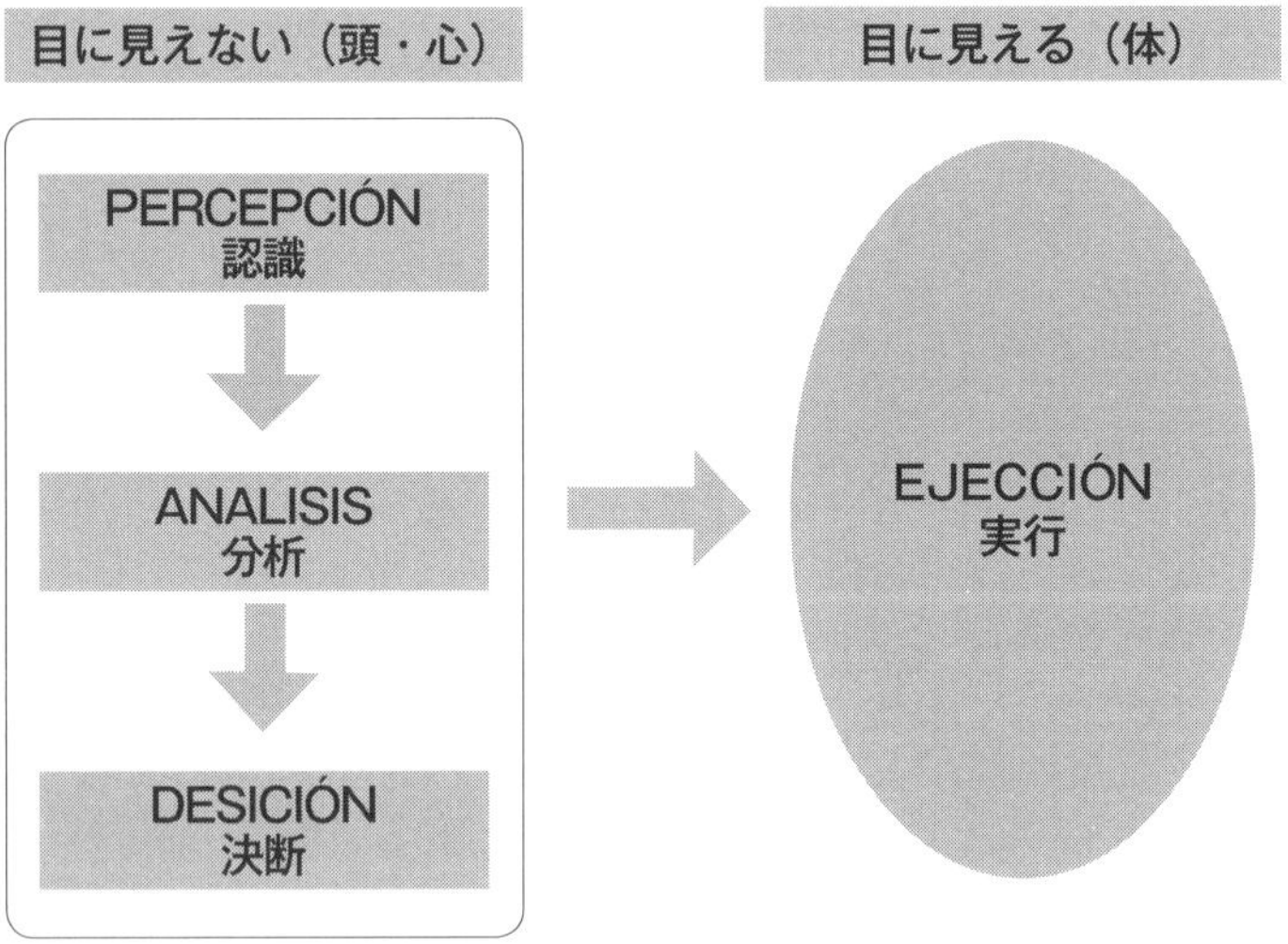

目に見えない（頭・心）
PERCEPCIÓN
認識
ANALISIS
分析
DESICIÓN
決断
目に見える（体）
EJECCIÓN
実行

これらが選手の頭の中で収集している情報であり、判断をしているプロセスになります。ですから、「予測」は私たちの目に見えないところ、頭の中で起こっているアクションでありPAD（認識、分析、決断）のプロセスと言えます。

そして目に見える実行の部分はこの頭の中のプロセスによって導き出された結果をアウトプットしているわけで、それは例えばポジションの修正、インターセプトといった目に見えるものです。インターセプトができるというのは、マークをしている選手よりも先にボールを触るというアクションですから、守備の選手は**「先を読む」＝「予測が的確にできる選手である」**ということです。そして予測がなぜできるのかというと「先に何が起こるかわかっている」＝「経験値が豊富、戦術メモリーが豊富であり、判断が適格で決断できる勇気を持った選手である」ということなのです。

ですから、経験を積んだベテランの選手が加齢からフィジカル能力を落としたとしても、状況を先読みしてインターセプトをすることができるのは不思議なことではないのです。

ＰＡＤ（認識・分析・判断）⇓ 予測

Ｅ（実行）⇓ インターセプト

次は**図40**から見られるいくつかの例を紹介します。

●「サポートのデスマルケ（マークを外す動き）を実行し、ボールを受けて前を向きたい」攻撃チームの左ウイングに対して、先読みしマークを実行し前を向くことを妨ぐ（図41）。

●「ゴールへ向かうデスマルケを実行しDFラインの背後でボールを受けたい」攻撃チームの左ウイングに対して、先読みし背後のスペースを消して攻撃の前進を妨ぐ（図42）。

これについて、15－16シーズンまでバイエルン・ミュンヘンの監督を務め、16－17シーズンからはプレミアリーグのマンチェスター・シティで指揮を執るグァルディオラ監督の現役時代にまつわるフレーズをここで紹介したいと思います。バルセロナで長年に渡りフィジカル部門を統括しているパコ・セイルーロが2000年に語っていた言葉として、「プレースピードとはフィジカルだけから生まれるものではなく、インテリジェンスからも生まれるものである」というものがあります。

「もし私が『FCバルセロナにおいて最もスピードを兼ね備えた選手はグアルディオラである』と言ったとしたら、あなたはそれに同意できるだろうか？（当時のバルセロナにおいてフィーゴまたはセルジが最も足の速い選手であった）私は週に一度スピードに関する練習を行うが、スピードを求められるシチュエーションで最適な解決策を見いだせる選手はグアルディオラである。5～20メートルのダッシュ、止まる、動き出すというスピードではセルジはグア

図40　予測と判断

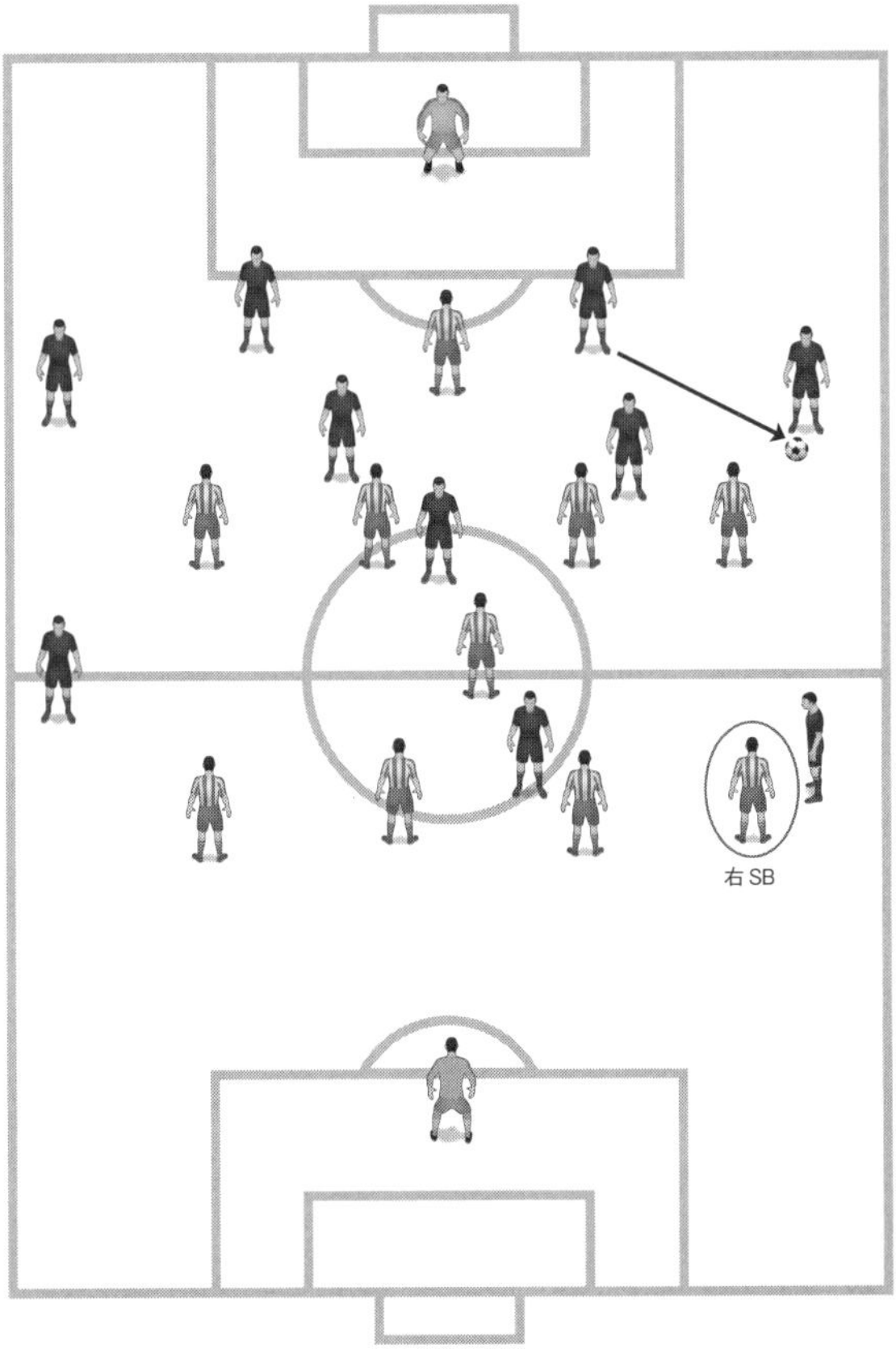

上の図で、守備チームの右 SB の選手はどのような予測と判断をしているでしょうか？

図41　予測・インターセプトの例①

「サポートのデスマルケ（マークを外す動き）を実行し、ボールを受けて前を向きたい」攻撃チームの左ウイングに対して、先読みしマークを実行し前を向くことを妨ぐ。

図42　予測・インターセプトの例②

「ゴールへ向かうデスマルケを実行し DF ラインの背後でボールを受けたい」攻撃チームの左ウイングに対して、先読みし背後のスペースを消して攻撃の前進を妨ぐ。

ルディオラより早いのだが、動き出す前に予測を立てておかなければならない、次のプレーのためにアクションの最中に味方のポジショニングを見なくてはいけない、ピッチの中で正しいポジションについていなければならない場合に最も早いのはグアルディオラである」（パコ・セイルーロ）

さて、これまで紹介してきた内容がサッカーの守備における戦術のコンセプトになります。私がサッカーを分析する時、指導をする時にはこのような考えをベースとして持ちながら、選手に伝えています。スペインで指導をしていて思うことは、このような戦術コンセプトの明確さと単語のわかりやすさによって、サッカーが分かりやすく整理されている点です。サッカーの守備のアクションは技術アクションがあまりないため、状況にあったポジションを取る、タイミングを考えてアプローチをする、相手の攻撃方向を誘導するためにパスコースを切る方向を考える、というような戦術要素でほぼ成立しています。

守備戦術という知的アクションを的確にプレーするためにも、紹介してきた内容が「テオリア（理論）」として体系的に整理されていることは重要で、指導をする上でスペインで学んだテオリアはとても役に立っていますし、選手たちからしても分かりやすいはずです。

だからこそ、本書を手にとってくださったみなさんには、是非ともChapter 2を通じてサッカーにおける守備、それからサッカーそのものの理解を深めて頂きたいと考えています。

Chapter 3
守備のプレーモデルを知る

アトレチコ・マドリーの守備のプレーモデル

15－16シーズンのUEFAチャンピオンズリーグ（CL）でアトレチコ・マドリーは、史上初のCL連覇を目指すFCバルセロナを準々決勝で下し、続く準決勝ではグアルディオラ監督率いるバイエルン・ミュンヘンにも勝利し、2シーズンぶりとなる決勝へと駒を進めました。レアル・マドリーとの〝マドリーダービー〟となったCL決勝では延長PKまでもつれ込む激闘で敗れてしまいますが、クラブの経営規模では数倍の差があるメガクラブを相手にここ3年間のCLで2度もファイナリストになったアトレチコ・マドリーの功績とサッカーには大きな評価がなされています。

バルセロナ、バイエルンとの試合からもわかる通り、アトレチコ・マドリーはソリッド（堅固）な守備が特徴のチームです。ディエゴ・シメオネ監督が築き上げた堅守をそのバルセロナ戦から見ていくことにしましょう。2016年4月5日にバルセロナのホームであるカンプ・ノウで行われた第1戦はバルセロナが2－1で逆転勝利をおさめました。

おさらいになりますが、現代サッカーにおける守備（組織的プレッシング）は3つの状況に応じて「使い分け」されています。

①ゾーン3で積極的にプレッシングを実行する守備
②ゾーン2でブロックを形成して待つ守備
③ゾーン1に押し込まれゴール前を守る守備

この3つの状況それぞれで守備の戦術アクションを変えているのがアトレチコ・マドリーなのです。CL準々決勝でのバルセロナ戦では1、2戦ともに、前半開始10分ほどは①のプレッシングを採用していました。

一旦ゲームが落ち着くと、今度は②を採用しました。バルセロナのパス回しにおいてGKへバックパスを戻した時、カウンターでゾーン3まで到達し、ボールロストした時には①を発動させていました。逆に、中盤のプレスをはがされゴール前まで押し込まれた時には③の守備へとスムーズに移行していました。

繰り返しになりますが、アトレチコ・マドリーはチームとして明確に3種類のプレッシングを状況に合わせて使い分けています。

アトレチコ・マドリーのシステムは中盤が横並びフラットの1-4-4-2です。守備のプレーモデルは中盤のゾーン2でブロックを作り、中央にパスを通させないようアントワーヌ・グリーズマンとフェルナンド・トーレスの2トップがスライドをするのがベースです。

2016年4月6日　UEFAチャンピオンズリーグ・準々決勝・第1戦

バルセロナ　（2－1）　アトレチコ・マドリー

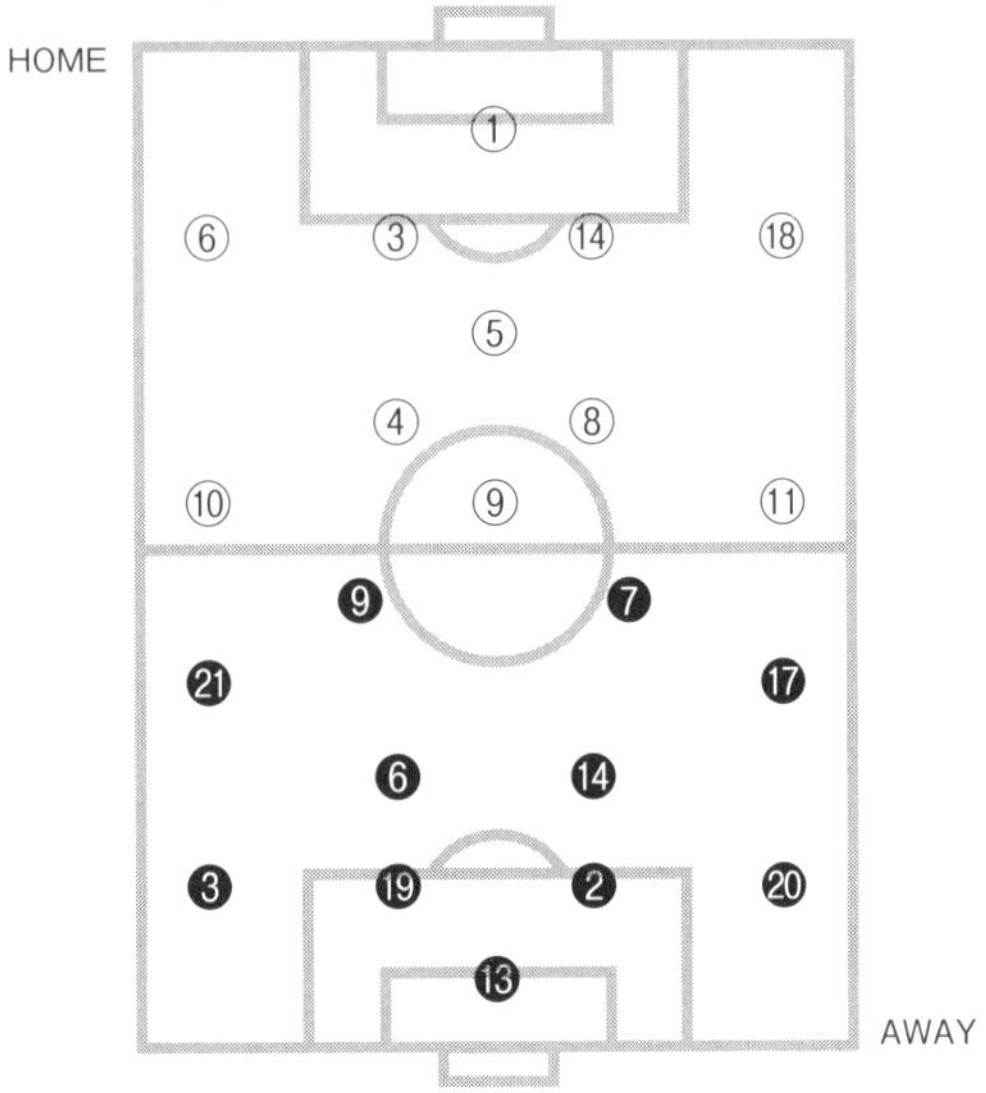

バルセロナ　HOME	アトレチコ・マドリー　AWAY
ＧＫ①テア・シュテーゲン	ＧＫ❶ヤン・オブラク
ＤＦ⑥ダニエウ・アウベス	ＤＦ⓴フアンフラン
ＤＦ③ジェラール・ピケ	ＤＦ❷ディエゴ・ゴディン
ＤＦ⑭マスチェラーノ	ＤＦ⓳リュカ・エルナンデス
ＤＦ⑱ジョルディ・アルバ	ＤＦ❸フィリペ・ルイス
ＭＦ⑤セルヒオ・ブスケツ	ＭＦ⓱サウール
ＭＦ④イバン・ラキティッチ	ＭＦ⓮ガビ
ＭＦ⑧アンドレス・イニエスタ	ＭＦ❻コケ
ＦＷ⑩リオネル・メッシ	ＭＦ㉑カラスコ
ＦＷ⑨ルイス・スアレス	ＦＷ❼アントワーヌ・グリーズマン
ＦＷ⑪ネイマール	ＦＷ❾フェルナンド・トーレス

■得点者　[バ] 63分、73分　ルイス・スアレス
　　　　　[ア] 25分　フェルナンド・トーレス

2016年4月13日　UEFAチャンピオンズリーグ・準々決勝・第2戦

アトレチコ・マドリー　（2−0）　バルセロナ

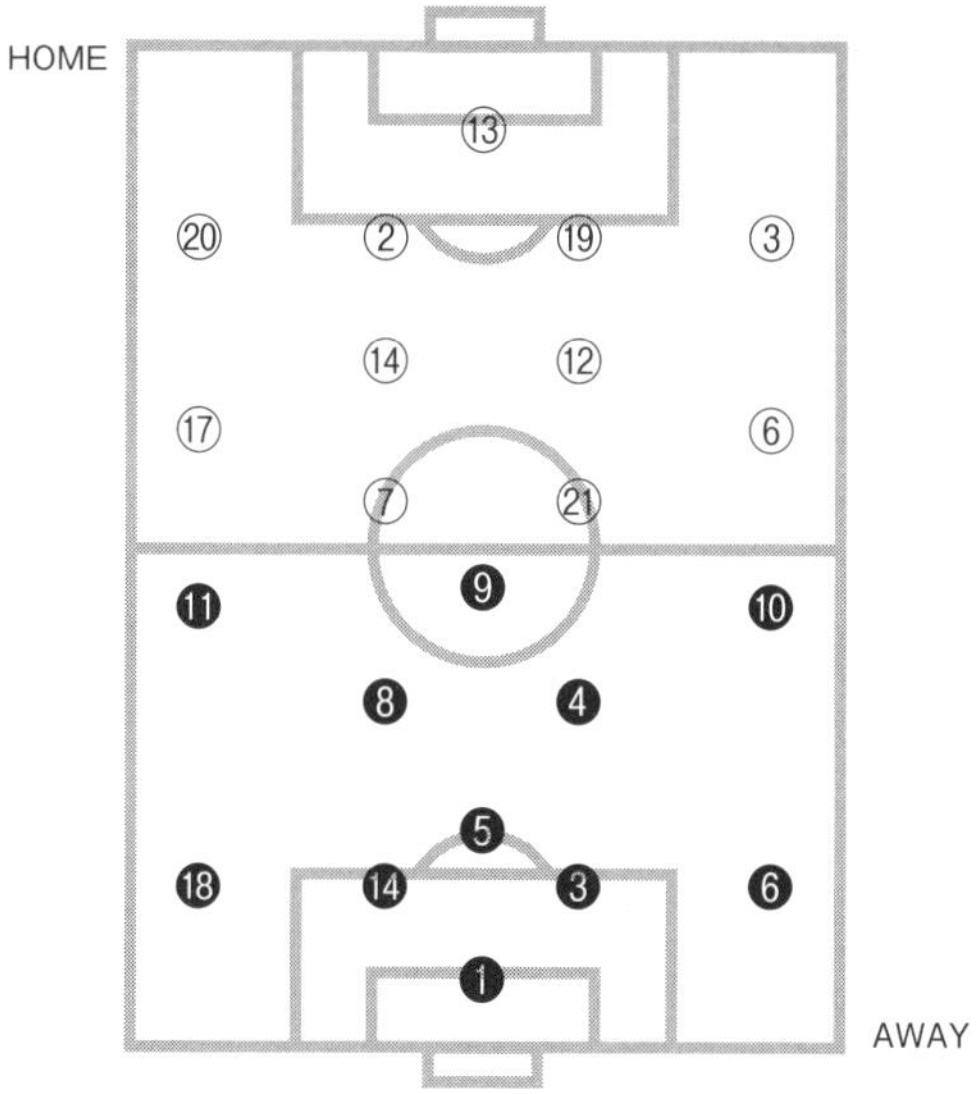

アトレチコ・マドリー　HOME	バルセロナ　AWAY
ＧＫ①ヤン・オブラク	ＧＫ❶テア・シュテーゲン
ＤＦ⑳フアンフラン	ＤＦ❻ダニエウ・アウベス
ＤＦ②ディエゴ・ゴディン	ＤＦ❸ジェラール・ピケ
ＤＦ⑲リュカ・エルナンデス	ＤＦ⓮マスチェラーノ
ＤＦ③フィリペ・ルイス	ＤＦ⓲ジョルディ・アルバ
ＭＦ⑰サウール	ＭＦ❺セルヒオ・ブスケツ
ＭＦ⑭ガビ	ＭＦ❹イバン・ラキティッチ
ＭＦ⑫アウグスト・フェルナンデス	ＭＦ❽アンドレス・イニエスタ
ＭＦ⑥コケ	ＦＷ❿リオネル・メッシ
ＦＷ⑦アントワーヌ・グリーズマン	ＦＷ❾ルイス・スアレス
ＦＷ㉑カラスコ	ＦＷ⓫ネイマール

■得点者　［ア］36分、88分　アントワーヌ・グリーズマン

図47　15-16シーズンのアトレチコ・マドリーの基本フォーメーション

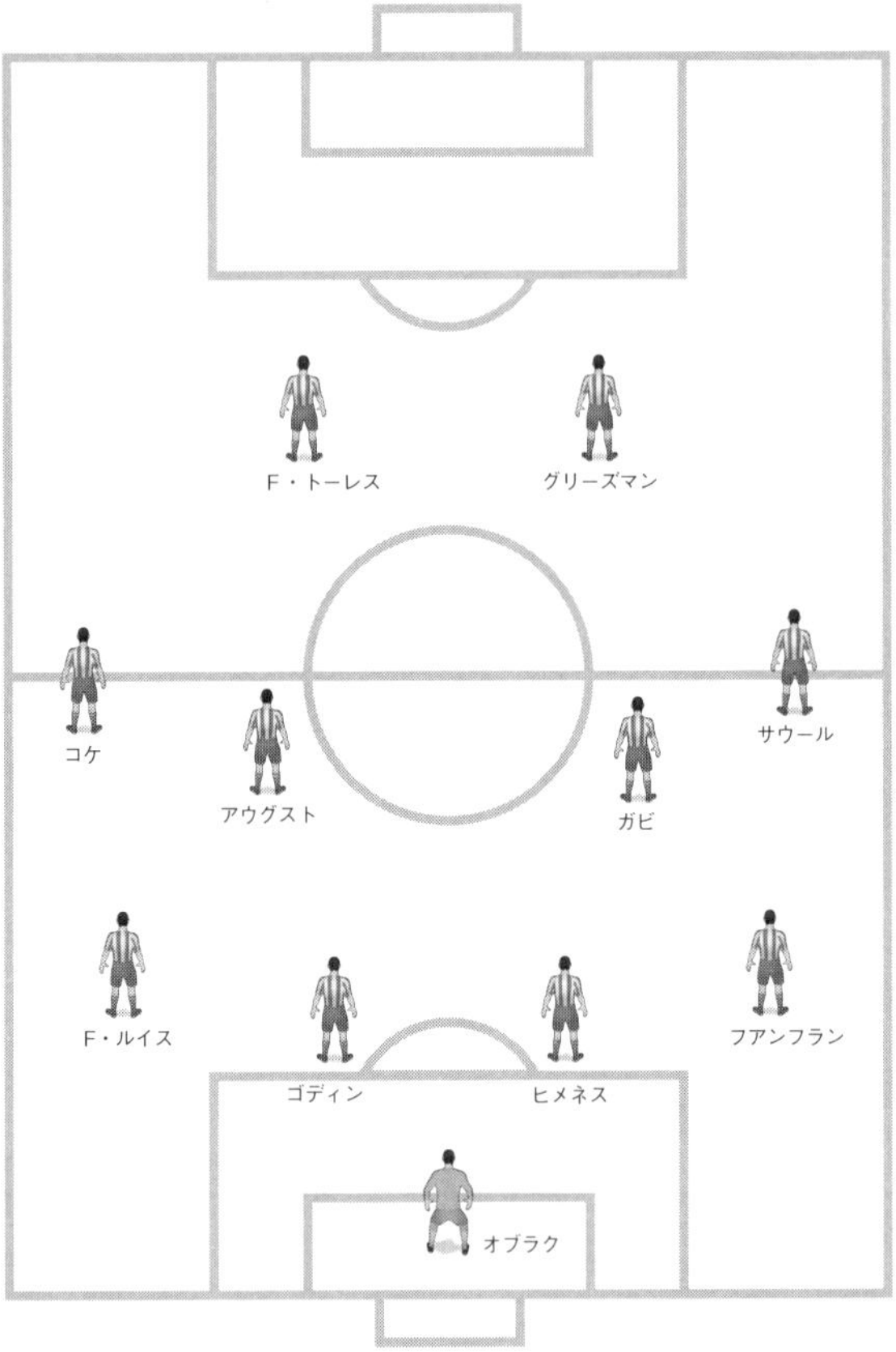

アトレチコ・マドリーのシステムは中盤が横並びフラットの１－４－４－２。守備のプレーモデルは中盤のゾーン２でブロックを作り、中央にパスを通させないようグリーズマンとトーレスの２トップがスライドをするのがベース。

具体的には、2トップの1人がボールを持っているセンターバックにプレスに行くと、もう1人のFWがバルセロナのボランチであるセルヒオ・ブスケツへのパスコースを切るスライドの仕方です。前線ではその守備をベースにバルセロナがGKテア・シュテーゲンへとボールを下げた時、要するに敵陣深くまでボールが移動した時には前からはめる守備を実行していました。基本的には中盤でブロックを作りゾーン2でボールを待ち・奪う②の設定で、GKにボールが下がった時には前に出て行く①を実行するという、2種類のプレッシングの併用です。

前からはめる時には、ブスケツに対して中盤のボランチ（ガビorコケ）が出て行き、バルセロナのサイドバック（右のダニエウ・アウベス、左のジョルディ・アルバ）に対しても中盤のサイドハーフであるカラスコとサウールがマークをしていました。

ただし、アトレチコ・マドリーは前半途中でシステムを1－4－1－4－1に変更します。トーレスが前半35分に2枚目のイエローカードを受けて退場となりますが、システム変更は彼が退場する前の前半15分あたりの時間帯です。

アトレチコ・マドリーがキックオフから何回か前線からのハイプレスをかけに行ったのですが、その時にはがされてしまいライン間を使われるというシーンが2、3回出ていました。その現象が繰り返し現れたので、シメオネ監督はゾーン3での積極的なプレッシング①をコントロールしました。前に出て行く守備というのはフィジカル的な負荷もインテンシティも高くな

ります し、「アウェイでの第1戦の序盤から無理をして前に出て行く必要はない」という判断があったと見ています。実際、前に出て行く守備というのはフィジカル的な負荷もインテンシティも高くなりますので、立ち上がりからずっとそれを続けていると体力的に持ちません。しかも、立ち上がりから2、3度はまらないシーンが出て、縦に速い攻撃を受けてしまう危険性が見えたので、ガビをアンカーに、グリーズマンを2列目に下ろした1－4－1－4－1へと変えたと理解しています。ただし、システム変更後にトーレスが退場してしまったことで10人となりましたから、第一戦においては前線からのプレッシングというのはそれ以降の時間で全くありませんでした。退場する前までの時間帯がいわゆる「監督のプラン」であり、プランニングされた守備戦術でした。

ホームのビセンテ・カルデロンで2016年4月13日に行われた第2戦も試合の入りとしては同じでした。アトレチコ・マドリーのシステムは1－4－4－2で、守備戦術は中盤にブロック作る②の設定でした。

第1戦との違いは、2トップを試合終盤まで引っ張った点でした。第1戦の序盤で1－4－4－2から1－4－1－4－1の1トップシステムに変更してから起きた現象として、バルセロナのピケ、マスチェラーノという2人のセンターバックに「コンドゥクシオン」と呼ばれるドリブルによる持ち上がりを許しました。前線には1トップのトーレスしかいませんから、ピケとマスチェラーノのセンターバック2人に2対1の状況を与えて簡単に横パス1本でFWのラインをはがされ、前進を許していました。基本的には、2試合とも守備戦術のプランニングは同じでしたが、2トップを維持して前線FWのラインでのライン突破を簡単に許さないという狙いだけは第2戦で新たに見えた守備戦術でした。

第2戦でもアトレチコ・マドリーは前半36分にサウールのクロスをグリーズマンが頭で合わせて先制点を取ることができました。第1戦は1－2で逆転負けを喫したアトレチコ・マドリーですが、アウェイゴールを奪っていることで第2戦を1－0で勝利できれば勝ち抜けが決まります。先制点を奪ってからのアトレチコ・マドリーの守備は芸術的とも呼べる美しさを見せていました。

実行した守備は同じでしたが、2トップのグリーズマンとカラスコがスライドをしながらブスケツへのパスコース、つまりは中央を閉じて、サイドへのパス（展開）を誘導していました。バルセロナがサイドバックにパスを出すと、そこでボールサイドのMFであるコケとサウールが第1戦同様に強いインテンシティでバルセロナのサイドバックであるアウベス、ジョルディ・アルバにプレスをかけ、中盤の残り3選手がスライド対応をしてバルセロナのMFラキティッチとイニエスタにしっかりとマークをついていました。サイドチェンジされた時にも、素早く横のスライドをしながら対応していました。最終ラインでは、左サイドバックのフィリペ・ルイスが本当にいい仕事していました。マッチアップするバルセロナのリオネル・メッシを完全にシャットアウトしたのですが、この試合のフィリペ・ルイスはメッシにマンマーク気味についていていました。通常、アトレチコ・マドリーの右サイドにボールがある時には、左サイドバックは左センターバックのカバーリングができるポジションまで中に絞るポジションを取るのですが、メッシが右サイドに張っている時に、フィリペ・ルイスは中に絞ることなく左センターバックのリュカ・エルナンデスとの距離を開けるリスクを冒す判断をした上でメッシをマークしていました。

そこのリスクをどう管理していたかというと、フィリペ・ルイスが本来中に絞って埋めるべきスペースはボランチのアウグスト・フェルナンデスが下りて対応できるようにしていました。序盤から自動的にそうした守備をしていたので、これも監督がきちんとプランニングしていた守備と言うことができます。もちろん、報道でもあったようにバルセロナの南米3トップ「MSN」(メッシ、スアレス、ネイマール)がW杯予選の疲れもあって、この第2戦のバルセロナはチーム全体が良くなかったです。具体的に何が良くなかったかというと、明確な前進の方向がなかった点です。特に、中盤でラキティッチとイニエスタがいい形でボールを受けることができず、前半の段階でイニエスタがイライラしているのがよくわかりました。

どちらかというと、可能性があったのは左サイドのイニエスタの方でした。アトレチコ・マ

図48　フィリペ・ルイスのマンマーク

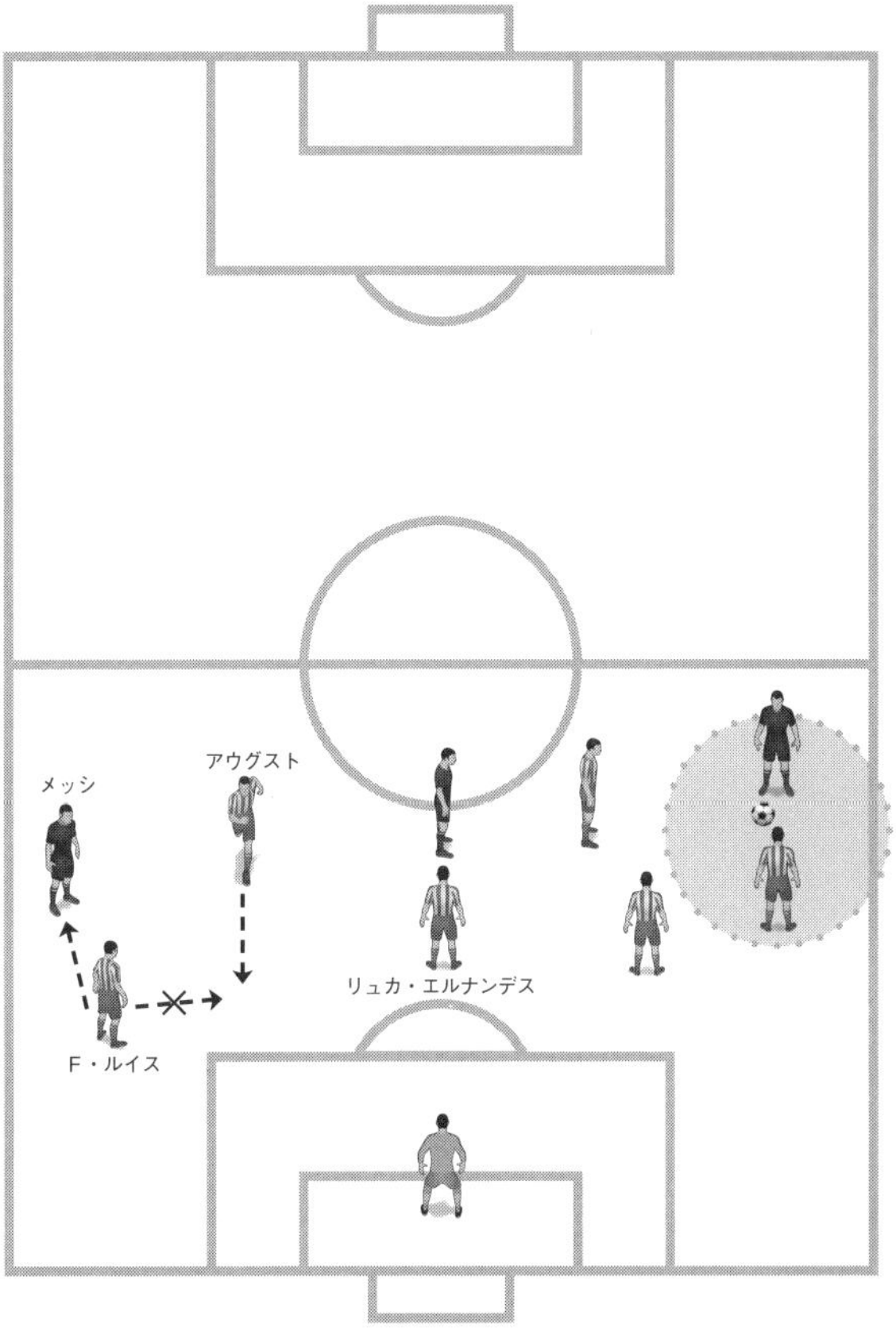

メッシにマンマーク気味についているフィリペ・ルイス。通常、アトレチコ・マドリーの右サイドにボールがある時には、左ＳＢは左ＣＢのカバーリングができるポジションまで中に絞るポジションを取るが、メッシが右サイドに張っている時に、フィリペ・ルイスは中に絞ることなくマークしていた。

ドリーの2トップが中への縦パスを切っているため、センターバックから真ん中にボールが入りませんでした。そうなるとサイドに逃がさなければいけなくなりますが、ジョルディ・アルバもマークがつかれているので高い位置でボールを受けることができず、イニエスタが低い位置まで下りてボールを受けなければいけない状況が特に前半は続いていました。

アトレチコ・マドリーのサウール、ガビによる中盤右サイドの守備も良かったため、イニエスタとジョルディ・アルバの連携で前進できたシーンは前半1回のみでした。逆にバルセロナとしてはジョルディ・アルバの左サイドを突かれて攻め込まれるシーンが多く、グリーズマンの得点も深い位置まで攻め込まれてクリアしたボールをガビに回収され、まさにその展開からの失点でした。アトレチコ・マドリーの狙いは、まずバルセロナのサイドバックの足元にボールを誘導することでした。そこからの展開も、基本的にはMF、FWがゴールに背を向けた状態で足元にボールを入れさせることで、その狙いが見事に機能した前半でした。

バルセロナのようなボールを保持するプレーモデルを持つチームを相手とする時の守備戦術で大切なことは、自分たちのブロックの前でボールをつながせることです。バルセロナの生命線は中盤の3人、もしくはメッシが入ってきた4人によるフエゴ・インテリオール（＝中央でのプレー）ですから、そこをいかに封じるか。そういった意味で第2戦でのアトレチコ・マドリーは中央にボールをほぼ入れさせることなく、ゲームを進めていましたので完全に守備戦術の勝利でした。

ただし、後半に入りバルセロナはビルドアップの形を変えてきました。前半2トップにパスコースを封じられていたブスケツがピケとマスチェラーノの2センターバックの間に下りてきて、アトレチコ・マドリーの2トップに対し3対2の状況を作ってビルドアップを行うようになりました。

それによってサイドバックが高い位置を取れるようになり、アトレチコ・マドリーが自陣まで引かざるを得ないような状況、時間帯が多くなりました。メッシも中盤に下りてくる回数が増えてきましたから、バルセロナの攻撃時の陣形は1－3－5－2のシステムになっていました。

バルセロナのリアクションに対してアトレチコ・マドリーがどう対応するのかを見ていましたが、結果として前からプレスをかけることを諦めました。ブスケツに最終ラインに入られて3対2を作られると、前線ではめるプレッシングの①はなかなか機能しませんので、致し方ない判断だったと思います。結果としてバルセロナがゾーン2に入ってきた時に中央に絞り、中のスペースとパスコースを消しながら外にボールを誘導し、外にボールが入ったところからプレスをかける守り方を徹底するようになりました。

第1戦は1人少ない数的不利の状況もあって後半に逆転されたアトレチコ・マドリーですが、

第2戦では1点を守り切るのみならず、カウンターから得たPKによって88分に追加点を奪い2－0で勝利することができました。

なぜアトレチコ・マドリーが攻め込まれた状況下でも失点しないかというと、**センターバックが基本的には外のカバーリングをしない守り方を行っている点が大きいです。**アトレチコ・マドリーの多くの試合ではボランチがセンターバックのスペースを埋められる距離にいる時のみ、センターバックは外へのカバーリングを実行します。

通常、サイドを突破された際にはどのチームもセンターバックがサイド（外）にカバーリングに出て行くのですが、アトレチコ・マドリーはクロスを上げられてもいいから中央でクロスを跳ね返す、シュートを打たせないということを優先した守り方をしています。

また、アトレチコ・マドリーのGKオブラクがクロスボールに強く、シュートを打たれたとしてもDFがコースを限定していれば反応もいいので多少のことでは失点しません。第2戦でも後半になってバルセロナがペナルティエリア内に侵入したシュートチャンスは58分、65分の二度ありましたが、いつもほど崩すシーンは多くなかったです。

バルセロナのクロスボールは基本的に、ゴディン、リュカ・エルナンデスのセンターバックに引っかかるか、GKオブラクが防いでいました。エリア外からのミドルシュートであってもボールに対してのプレッシャーがかかっているので、コースが限定されていてネイマールがバーに当てたような高精度のものでないかぎり得点の可能性はありませんでした。

そういった意味で、アトレチコ・マドリーの守備が「堅守」と呼ばれる理由は、ゴール前中央を守る堅さにあると言っても過言ではありません。こうした守り方にしているのは、GKオブラクにそこまで高い足元の技術がなく、高いDFラインの背後のスペースをカバーできないという点も影響していると思います。シーズンを通して（昨シーズン以前からの積み重ねも含めて）、ゾーン1での堅い守備という設定を続けてきたからこそ、この守り方が熟成し、完成度の高いものになっているのです。

バルセロナやバイエルン・ミュンヘンのようなボールを保持するクラブには、ブラボ、テア・シュテーゲン、ノイアーといったエリア外での守備範囲の広いGKが必要不可欠ですが、アトレチコ・マドリーのような守備のプレーモデルにおいてはクロスボールや至近距離のシュートに強いGKが求められます。実際、オブラクがバックパスを受けた時には短いパスを最終ラインのDFにつけるのではなく、大きく蹴り出すことが多くなっています。GKのタイプについても良し悪しではなく、あくまで監督が選択するプレーモデルに応じたGKが必要とされている、加えてGKによってプレーモデルにも影響が出る、という選手とプレーモデルは相互関係にあるという理解になります。

押し込まれた後半を無失点で抑えることができたもう1つの要因

「攻撃は最大の防御なり」という言葉があります。

一般的にはバルセロナやバイエルン・ミュンヘンのようなボールを保持するプレーモデルを選択するチームの哲学を表現するために用いられることの多い言葉ですが、バルセロナとの第2戦のアトレチコ・マドリーにも当てはまる言葉でした。

例えば、後半になって敵陣に押し込むことのできるようになったバルセロナとしては敵陣のゾーン3でのボール回収、①の守備を狙っていました。そこで出てくるのがボール周辺の囲い込みにおける「バルセロナの守備の囲い込み」対「アトレチコ・マドリーの攻撃の抜け出し」です。この勝負において、アトレチコ・マドリーのコンビネーションがバルセロナの守備を上回るシーンが何度もありました。追加点を奪うことにつながったPKは、カウンターからフィリペ・ルイスがドリブルでバルセロナのエリア内まで持ち上がり、エリア内でイニエスタがハンドを犯したことで生まれたものでした。

しかし、そのカウンターのきっかけは左サイドバックのフィリペ・ルイスがセルジ・ロベルトから1対1でボールを奪い、ゾーン3でボールを回収しようと前に出てきたブスケツをコケ

図49　カウンターの起点となったF・ルイスからのボール奪取

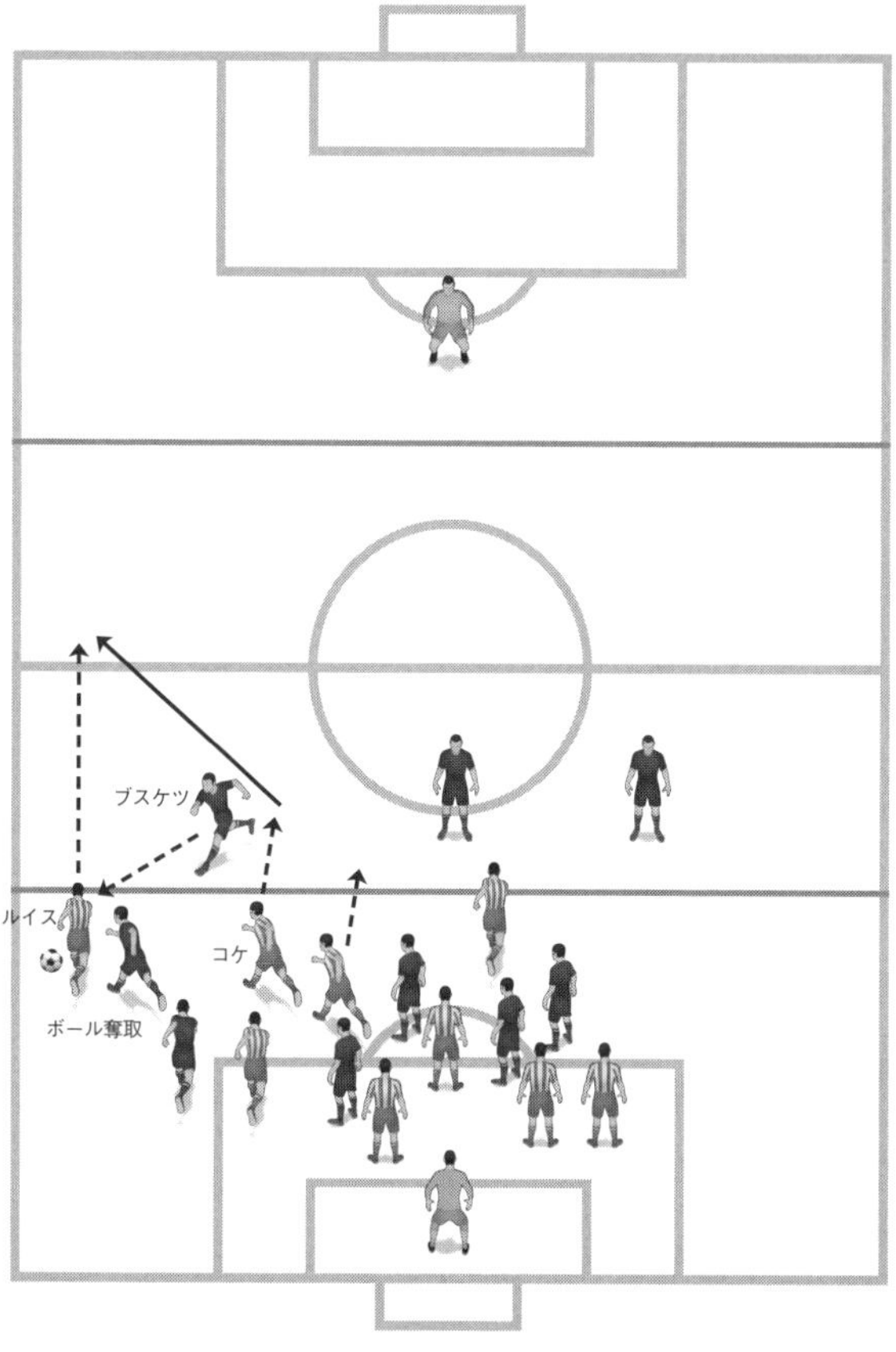

アトレチコ・マドリーの追加点につながったきっかけのシーン。左ＳＢのフィリペ・ルイスがセルジ・ロベルトから１対１でボールを奪い、ゾーン３でボールを回収しようと前に出てきたブスケツをコケとのワンツーではがして、前進したものだった。

とのワンツーではがして、前進したものでした。

加えて、後半は前線に残ったグリーズマンが攻められているサイドのサイドバックの背後を素早く取れるようなポジショニングをしていました。例えば、バルセロナが左サイドから攻めている時、左サイドバックのジョルディ・アルバは高い位置にオーバーラップしていますから、ボールを失った局面でアトレチコ・マドリーの中盤以下の選手は素早く、ある意味で「判断せずに」バルセロナのサイドバックの背後のスペースへとロングボールを入れ、そこにグリーズマンが反応する攻撃が見られました。あれだけ早いタイミングで縦パスを送ることができる、裏を返せばボールホルダーはグリーズマンのポジションをほとんど見ることなく蹴っていたので、チームとして押し込まれた時のカウンターが「プランニングされていた」と言っていいでしょう。

「対バルセロナ」の攻撃でサイドバックの背後を突くやり方は鉄板であり、ある意味で**「サイドバックの背後を制することができれば試合を制する可能性が生まれる」**のです。そこに素早くボールを入れ、そこでボールを収めることができるかどうかで試合の展開は大きく変わってきます。

シメオネ監督は後半に押し込まれる時間が多くなることを見越して、グリーズマンにサイドバックの背後のスペースを狙えるポジションを常に取っておくことを指示し、他の選手にはボールを奪った後の「守備から攻撃への切り替え」局面でグリーズマンを見て、判断することなく素早くそのスペースへボールを入れていくことを徹底していました。

プランニングした上でトレーニングしていないと、無駄なドリブルが発生します。また、プレッシングを受けているボール保持者は周りが見えないので、「パスコースがない、ない……」と焦って軽率なパスミスを犯してしまいます。

しかし、この第2戦後半のアトレチコ・マドリーの選手たちは局面でのコンビネーションもカウンターも「周りでどういうことが起こっているのかわかっている」プレーをしていました。つまりは、トレーニングの段階で**事前にリハーサル**をしていたということです。

ただ、アトレチコ・マドリーのように週2で公式戦が続くようなチームは、十分なトレーニング期間や準備時間がありませんので、試合を重ねながら実践していく、覚えていくしかありません。試合が「練習の場」という感じだと思います。アトレチコ・マドリーは国内リーグでバルセロナと試合をしていますので、そういった実戦の場やそこでの感覚を活かした上でシメオネ監督はプランニングを練っていると思います。

国内リーグの中堅以下のチームとの試合になるとバルセロナは高い位置でボールを失ってもゾーン3で8割近い確率でボールを回収してしまいますが、この第2戦のアトレチコ・マドリーは攻撃におけるコンビネーションやカウンターのプランニングの精度が高いため逆にバルセロナの陣内深くにボールを運ぶシーンを何度も作り出すことに成功していました。

アトレチコ・マドリーの守備のプレーモデルを知った上で、指導者や監督がやるべきことはまず、守備のプレーモデルを作る上で必須となる「ボールを奪うゾーンを決めること」です。チームとしての守備ブロックをアトレチコ・マドリーのように中盤のゾーン2に作って②の設定での守備を行うのか、それともバルセロナやバイエルンのように前線のゾーン3から相手のDFライン、GKに対して積極的にプレスをかけに行く①の守備を実行するのか。

何を基準に決めるかというと、1つは先ほども挙げたGKの能力、特性です。DFラインの背後へのロングフィードをカバーできる守備範囲の広いGKであれば、高いDFラインの設定にしてゾーン3での前線からのプレッシング①をかけることは可能です。

そうではないGKで①の守備を設定すると、DFラインの背後のスペースがリスクになりますから、ゾーン2の中盤でブロックを作る②のプレーモデルの方が賢明だと言えます。それがDFラインの高さ、守備ブロックの設定の仕方です。

あとは、システムです。1‐4‐2‐3‐1なのか、1‐4‐4‐2なのか。そのシステムによって2トップであれば、中央を簡単に閉じることができるので、相手のセンターバックからサイドバックへのパスを誘発させ、外からプレスをかけるという守備ができます。

逆に、1‐4‐2‐3‐1や1‐4‐1‐4‐1の1トップシステムになると、相手の2枚のセンターバックに対して1対2の数的不利な状況が生まれますから、どちらかのセンターバックをフリーにしてドリブルで持ち上がられてしまう可能性が高くなります。

ただし、1－4－2－3－1ならダブルボランチとトップ下、1－4－1－4－1でも1－4－3－3でも中盤に3人がいますので、その3人で中央に入ってきたボールに対して積極的なプレッシングに行くことはできます。

どこにパスを供給させるのか、どこでボールを奪いたいかは、システムによっても決まります。だからこそ、自チームの中でディフェンス能力の高い選手は誰か、その選手の持っている能力を踏まえて、どこにボールを誘導し、どこでボールを奪うのか、という2つのポイントを設定することが守備のプレーモデルを作る上での大枠となります。

例えば、私が第2監督を務めた15－16シーズンのUEコルネジャ・ユースBにおいては、右サイドハーフの守備能力が非常に高く、彼のエリアにボールが誘導されるとプレッシングのスイッチが入るようになっていました。それは彼自身のメンタリティが非常にアグレッシブなものであったことと、守備のプレーモデルをしっかりと理解し実行できる選手でしたので上手く機能していたのです。実際、その右サイドハーフが累積警告などでピッチに立っていない時にはチームとしての守備機能の違いが分かりました。ベンチに座る指導者として、「彼ありきの守備のプレーモデル」であることを実感しました。

FCバルセロナとバイエルンの守備におけるプレーモデルの違い

FCバルセロナ、バイエルン・ミュンヘンともにボールを保持するプレーモデルを実践するチームです。バイエルンはグアルディオラ監督が15－16シーズン限りで退任し、16－17シーズンからはカルロ・アンチェロッティ監督が就任するため、グアルディオラ監督時代のような圧倒的なボール支配率を誇る試合は減る可能性があります。

ここでは15－16シーズンのバルセロナやバイエルンが「似ているようで全く違う守備のプレーモデルを用いている」ことを紹介したいと思います。改めて説明するまでもなく、サッカーには4つの局面がサイクルで回りながら展開されていますので、守備を見ると攻撃の特徴まで見えてきます。ルイス・エンリケ監督のバルセロナとグアルディオラ監督のバイエルンを比較した時、攻撃する時にポジションバランスを崩し、各選手が積極的にポジションチェンジを繰り返すアクションを起こしているのがバイエルンです。要するに、「自らバランスを崩しアンバランスな状態」で攻撃の局面に入っていく傾向がバルセロナよりも強く出ています。

一方、ルイス・エンリケ監督率いるバルセロナは、バランスを崩した攻撃をしません。1－4－3－3のシステムを崩すことなく、どちらかというと静的なプレーをする時間が多く、攻撃はメッシ、スアレス、ネイマールのＭＳＮに依存する傾向にあります。

そうなると攻撃から守備への切り替えの局面と守備の局面に入った時、バルセロナの方が後方に守備の枚数が残っていることになります。バルセロナはどちらの局面でも４バックのＤＦが４人、加えてアンカーのブスケツが残っていますので、バランスを崩してどんどん前がかりに人数をかけていくバイエルンと比較すると守備に安定感があり、カウンターからピンチや失点を招きにくい構造となっています。

例えば、グアルディオラ監督がバイエルンで新たに採用した戦術として、「攻撃時にサイドバックがボランチの位置に入っていく」という〝ファルソ・ラテラル〟（偽サイドバック）があります（**図51**）。右サイドバックのフィリップ・ラーム、左サイドバックのダヴィド・アラバ（ファン・ベルナト）が攻撃局面でのビルドアップのプロセスにおいて、ボランチの脇に入っていきライン間でボールを受けます。その時、サイドバックが空けたスペースにロッベン、ドウグラス・コスタ、リベリーといったウイングが下りてきて、足元でボールを受けます。システムとしては１－４－３－３で、守備では４バックを採用していますが、攻撃ではサイドバックがボランチとしてプレーします。

前方でもスタートポジションはインサイドハーフのミュラーがＦＷのような高いポジションを取ってＤＦラインの背後へ抜ける動きを繰り返します。ボランチもシャビ・アロンソ、ビダ

図50　15-16シーズンのバイエルン・ミュンヘンの基本フォーメーション

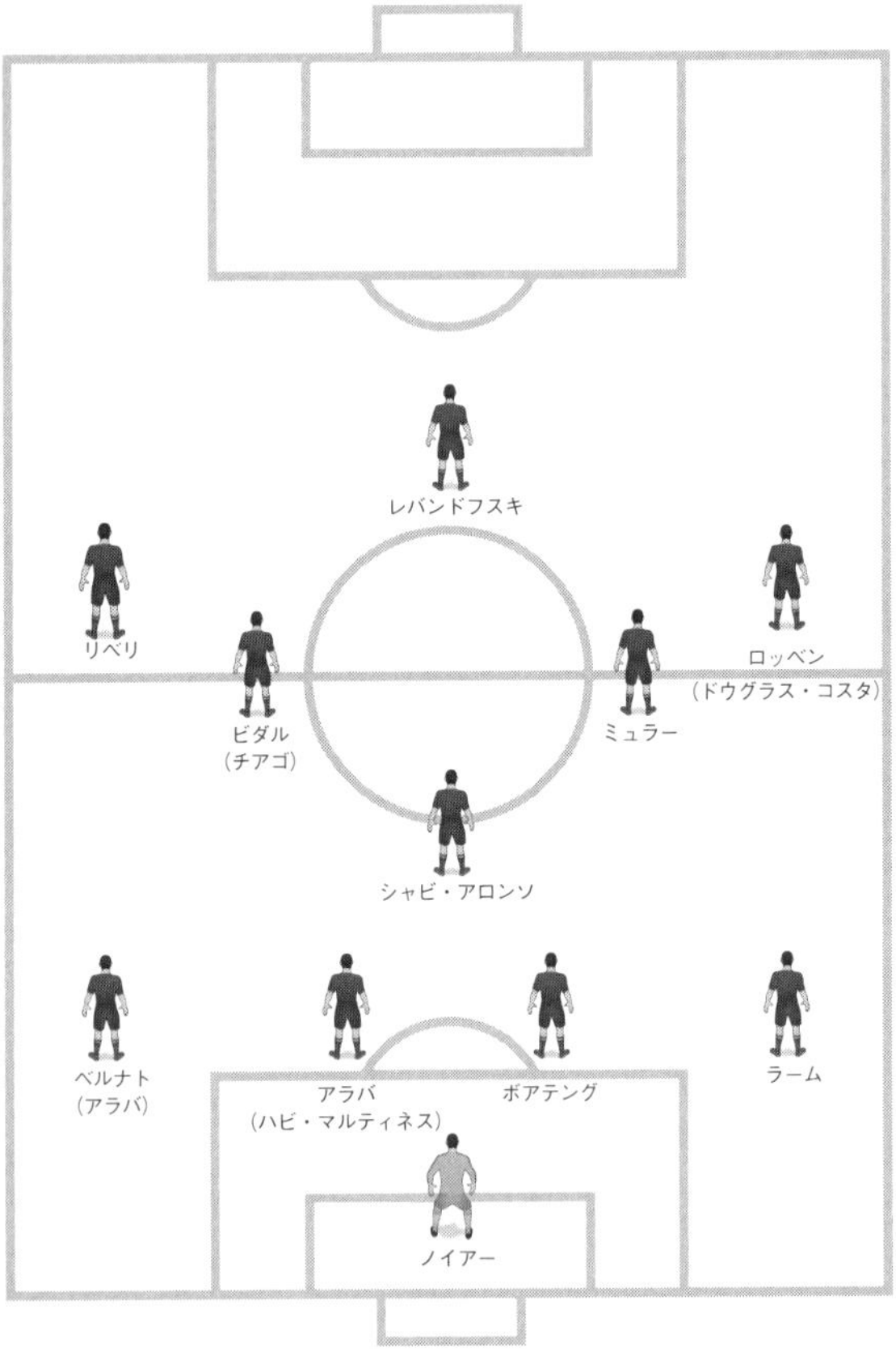

１－４－３－３を採用するバイエルン。攻撃する時にポジションバランスを崩し、各選手が積極的にポジションチェンジを繰り返すアクションを起こす特徴がある。

図51 バイエルン・ミュンヘンのファルソ・ラテラル

グアルディオラ監督がバイエルンで新たに採用した「攻撃時にサイドバックがボランチの位置に入っていく」という“ファルソ・ラテラル”（偽サイドバック）という戦術がある。

ルがセンターバックの間に下りてきたり、前に出て行ったりと柔軟にポジションを変えます。元々いる自分のポジション、最初のシステムとは違うところにどんどん出て行く傾向が強いのが〝ペップ・バイエルン〟の特徴でした。

手でボールを扱うハンドボールやバスケットボールのように、「簡単にボールを奪われることはない」という前提に立って、前方に人数を配置し、後ろに行けば行くほど人数が少なくなって、前線は幅を取ってポジションチェンジを繰り返しながらアタックを仕掛ける攻撃です。そういうポジションバランスでサッカーを組み立てています。

ただ、この戦術はチームとしてのポジションバランスを崩すものですので、奪われ方が悪いとバイエルンの攻撃から守備への切り替え局面ではサイドバックのスペースががら空きになることがありますし、実際にそのスペースを素早く使われたカウンターから失点する形が多いです。

とはいえ、ボールを失った瞬間は前に人数が割かれていて、失う位置もゾーン3となり得るため、①の守備を採用することができます。バイエルンとの試合では、相手が基本的に引いて守ってくるというのが1つあり、加えて高い確率でウイングの足元にボールが入り、そこで簡単に失うことはないのでバイエルンの守備のプレーモデルは①が徹底されています。

ゾーン3で前線から積極的なプレッシングをかけに行った際、例えプレスをはがされゾーン

2までボールを運ばれたとしても、センターバックが躊躇なく前に出ていきます。基本的にバイエルンは、ボールに対して行く守備を実行しています。

素早くボールを奪い返し、自分たちは攻撃をするというフィロソフィーがありますから、プレッシングをかけ続けます。そこで奪うことができればまた攻撃を仕掛けることができますし、相手がカウンターに出る余力までも奪う支配を見せつけるサッカーです。

ただし、ゾーン2でも奪えなかった時の対応策は作っています。例えば、相手の中盤やトップ下に上手くターンをされてゾーン2でのプレスをはがされた時にどうしているかというと、DFラインは**「相手FWの動きに合わせて」**ラインをコントロールしています。

例えば、相手のトップ下がボールを持ってプレスをはがされてボールが入るとします。その時、バイエルンのDFラインというのは、自分たちの決められたゾーンでライン調整しているのではなく、相手のFWの動きに応じて調整をしています。相手がDFラインの裏へ抜け出してくれれば下がる、相手が足元で受けようと中盤に下がるとラインを維持します。

アトレチコ・マドリーのような守備的なチームであれば、まずは自分たちの設定したラインまで戻り（下がり）、そこから守備をしていきますが、バイエルンの場合は相手の前線の選手（FW）に基準を置いています。そういう意味で、バイエルンの守備のプレーモデルはアトレチコ・マドリーとは対照的なモデルと言えます。ただし、プレッシングをはがされた時には一気にフィニッシュまで持って行かれるリスクを抱えている**ハイリスク・ハイリターンの守備のプレーモデル**ではあります。

グアルディオラ監督が率いていた時のバルセロナの守備も基本的には今のバイエルンと似たようなプレーモデルでした。カウンターによるやられ方も同じです。ただ、バイエルンに行ってからのグアルディオラ監督の方が当然ですが、ポジションバランスの崩し方などの点で進化を見せていますし、16-17シーズンから指揮を執るマンチェスター・シティでもさらなる進化を見せてくれることでしょう。

バイエルンの守備にはもう1つ、中盤で失う時のプレーモデルがあります。例えば、ビルドアップのプロセスでボールを失う、もしくは中盤でボールを取り返した直後にすぐに囲まれて再度ボールを奪われてしまう、といったシチュエーションのことです。

そういう時は、ゾーン2かゾーン1で素早く守備ブロックを作ります。この状況時のセンターバックは、サイドのカバーリング、人に対してついていく約束事が見えます。アトレチコ・マドリーの守備においては、基本的にセンターバック2枚は中央に残り、ボランチがサイドのカバーリングに入るやり方を採用していますが、ここでもバイエルンはアトレチコ・マドリーとは対照的な守備戦術を採用しています。

「バランス重視」のFCバルセロナの守備

バルセロナのルイス・エンリケ監督もグアルディオラ監督と対照的で、守備においてはバランス重視のプレーモデルを採用しています。

バルセロナとバイエルンの比較で顕著なのは攻撃です。両チームの攻撃を比較した時に、バルセロナの攻撃はかなりスタティック（静的）です。バイエルンは前述の通り、ポジションバランスを自ら崩してかなり動的な攻撃のプレーモデルです。

バルセロナの場合、前線の3トップに任せておけば何とかなってしまうというのがあると思います。そうした攻撃のプレーモデルを採用していることから、バルセロナのDFラインはグアルディオラ監督時代ほど攻撃参加していません。

15－16シーズンのバルセロナの試合を見ていても、基本的には90分間、1－4－3－3のシステムを維持しています。グアルディオラ監督の時代の方がポジションチェンジ、全然の流動性が高い攻撃を行っていましたが、ルイス・エンリケ監督の〝ルチョ・バルサ〟はゆったりとボールを動かしながら、いかにして前線3トップの足元にボールを入れるかを考えながら攻撃をしています。攻撃における「ビルドアップ」のプロセス、中盤でボールを保持しているシ

図52　バルセロナの守備時の1−4−4−2

守備の局面では4−4−2へ移行するバルセロナ。2トップがスアレスとメッシとなり、ネイマールは左のサイドハーフの位置まで落ちて、右サイドハーフの位置にラキティッチが入る。また、イニエスタもボランチの位置まで下りる。

チュエーションで止まった状態が多いバルセロナですが、メッシ、ネイマールにボールが入った時にスピードアップするメリハリはあります。攻撃のスイッチの入りどころははっきりとしています。

とはいえ、ボールを失った瞬間、攻撃から守備への切り替え局面を迎えた時、後ろに人数が揃っているのでDFラインの4枚＋ブスケツが守備ブロックを作る形で守備の局面を迎えます。そこがバイエルンの守備を比較した時の決定的な違いでしょう。

バルセロナの守備を分析して意外だったのは、相手センターバックがオープンな状態（＝フリー、前向きにボールを持った状態）で、ゾーン2で待つ守備を採用していることです。グアルディオラ監督時代までは、そうした状態でも前からはめる①の守備を採用していました。

ルイス・エンリケ監督のバルセロナは、ゲームが落ち着いている状況、DFラインのボール保持者が前向きでボールを持っている状況においては、1－4－4－2のシステムで中盤にブロックを作り待つ守り方をします。攻撃では1－4－3－3のシステムですが、守備の局面では1－4－4－2へ移行します。2トップがスアレスとメッシとなり、ネイマールは左のサイドハーフの位置まで落ちて、右サイドハーフの位置にラキティッチが入ります。また、イニエスタもボランチの位置まで下ります。

15－16シーズンは開幕からこうした守備を実行していました。3トップの縦への速さが武器で、攻撃においては遅攻、ポゼッションよりもカウンターを活かしたいというルイス・エンリケ監督の意図が見える守備の設定です。中盤のゾーン2で待つ守備を採用すれば、ボールを奪う位置は低くなりますが、攻撃に転じた際、前方に大きなスペースがあることになりますので攻撃の武器を出すために守備に関しては、やや妥協したライン設定をしてトレードオフしています。その意味で、ルイス・エンリケ監督はグアルディオラ監督と比べると「現実的」な監督と言えると思います。

①の設定でゾーン3から積極的にプレッシングを実行するチームは、プレスをはがされてしまった時に背後に広大なスペースを空けてしまうリスクを抱えます。高い位置でボールを奪うことができればすぐにショートカウンターからチャンスを作れますが、サッカーの試合において90分間ずっと高い位置でボールを奪い続ける守備が完璧に実行できるわけではありません。バイエルンほどのチームでもCLのような舞台で強豪と対戦すれば、1試合で数回はゾーン3でのプレッシングをはがされますから、その時にはカウンターで裏のスペースを使われてしまいますし、往々にしてわずか数回であってもそれは決定機となりますので即失点につながります。また、センターバックにはスピードが必要不可欠ですし、GKもDFラインの背後のスペースをケアできるような広い守備範囲がなければいけません。

マンツーマンを取り入れた守備のプレーモデル

マンツーマンを入れた守備のプレーモデルを採用していることで知られている監督の1人として、マルセロ・ビエルサがいます。アルゼンチン出身のビエルサ監督は、アルゼンチンやメキシコのクラブを率いて結果を出すと、1998年から2004年までアルゼンチン代表監督を務めます。その後、2007年からチリ代表監督を任され、2010年の南アフリカワールドカップではチリを見事ベスト16に導きました。スペインでは1998年にエスパニョールの監督を短期間務めていますが、11－12シーズンから2シーズン監督を務めたアスレティック・ビルバオでのサッカーが知られています。

当時バルセロナを率いていたペップ・グアルディオラ監督に「ビエルサ監督は現時点で世界最高の監督の1人」と絶賛されたことからもわかる通り、彼がチリ代表やビルバオで披露したマンツーマンを取り入れたアグレッシブな守備とそれを軸とした独特のサッカーのプレーモデルは多くの監督に影響を与えています。

例えば、15－16シーズンのリーガ・エスパニョーラで6位に終わりヨーロッパリーグの出場権を獲得したセルタのエドゥアルド・ベリッソ監督は選手（ニューウェルズ・オールドボーイズ）として、アシスタントコーチ（チリ代表）としてビエルサ監督の戦術を学んだ「後継者」とも呼べる監督で、セルタでもマンツーマンとゾーンを併用した高度な守備戦術を浸透させ経営規模で中堅以下のスモールクラブを見事上位に引き上げる手腕を披露しています。

ここでは、ビエルサ監督が指揮をしていたビルバオの守備のプレーモデルを紹介します。ビエルサ監督の戦術は「マンマーク」がフォーカスされることが多いのですが、彼が率いていた時のビルバオも守備はもちろん、攻撃の〝つなぎ〟に特徴がありました。とにかく、丁寧につないでいく攻撃で今振り返っても革新的なサッカーとなっています。ある意味で、グアルディオラ監督が率いていたバイエルンに近いサッカーをしていますので、間違いなくグアルディオラ監督はビエルサ監督のサッカーや戦術を研究しているはずです。

ビエルサ監督のビルバオは、プレーのインテンシティが攻守に渡り非常に高く、攻撃から守備への切り替えの局面においてマンツーマンを採用していました。その際、どのようにボールを誘導して守備の局面に持っていくかに注目してもらいたいのですが、基本的には「とにかくボールに行く守備」を貫いています。ボールに対してプレッシングをかけ、はがされてもまた次の選手がかける、というプレッシングの継続性がある守備のプレーモデルでもあり、ボールを失った瞬間のプレッシング、失ったボールへのプレスがものすごく速いのが特徴です。

失ったボールに対してプレスをかけ、次の出どころに対してもプレッシングを実行するとい

図53　ビエルサ時代のビルバオの基本フォーメーション

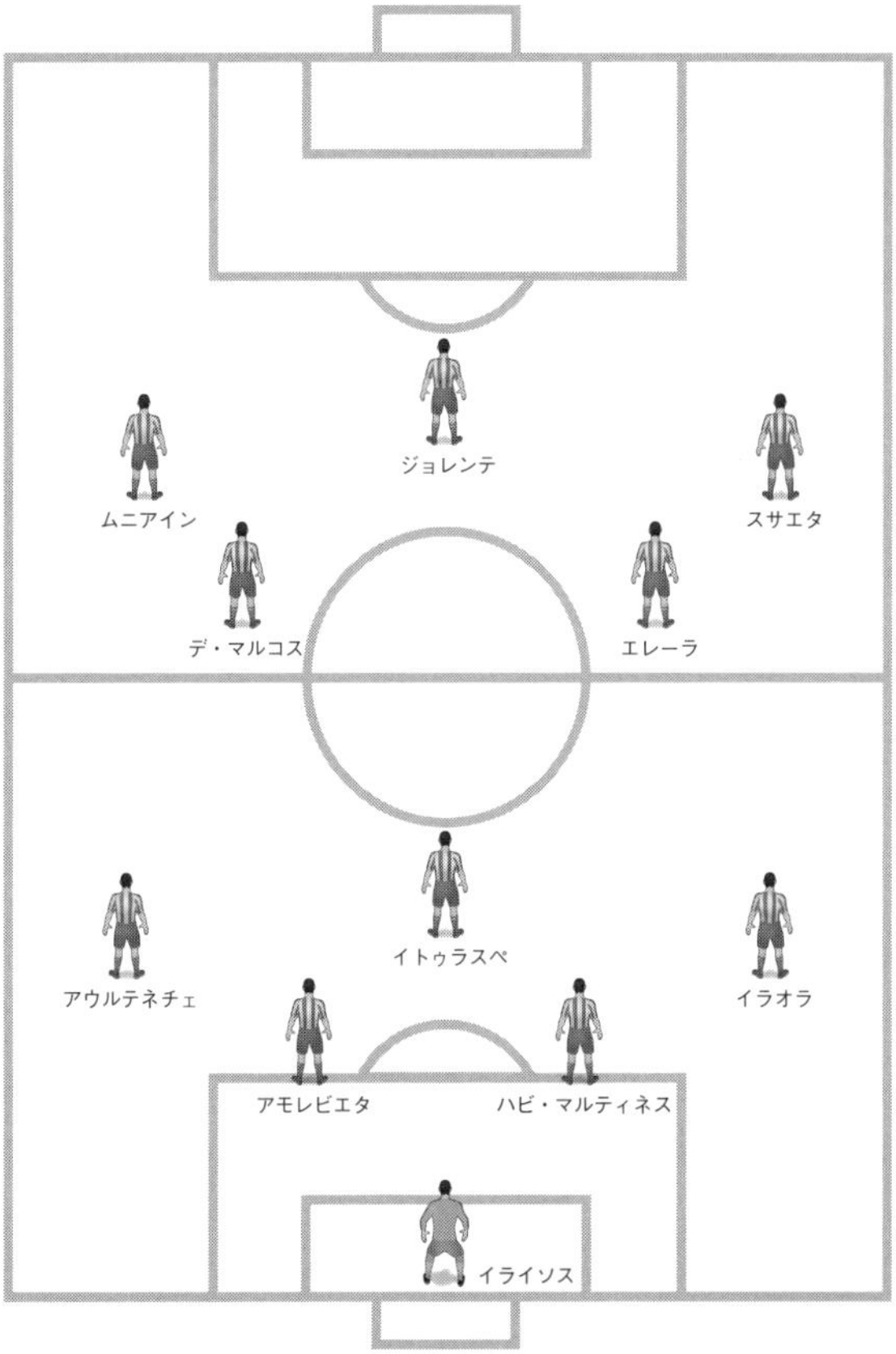

ビエルサ監督のビルバオは、プレーのインテンシティが攻守に渡り非常に高く、攻撃から守備への切り替えの局面においてマンツーマンを採用していた。

う切り替えのインテンシティが特に高いチームで、その延長線上にマンツーマンの守備があります。つまり、相手のビルドアップのプロセスにおいて余裕を持たせることなく、センターバックを自由にさせずに、ボールを失った瞬間、その位置からボールに対してプレッシングを実行し、ボール周辺の選手もどんどんボールに寄っていく守備のオーガナイズになっています。

マンマークのメリットの1つが**「責任がわかりやすい」**という点です。自分が誰をつかまえればいいのか、一度つかまえたら基本的にはずっとついていくのでわかりやすさはあります。その意味で、「ビエルサ監督は守備を簡素化した」と言っていいでしょう。守備における各選手のタスクを簡単にして高い強度のプレッシングを徹底させる戦術です。

とはいえ、ずっと人についていけばいいというわけではなく、受け渡しが発生するルールも設けています。マークを受け渡すことなくマンツーマンでついていくのは、「相手が縦に入れ替わる時」がまず1つの状況としてあります。

例えば、相手のFWが中盤に下りてきて、逆に2列目の選手がDFラインの背後へ抜け出してくるような状況では、マークの受け渡しをすることなくマンツーマンで対応します。具体的には、ビルバオのセンターバックはFWについていって中盤までポジションを上げ、トップ下をマークしていたボランチは最終ラインに入ります。

同じく受け渡しがないシチュエーションとして、**「危険なパスが出てくる可能性がある時」**、つまりはボール保持者が顔を上げてパスを出すようなタイミングでは、マークの受け渡しを発生させないルールとなっています。その2つのシチュエーション以外の時、つまり「ボールが出てこない」シチュエーションやボール保持者がヘッドダウンをしてドリブルしている状況、GKまでバックパスを下げてボールが相手陣内の深い位置で移動している時、まとめると**「自分たちにとって危険なパスが出てこないシチュエーション」**の時には、ゾーンディフェンスを採用してマークの受け渡しを発生させています。

よって、ビエルサ監督のビルバオも注意深く分析をすればマンマークとゾーンの併用の守備を実行しています。守備の局面では、基本的にボールに対して高い位置から連続性のあるプレッシングを実行するものの、危険なパスが出てこない状況ではゾーンの意識で自分のマークをつかまえる、受け渡す判断も行います。逆に、危険なパス、縦パスが入ってきそうな時には、決めているマークについていくマンツーマンの守り方を実行します。ビエルサ監督のビルバオのマンマークの守備構造というのはこうしたルールの上に成り立っていました。

ボールを失った瞬間すぐにプレスをかけると、次のパスコースが限定されますし、パスが出るタイミング、誰にパスが出てくるのかという予測がしやすくなります。それは、プレスがかかっていて、パスコースが限定されているからです。

プレッシングにより限定されたコースや人にパスが出たら予測を働かせてマークをつく選手

がアグレッシブに奪いに行く守備をします。ただそこでバックパスが発生してＧＫやセンターバックにボールが戻る時には、システムにおける自分のスタートポジション（ゾーン）について、自分のゾーンに入ってくる選手をつかまえてマンマークする選手を決め、ついていくという守備、その連続なのです。そこには当然ながら、今はマンツーマンなのか、ゾーンでエリアを見るのかという判断が伴いますし、トレーニングではそういったマンツーマンとゾーンを切り替えるスイッチ（基準）や個人の判断の共有を徹底していたと思います。

ビエルサ監督のような守備のプレーモデルの方が難易度は「高い」ように映りますが、実は難易度というのは相手によるところがあるのです。例えば、グアルディオラ監督のバルセロナのように、前線での流動性を出すべくポジションチェンジを積極的に行うチームに対してはリスクが高い戦術となりますので難易度も上がります。

実際、ビエルサ監督時代のビルバオはバルセロナ相手に素晴らしい試合をしたこともありますが、大敗したゲームもあります。大負けする試合では、ＦＷが空けたスペースに対しての2列目からの飛び出しで失点していました。また、フィジカル的な難易度はかなり高くなります。なぜなら、ビエルサ監督のサッカーを実践するためには運動量とプレーの強度が求められますから、肉体的負荷はかなり高いものとなります。

ビルバオとセルタのマンマーク守備の違い

ベリッソ監督が率いるセルタと比べると、ビエルサ監督のビルバオの守備の方が難しい印象があります。なぜなら、とにかくボールに対して高強度のプレッシングを実行しにいくので、往々にしてカオスな局面が生まれてしまうからです。

ボールを誘導するプロセスにおいても、勢いでガンガン行くため局面がガチャガチャになって、**「次に何が起こるのかがわかりにくい」**状況に陥りやすい守備になっています。人に対してバチバチといくので予想外のことも起こりやすくなります。

そこではがされた時に、誰かが行かなければいけないけれども、そこを誰が行けばいいのか局面によって正解が異なるので選手の判断としても難しいものになります。チームとしては、はがされた選手に対して行かなければいけないけれど、個人として自分のマークを捨てて行っていいのか判断が難しい局面がカオス故に起こります。

一方のセルタの場合、ビエルサ監督のビルバオほど前線で激しくプレッシングを実行しませんから、前線の選手は**「パスコースの限定」**を忠実にこなします。そのため、中盤以下の選手からすると次のパスコースやタイミングが読みやすくなります。

逆に、ビエルサ監督のビルバオの前線の守備は、パスコースの限定や誘導というより、「ボールを奪いに行く」プレッシングを実践しています。そうなるとはがされることも多くなります。全力でプレスをかけてあっさりとはがされてしまうような状況が、高い頻度で起こります。そこでマークの受け渡しをどのようにすればいいのかという難しい判断が中盤以下の選手に求められますので、間違った判断や判断のタイミングが遅れた場合、中盤以下の守備組織にズレが生じます。バルセロナのような完成度の高いチームとの試合では、その僅かなズレを突かれて簡単に決定機を作られてしまいます。

わかりやすさという意味ではビエルサ監督の守備のプレーモデルの方が、タスクがシンプルなのでわかりやすく、知的要素という意味では、ベリッソ監督のセルタのマンツーマンの方が選手個人のインテリジェンスが求められます。よって、ビエルサ監督時代のビルバオの試合においては、局面での肉弾戦が多くなっています。マンツーマン、人に対する意識がかなり強いため、アグレッシブさは出るし、インテンシティも上がるのですが、バチバチの局面がずっと続くゲーム展開となるので難しい判断を強いられる局面も多くなります。

ベリッソ監督が率いるセルタの守備は、ゾーンディフェンスをベースとしたマンツーマンとの併用のプレーモデルです。システムがあって、相手の縦パス、前進のさせ方を前の2枚のスライドによって限定しています。ゾーンありきで縦パスが入ってくるような相手の攻撃の前進

図54　15－16シーズンのセルタの基本フォーメーション

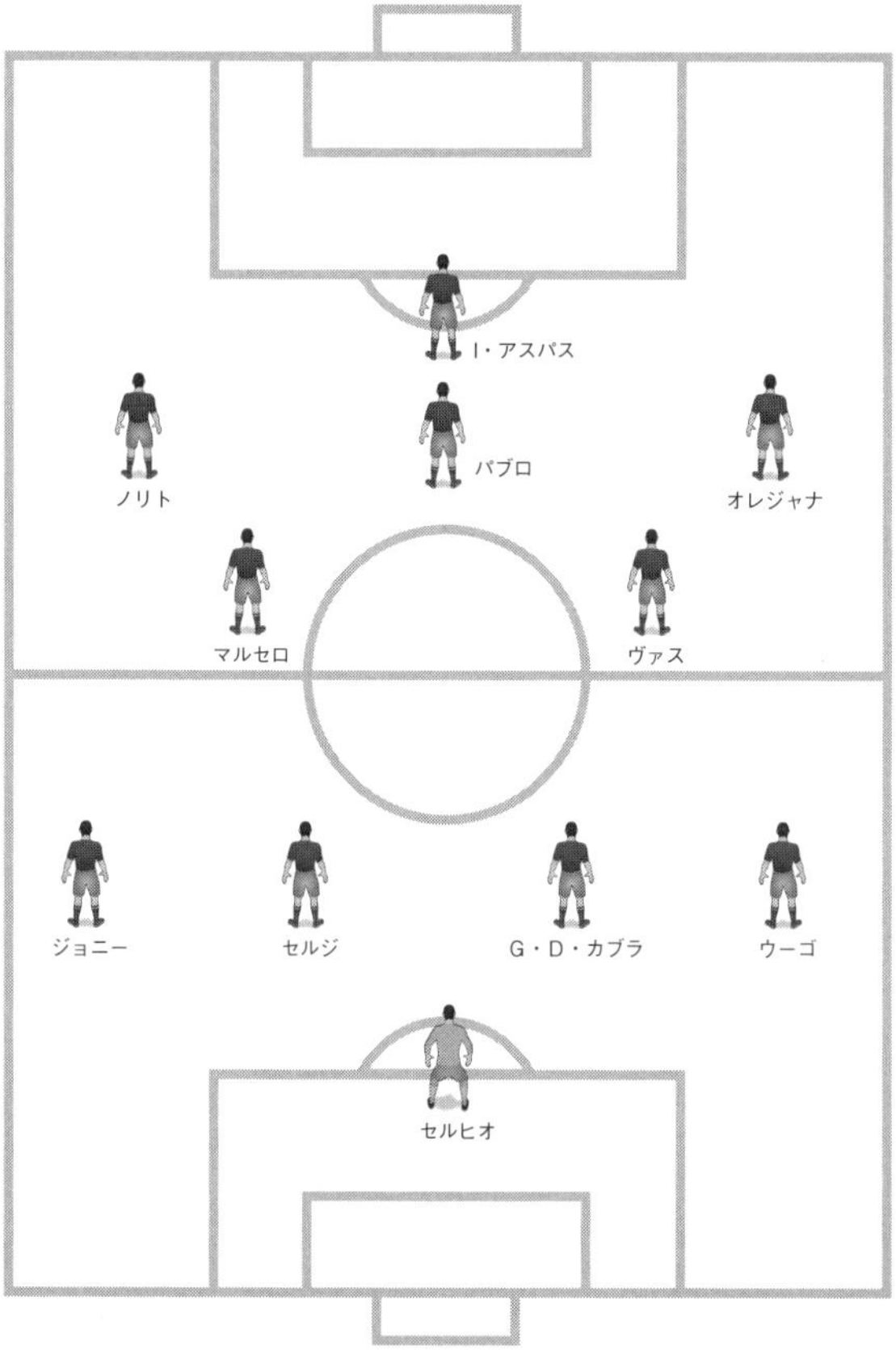

ベリッソ監督が率いるセルタの守備は、ゾーンディフェンスをベースとしたマンツーマンとの併用のプレーモデル。

に対してはマンツーマンで対応しています。ビエルサ監督のビルバオは、今のセルタとは逆で「マンツーマンありき、プラスαのゾーン」でしたが、セルタの守備は「誘導をゾーンで行い、奪取をマンツーマン」で行うと表現することができるでしょう。

ビエルサ時代のビルバオと比べると、その違いは**「相手のDFラインでのボール保持に対しては何が何でもプレッシングをかけるというわけではない」**というところにあります。失ったボールへのプレスを実行しながらも、それをサイドチェンジではがされた場合には一度ゾーン2で守備ブロックを作ります。そして、センターバックやGKなどに持たせるところは持たせていながらも、前線がゾーンで連動してスライドして中へのパスコースを限定して相手チームの前進の方法がサイドでの縦パスのみになるようにします。

15－16のセルタは1－4－2－3－1と1－4－3－3（1－4－1－4－1）の2種類のシステムを使い分けて組織的プレッシングを実行していました。

1－4－2－3－1では、FWとトップ下の選手がスライドしながら相手のセンターバックとボランチをマークする2トップ型の守備方法でサイドへ誘導します。

1－4－1－4－1の時は1トップで相手センターバック間の横パスを切って縦パスを誘発し、2枚のトップ下と1ボランチの計3人で相手の中盤の選手をマンツーマンでマークし、他の選手もマンツーマンでマークするという守備になります。

このようにして誘導がうまくいくと後ろの選手たちは**縦パスが入るタイミングが分かりすい**というメリットがあります。そしてマークの受け渡しが発生しないマンツーマンマークの特徴である、「誰が誰にマークにつくのかが分かりやすい」というメリットが最大限に発揮され、奪取の場面の各選手のタスクはシンプルになるのです。

しかし、デメリットとしては人についていくことが多くなりますので相手チームのポジションチェンジが起きた場合には選手間の距離はバラバラになってしまい、大きなスペースを空けてしまうリスクが伴います。これはビエルサ時代のビルバオがバルセロナ相手に大敗してしまったパターンと同じで、マンツーマンマークを採用する時に起こる共通の現象です。

これがセルタの守備のプレーモデルで、相手のモビリティが機能しないゲームは有利に進めることができ、相手のポジションチェンジが発生しスペースを創る、使うという戦術が機能している時には失点するという傾向が見えたシーズンでした。

〝ドン引き〟の守備は確実に減っている

欧州トップレベルの試合を見ていると、最初からゾーン1で引いて守る③の守備を採用するチームは減ってきています。なるべく高い位置、相手陣内にボールを置いておくことを考えた守備をするチームが増えています。つまり、現代サッカーにおける守備の考え方は、「相手陣地内にボールを置きたい」という流れになっているということです。

例えば、イタリアの伝統でもある〝カテナチオ〟（スペインでは一般的に「ゴール前にバスを置く」という表現が使われます）のようにゴール前に引いて、相手に広大なスペースを与えてゴール前に人数を割くいわゆる**〝ドン引き〟の守備は確実に減ってきています。**もちろん、③の守備を全くやらないわけではないのですが、狙って行なうというよりも、アトレチコ・マドリーがいい例でゾーン3、ゾーン2でのプレッシングをはがされてしまったため、残された選択肢として③の守り方を実践しているチームが多くなっているのです。

実際、アトレチコ・マドリーといえども、15－16シーズンの国内リーグ、CL準々決勝第1戦ではFCバルセロナ相手に先制しながら後半に押し込まれ、③の守り方を仕方なく選択することで3度も1－2の逆転負けを喫しています。

よって、欧州において「守備的」と評価されるチームであっても、**③の守備を決して望んでいるわけではない**という認識を持つべきだと考えます。③の設定はゾーン1で「ボールを奪う」というより「ゴールを許さない」ことが最優先の守備です。

ゴールを割られることなく、ライン間のスペースを使われることなく、スペースや中央を閉じながら、少しずつボール保持者に対してプレスをかけてバックパスを誘発、ゾーン2に自分たちのブロックを引き上げるのが目的でもあります。

裏を返せば、ゴール前でベタ引きする守り方に心地よさを感じるチームはほぼなくなっているということです。私の周りも含めてスペインでも多くの監督たちが「アトレチコ・マドリーのような守備のプレーモデルを採用するチームの方が絶対に勝率は上がる。ボールを持って細かいパスをつなぐようなバイエルン、スペイン代表のようなサッカーは難易度が高い割に勝率は落ちる」と言っています。

グアルディオラ監督がバルセロナ、バイエルンで攻撃レベルを上げたことで、モウリーニョ監督やシメオネ監督がその攻撃を防ぐために守備レベルを引き上げたのが、欧州における現在地です。

今後は、今ある守備レベルをさらに上回り、崩して勝ちきるための攻撃レベルが上がっていく現象が起きるでしょう。

その上で、グアルディオラ監督がプレミアリーグ、マンチェスター・シティへと行くのは注目すべきトピックスですし、またライバルであるマンチェスター・ユナイテッドの新監督にモウリーニョが就任したことで近年CLの舞台での活躍がないプレミア勢が欧州や世界のサッカーのレベルを再び引き上げる可能性もあります。

「サッカー史上最大のジャイキリ」レスター・シティの守備

15－16シーズンのプレミアリーグで「史上最大のジャイアントキリング」と評されるほどの躍進を見せ、クラブ創立132年目にして初のプレミア制覇の偉業を達成したレスター・シティの守備のプレーモデルについても解説したいと思います。

改めて言うまでもなく、プレミアリーグにおけるレスターは本来「残留」が目標のクラブであり、優勝やチャンピオンズリーグ出場権を狙うようなビッグクラブではありません。だからこそ、15－16シーズンにおけるレスターの守備はしっかりと分析しておく必要があります。

レスターのサッカーの第一印象としては、**「自分がやるべきことを各選手が深く理解し、チームとして組織的に戦っている」**というものです。プレミアリーグの戦いにおいてレスターは基本的には「格上」か「同等」のレベルのチームとの対戦が続き、彼らから見て「格下」のチームはありませんので、チームとして「ボールを保持する」というプレーモデルは基本的には持っていません。攻撃における起点は、右サイドハーフのリヤド・マハレズがボールをキープし、前線のFWジェイミー・ヴァーディーがフィニッシュの局面で仕事をするというシンプルな構造となっています。

だからこそ、どの試合でも守備におけるオーガナイズをきちんと行ない、ボールを奪ってからの鋭いカウンター、あるいはセットプレーから得点を奪い、勝ち点を積み上げていきます。中堅以下の規模のチームとの対戦においては互いのラインがコンパクトではなく、ある意味で「撃ち合い」のゲーム展開も多くなりますので、レスターにとっては格上相手の方がやりやすいと考えています。なぜなら、守備の局面に集中し、カウンターを発生しやすいからです。

実際、相手チームの力が低いとお互いの能力がさほど高くないため、ボールを奪ってカウンターという攻撃の応酬となり、ライン間や中盤が間延びしたオープンな展開になっています。よって、レスターが圧倒的なボール支配率を誇り、イニシアチブ（主導権）を握ってゲームを進めていくチームではないという前提で話しを進めていきます。

そういったチームが上位をキープするためには、**同じレベルの相手に負けないこと、格上のチーム相手に勝ち点を拾っていくことが大切になります**。それが両方とも上手くいっているというのが15－16シーズンのレスターでした。さらに、このような中堅チームが勝ち続けるとよく起こる気の緩み、ちょっとした奢りで本来の自分たちがやらなければならないプレーや献身的な姿勢を失ってしまい、勝ち点を落とすきっかけを作ってしまうこともありませんでした。そこにはクラウディオ・ラニエリ監督のマネジメントの手腕が示されています。

スペインに住む私の周りでもプレミアリーグにおけるレスターの活躍は注目を浴びていまし

た。スター選手のいない集団で結果を出す姿はアトレチコ・マドリーにも似た現象でもあり、多くの指導者に勇気を与えたと思います。実際、私のチームであるUEコルネジャ・ユースBも本来は中位に留まるのが例年のポジションなのですが、15－16シーズンは最後まで優勝争いに加わることができ、そのようなチームのメンタル面でのマネジメントにおいては、「われわれのようなチームが優勝争いをするチャンスはないことであろう。だからこそ、自分たちでこのチャンスをモチベーションに変えていこう。優勝できるかどうかは分からないが、その可能性があること自体が我々にとってはファンタスティックなことである」というクラウディオ・ラニエリ監督の言葉を借りてミーティングの材料にさせてもらいました。

ここから数年は、「献身的」「取り組み」というワードを守備戦術にリンクさせて考えることがブームになるのかもしれません。

レスターの具体的な戦いを見ると、やはり守備が安定しています。それは、GKカスパー・シュマイケルを含めた守備です。DFラインが整備されていて、中盤から前のところもオーガナイズをされた守備をきっちりこなすことができます。その守備をベースに、攻撃で速いカウンター、セットプレーから得点を重ねて勝ち点を奪っています。

守備の形としては、アトレチコ・マドリーに似たタイプと言っていいでしょう。守備の時には1－4－4－1－1、1－4－2－3－1といったシステムになります。

ＤＦと中盤が４人ずつ２ラインの「４－４」を作って攻撃時には２トップの一角を務める岡崎慎司がトップ下に入ります。基本的な守備のスタートラインとしては、中盤のゾーン２の設定で岡崎とエースストライカーのＦＷヴァーディーの２人が縦関係を作り、岡崎がボランチ（中央）のパスコースを消して相手最終ラインのビルドアップを外に誘導します。ヴァーディーに関しては最低限の守備はやりますが、守備時には前線１トップということでそこまで守備のタスクは担っていません。

ボールが外に移動するとレスターはサイドで２対２を作り、サイドハーフとサイドバックの高い守備能力を活かしてボールを奪いに行きます。ただし、レスターの守備で最も特徴的なのがカンテとドリンクウォーターのダブルボランチです。ともに守備の仕事がきちんとできるボランチで、フィジカル的な強さ、高さもあり、ボールに対してアグレッシブにアタックできるタイプの２人を起用しています。またこのダブルボランチはスライドをしながら両サイドのカバーリングもできますので、かなり広範囲なエリアをケアできる選手たちです。

注目すべき点は、攻撃から守備への切り替えの局面です。レスターがボールを失った時のダブルボランチのポジションへの戻りは非常に速く、徹底されていますので、守備への意識の高さがうかがえます。そして、他の選手もそれに劣らない切り替えの速さを持ち合わせ、チームとしての守備組織の再構築は他のチームよりも速くなっています。これによって現代サッカー

図55　15-16シーズンのレスターの基本フォーメーション

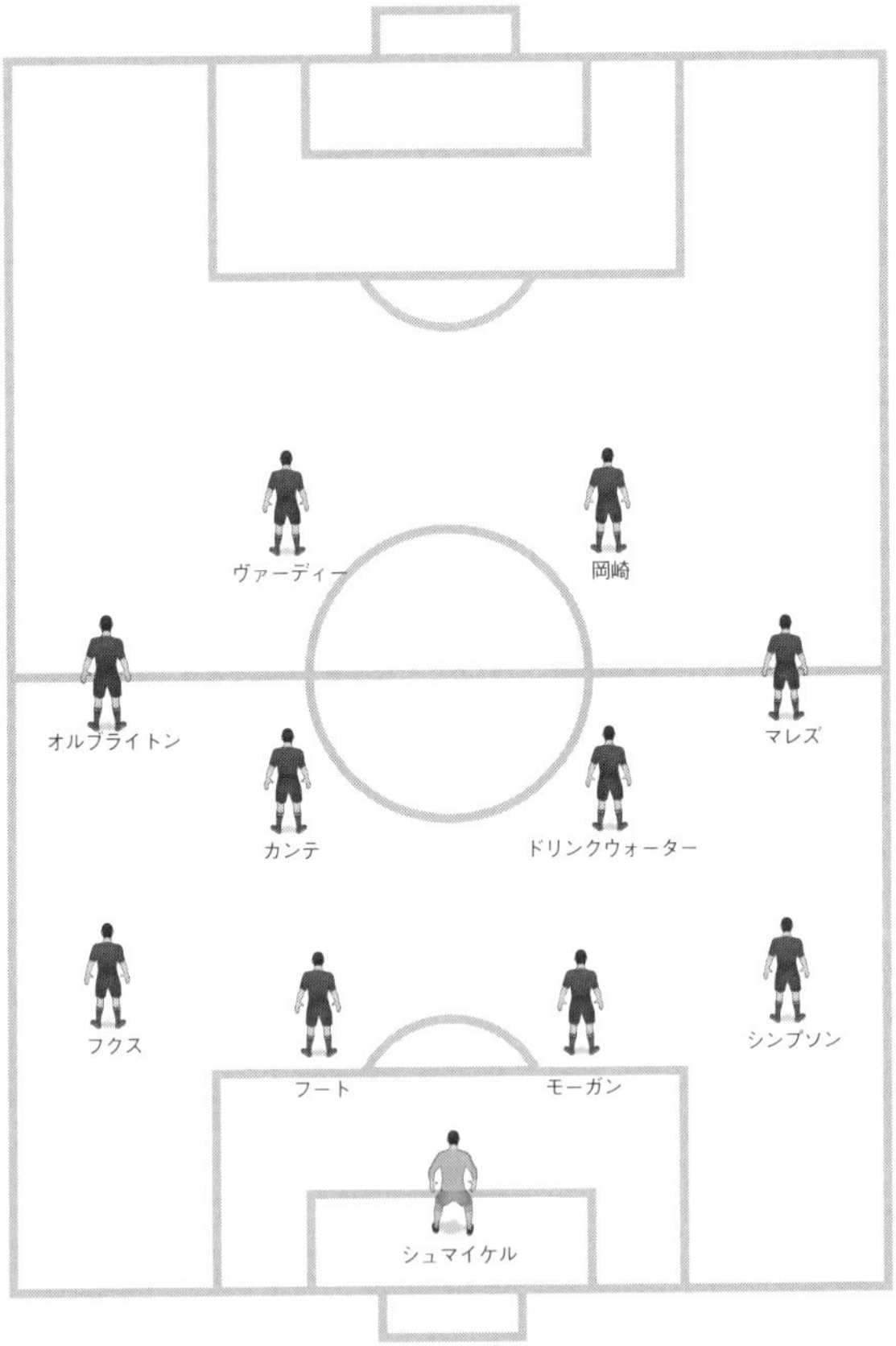

レスターは１－４－４－２を採用するが、守備の時には１－４－４－１－１、１－４－２－３－１といったシステムになる。

図56 レスターの守備時のポジション

ＤＦと中盤が４人ずつ２ラインの「４－４」を作って攻撃時には２トップの一角を務める岡崎慎司がトップ下に入る。

の得点の比率の多くを占める「カウンターによる失点」を抑えることに成功しています。

このダブルボランチがいるため、押し込まれた時には4バックのDFラインと6人で中央を固めた守備もできますし、実際簡単には失点しません。通常、どこのチームもダブルボランチの組み合わせは1人が攻撃的、もう1人が守備的というバランスを考えて起用していますが、共に守備的なタイプ、しかもトップ下にはFWでありながらも守備能力の高い岡崎が入っているというのがサッカー史上でも稀にみる〝ミラクル〟を起こした15－16シーズンのレスターの守備のプレーモデルです。岡崎は欧州でプレーする攻撃的なポジションの日本人選手の中では群を抜いて守備能力の高い選手で、欧州の中でも「守備のできるFW」という評価ができる貴重な選手です。ヴァーディーが前線で攻撃や得点に意識を置いているため、攻撃から守備への切り替え局面では特に重要な役割を担っている岡崎ですがそこできちんと汗かき役としての守備ができるので監督としては**「守備で計算できる選手」**でもあります。

日本人選手が欧州に移籍すると言葉や戦術の問題からチームの決め事をよく理解せずプレーしているケースが特に移籍当初は見られるのですが、レスターでの岡崎は完璧にクラウディオ・ラニエリ監督が求める守備のタスクを理解してプレーしていました。守備でいいポジションを取っているため、守備から攻撃への切り替え局面で相手のDFラインとボランチのラインの間でボールを受けてカウンターの起点を作ることもできます。間違いなく、岡崎は**「守備で**

いいポジションを取ることが切り替えや攻撃におけるいいポジションとなる」ことを知っています。また、攻守両面でヴァーディーのプレーやポジションを見ながら「今はここに行くべき」、「このスペースを埋めるべき」といった気の利くプレーができます。

ドイツのブンデスリーガ以上にプレミアリーグは球際やフィジカルコンタクトに厳しさがあり、前線でプレーする岡崎は大柄な選手に体を当てられよく吹き飛ばされていますが、それでもしっかりと自分の仕事をしています。その順応のレベルの高さとスピードの速さが彼の選手としてのクオリティの高さを示しています。

時に球際で削られるようなシーンもありますがその前にしっかりとパス出していたり、最低限ファールをもらったりと、岡崎は欧州へ移籍してから格段に戦術的な守備のやり方を覚えた選手だと見ています。日本代表でのプレーを見ても前線でのスライドやパスコースを切りながらプレッシングをかける中間ポジションの取り方などが上手いFWです。攻撃の選手でありながら守備の上手さが目立つ日本人選手はそういないと思います。

守備においてスライドをして、どこにポジションを取って、どこのパスコースを切り、どのタイミングでアプローチに行くのか。そういうことをきちんと理解して、守備において完璧にそれをプレーで表現できる選手は欧州組の日本人選手でも岡崎くらいだと思います。そこは他の日本人選手も見習うべき点だと思いますし、欧州でのプレーを夢見る選手はまず守備を勉強してもらいたいと思います。実際、日本で攻撃面を評価されるアタッカーでも欧州のトップレベルでその攻撃面での特徴をそのまま出せる選手はほとんどいないと思います。

スペインのリーガ・エスパニョーラで考えても、日本人選手が行けるクラブレベルというのは1部中堅以下が現実ですし、その現実を踏まえると守備の仕事をまずきちんとできない選手は移籍できたとしても試合に出ることができません。レスターのようなクラブで岡崎が年間を通じてコンスタントに出場できたということは、裏を返せばそれだけ**監督の戦術や求められる守備を理解していた**ということです。本来であれば、日本でも育成年代から全てのポジションの選手に守備を求めていく必要があります。スペインの育成年代の試合を見ていても、小学生からグループとしてのプレッシングをかけることを監督が求めていますので、育成年代のスタート時点から守備の理解度における差が生まれているのが現実です。

スペインでは育成年代であってもレベルの高いリーグ、カテゴリーになれば、一人の選手の守備の理解不足で穴を作ってしまうことになり、その穴を突かれて一発で失点してしまうことがあります。そうしたシビアな環境下でプレーするからこそ、監督は選手に「ああだ、こうだ」と守備面での高い要求を突きつけて求めていきます。選手からしたらうるさい監督だと思うかもしれませんが、その環境下で5年、10年とプレーしていれば、プロになった時に当たり前の守備が当たり前のようにできるようになっています。監督としては、そのようにうるさい監督と思われるくらいでなければ結果は出ませんし、それもマネジメントの一部とも言えます。格上相手との試合で押し込まれてしまった時は守備の設定は自陣のゾーン1がベースとなりますが、DFラインはペナルティエリアまで下がらないよう設定されています。レスターのみならずプレミアリーグの試合では、私が日頃見るスペインのリーガ・エスパニョーラと比べると**若干ラインの設定が低い**のが特徴です。なぜかと言えば、プレミアリーグでプレーをする選手はスペインでプレーする選手に比べてキックの飛距離が長く、DFラインを高く設定すれば簡単にDFラインの背後のスペースにボールが蹴られてしまうからです

加えて、GKの足元の技術がスペインでプレーしているGKよりは高くないという要因もあります。その意味でチームとしてのラインが長めになっているのはリーグの特徴からしても致し方ないことだと思いますし、その距離感がプレミアリーグにとってはスタンダードです。

レスターも敵陣深い位置でボールを失った時には、攻撃から守備の局面でゾーン3のプレスをかけることがあります。ただ、前線からプレスをかけても少しはがされるとすぐにDFラインの背後のボールが出てくるので「ボールが来そうだ」となった瞬間に全体のラインを下げます。ラインを下げるタイミングは早いですし、下げる位置も深いため、スペインのサッカーに慣れている人間からすると「下げ過ぎでは?」と思うのですが実際にプレミアのロングキックの飛距離、精度を考えると致し方ない面はあると思います。

私の個人的見解ですがプレミアリーグ全般を見渡した時に、**ペナルティエリア外のスペースを広くカバーできるＧＫはほとんどいません。**ＦＣバルセロナのＧＫブラボ、テア・シュテーゲン、バイエルン・ミュンヘンのＧＫノイアーのようなＧＫは少ないので、そうなるとどこのチームも相手のロングボールに対してＤＦラインを素早く下げて対応するしかありません。

ただし、その傾向も16－17シーズンからグアルディオラがマンチェスター・シティの監督に就任することで変わってくるのではないかと予想しています。彼は間違いなく、バルセロナやバイエルンが求めているようなタイプのＧＫをマンチェスター・シティでも求めるでしょうし、実際バルセロナのテア・シュテーゲンなどが来季の補強ＧＫ候補としてメディアで挙がっています。そうしたＧＫを獲得できれば、必ずグアルディオラ監督はプレミアリーグの中でも高いＤＦラインの設定にしてＤＦライン背後のスペースをＧＫがカバーするような守備戦術を採用しますので、そうした守備で結果を出せばプレミアリーグにおける守備のやり方にも変化が見えるのではないかと考えています。

Chapter 4
守備のトレーニングメソッド

サッカーの樹形図を作る

Chapter 2ではサッカーの中の「守備」が何なのかを解説し、4つの局面の中での細かい守備の戦術コンセプトを見てきました。

サッカーにおける守備がどのように構成されているのか?
どのような機能性を持っているのか?

といったことを理解することで試合は分析しやすくなりますし、なぜ上手くプレーできているのか、逆に上手くいっていないか、がわかるようになります。

サッカーで起こっている現象を理解し、それを表現するためには『**戦術コンセプト**』というサッカー言語を使うことがとても便利です。おそらく、日本サッカーの中にもたくさんの戦術用語が飛び交っていて、みなさんも様々な言葉、単語を知っていることと思います。

インターネットの普及もあって、近年では海外サッカーの情報も容易に入手できるようになっていますから、スペインに住むサッカー指導者の私よりも戦術用語を数多く知るサッカーファンの方もいらっしゃると思います。

では、ここで1つ質問です。

みなさんが知っているサッカーの言葉を使って、サッカーの全体の構成図を作ることは可能でしょうか？

何が言いたいかというと、みなさんの頭の中の多くの言葉や情報がどのように線でつながり、サッカーの全体のデザインを構成しているかについてみなさんは表現できるでしょうか？

サッカーに限らず、情報を多く持っている人は世の中にたくさんいます。しかし、そうした情報と他の要素をリンクさせ、上手く機能させることが大切です。

「ゲーゲンプレスが凄い」、「カウンターがトレンドだ」といった戦術用語単体には詳しいけれど、それがゲームに、サッカーにどのように作用しているかまで深く把握し、サッカー自体を構成できる人は意外と少ないのです。

そこでみなさんにおすすめしたいのは、**「サッカーの樹形図」**を作り上げることです。

どういうことかというと、パソコンにはフォルダがあり、そのフォルダの中にファイルが保存されている、というような樹形図をサッカー版で形成していくことです。

図57は、Chapter 2で出てきたような戦術コンセプトを樹形図として並べたものです。もちろん、これがすべて正解ではありませんので、みなさんは自分なりのオリジナルのものを作り上げていってください。あくまで、私はこのような形でサッカーを整理しています、という一例です。

図57　守備における戦術コンセプトの樹形図

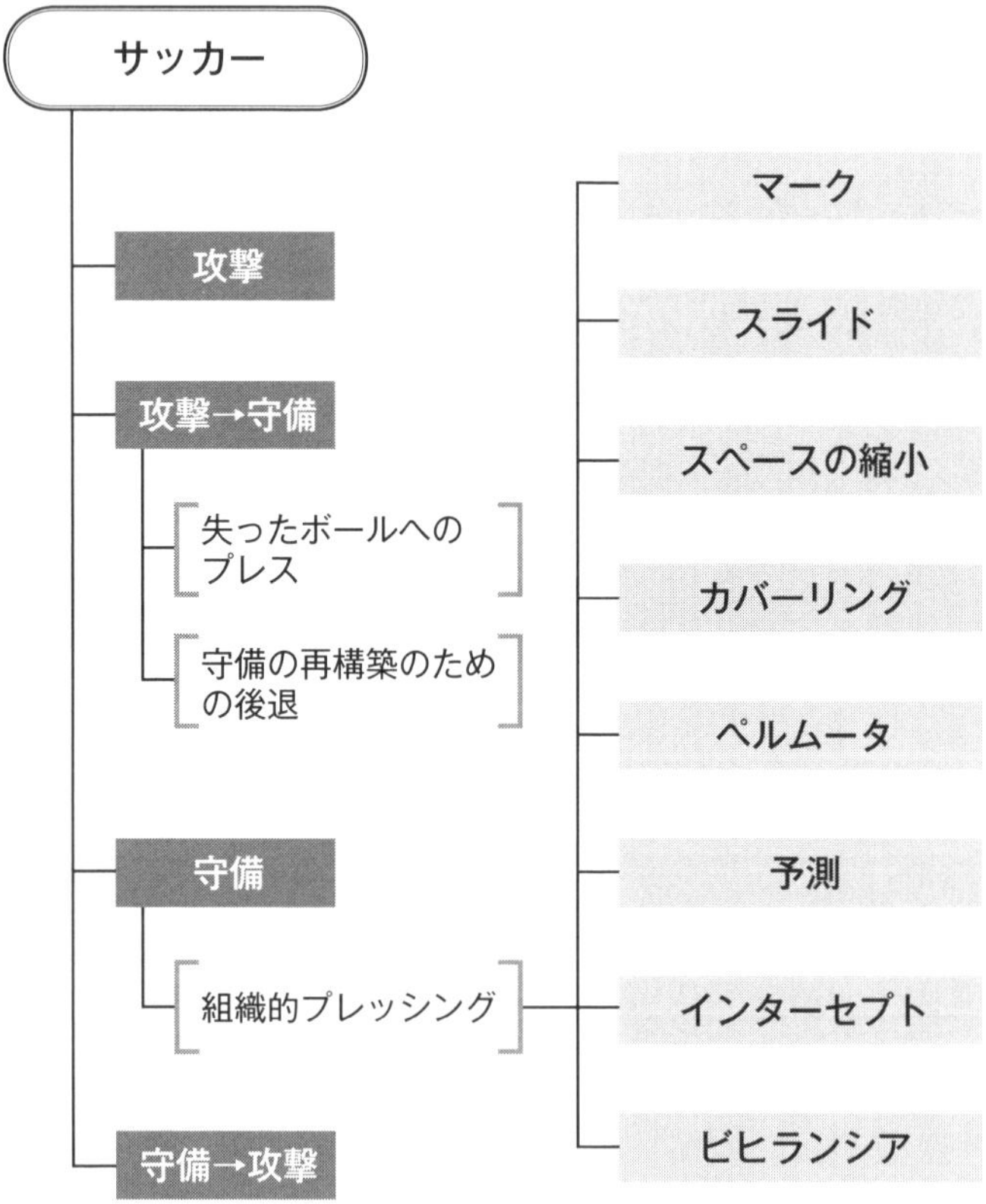

このように単体の情報が他の情報とどのようにしてつながっているのか、またそれはどの階層にあるのかを整理しておくと、ゲーム分析もしやすくなります。

例えば、失点をした時にまず攻撃から守備の切り替えの局面においてカウンターでやられたのか、それともこちらの守備組織が整っている時の守備局面でやられてしまったのかを分析できます。

もし守備の局面でやられてしまったのであれば、その組織的プレッシングを構成する要素が失点の原因ということになりますから、その構成要素が何であるかを分析します。組織的プレッシングのフォルダの中には構成要素がたくさん入っています。

チームの守備パフォーマンスを分析する時に、どれが上手くいっていて、どれが上手くいっていないのかがわかれば良いのです。

スライドが遅く、サイドチェンジをされてしまい、サイドを攻略され失点したのであれば、「スライドを速く行う」という修正をかけることで組織的プレッシングは改善され、結果的に守備の局面は改善されることになります。

では、スライドを改善するためにはどうしたらいいのか、というディティールを考え、スライドを構成しているキーファクターとしてさらに下の階層のファイルに入れて整理します。

細かいディティールを突き詰めていけばいくほど指導の幅は広がっていくと私は考えていています。これを突きつめていくことが私にとって**「サッカーを知る」**ことです。この作業の積み重ねこそ、まさにサッカーの勉強をするということではないでしょうか。

育成年代での守備の指導について

低年齢、低学年のチームで守備を指導する時、個人としての守備アクションを身についていない選手に指導するにはどこから手をつければ良いのか…？

育成年代の指導者であれば、一度はこうした疑問をお持ちになったことがあるはずです。守備の大枠を理解するといっても、さすがにそれを小学低学年に理解しなさい、というのは無理のある話ですから、年齢、レベル、習熟度に合わせて指導する内容を変えていくのも指導者が考えなければならないことの1つです。

低年齢では自分とボールの関係から始まりますが、年齢が上がるにつれて自分の対峙する守備者、味方、スペースという要素や情報を同時処理できるようになっていきます。1対1に始まり、2対2、3対3と人数が増えていくような感じです。

「まず個人を強化してから」という考え自体は間違えではないのですが、実は正解ではないのです。

サッカーはチームあっての個人であり、個人ありきでチームが機能しているというスポーツではありません。

育成年代の指導では、年齢が上がるのと同時並行でチームやグループアクションの中で個人が何をしなければならないかを学ぶことがとても大事です。「個を育てる」ということは決して1対1を強化、トレーニングするということではないのです。

確かに1対1をやり込むことで対人プレーの方法は習得できるのですが、グループ、組織でどのようにボールを追い込み、どこでボールを奪うのか、という組織的な守備アクションの中での個人の役割を学ぶ機会がありません。

育成年代の試合において、ボールを誘導するべき選手が「積極的に奪いにいけ！」と言われて無鉄砲なプレスで突っ込んで行き、簡単にはがされてしまうシーンをよく見かけませんか？

少なくともスペインでは育成年代でもこれは「やってはいけないこと」として低年齢から認識されていますし、実際に小学生年代の1部リーグでは前線の選手の無鉄砲なプレスを見ることがありません。これは組織的なプレッシングの全体像を理解していない選手が犯してしまうミスの1つです。

日本の小学生年代では8人制サッカーが採用されていますから、小学6年生までには8人（フィールド7人）での組織的なプレッシングの全体像を理解し、組織的な守備のプレーできなければいけませんし、指導者はそのような選手を育成する義務があります。

理想としては、年齢が上がるにつれて多様なサッカー、どんな監督、システムにも対応できるようにするためにも最低2種類のシステムでプレーすることを理解させたいところです。

そう考えると、小学生のうちに指導者が教えるべき戦術要素はたくさんあります。ちなみに、私が指導するスペイン・カタルーニャ州の小学生年代のトップレベルでは7人制サッカーの中で、**スライドをしながら中間ポジションを取ってボールを奪いたいエリアにボールを誘導して、そこでボールを奪うといった守備戦術**をごく当たり前のものとして実行しています。ここで一例を紹介しましょう。私が在籍しているUEコルネジャとプロクラブであるエスパニョールの小学生の試合を見た時の守備戦術です。

図58のように、1−2−3−1のシステムでプレーするエスパニョールU−11に対し、コルネジャU−11は1−3−1−2のシステムでした。コルネジャは2トップの1人が中間ポジション、具体的にはエスパニョールのDFとサイドハーフの間にポジションを取って、ボールを持っているGKを困らせていました。

こうすることでGKとしては、DFにパスをするとそのFWにアプローチをかけられるため、足元にはパスを出しにくい。では、ロングフィードでサイドハーフにパスをつけるという選択をしようにも、そこもボールの移動中にスライド対応され、コントロールしたボールに対してプレスがかかるようになっています。

加えて、この状況では浮き球をコントロールしながらプレッシングに来る相手を見なければならないので、パスをコントロールするエスパニョールのサイドハーフは難易度の高いプレーを要求されます。

このようにシステム上、戦術上はめられた状況では、浮き球をコントロールしてプレッシングをはがすドリブルや他のＭＦへ１タッチでつけるパスを成功させなければいけません。エスパニョールがボールを保持できるかどうか、ミスなどが起きてコルネジャがボールを奪いショートカウンターを発生させられるかどうか、という展開の分岐点となるポイントとなっていました。

このようにして格上相手に戦うチームは、小学生年代でもこのような戦術で相手を苦しめています。そのようなサッカーを見た時、「やはりスペインは戦術大国だ」と改めて驚かされました。

もちろん、選手のプレーにも驚かされましたが、小学年代にそこまで完成度の高いサッカーを選手に求め、実際のピッチで実行しているチームがたくさんあるということは、それだけ指

図58　スペインの小学生年代の試合で見えた守備戦術

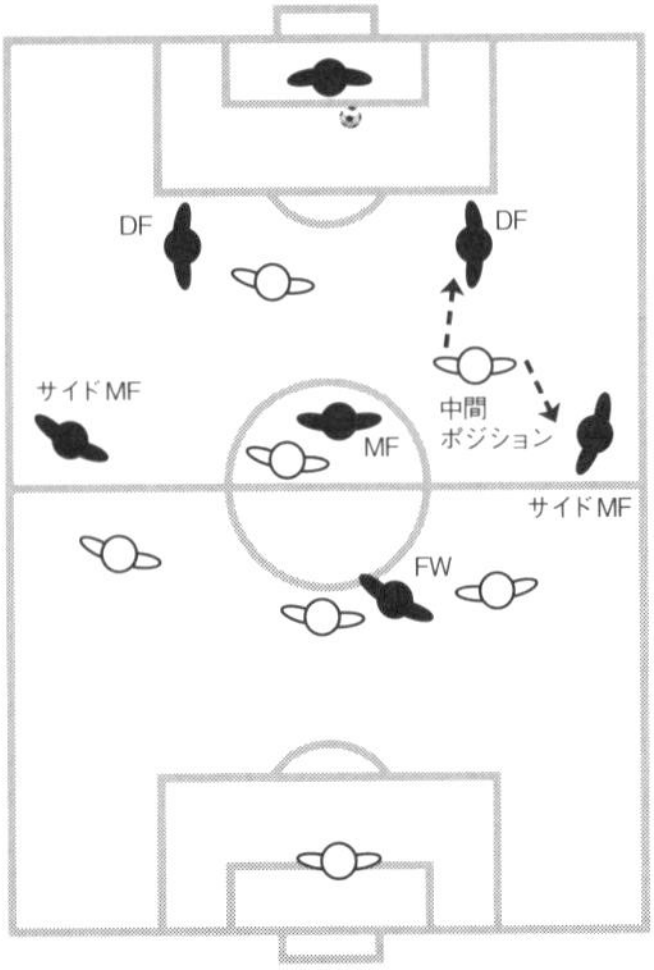

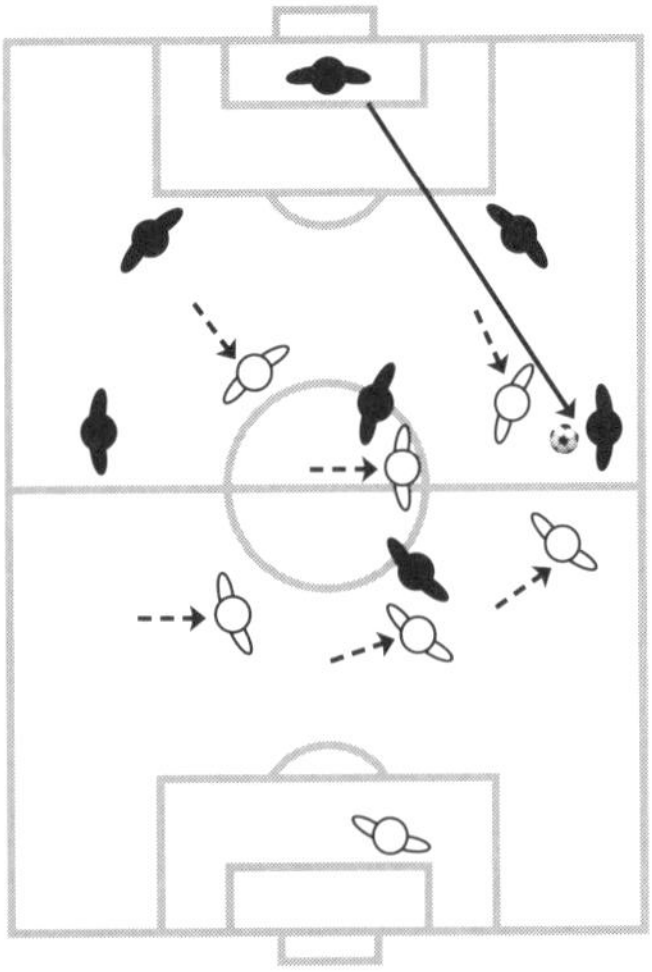

UE コルネジャ U-11（白）と RCD エスパニョール U-11（黒）の一戦。1－2－3－1のシステムでプレーするエスパニョールに対し、コルネジャは1－3－1－2のシステム。コルネジャは2トップの1人が中間ポジション、具体的にはエスパニョールのDFとサイドハーフの間にポジションを取って、ボールを持っているＧＫを困らせていた。下図のように、ＧＫがロングフィードを選択したとしても、プレスがかけられるようになっている。

導者のレベルが高い証拠です。

このレベルの戦術を求め、実行できるようになれば、選手は当然ながら成長します。この現象を見た時、スペインサッカーの進化や明るい未来が見えました。一方で、「日本の小学年代はどうなっているのか?」という疑問、「日本サッカーはヨーロッパの進化についていけるのか?」という危機感を抱きました。

私の経験からして、日本の小学生年代のサッカーはヨーロッパと比べると戦術的にオーガナイズされているチームが少ない印象です。

なぜそうなっているかというと、攻撃面で組織的にプレーしていないため、守備を組織的にハイレベルに行わなくてもボールを取れてしまうからです。

例えば、ボールを右サイドに一度誘導すると、攻撃チームはサイドチェンジをせずにドリブルで狭い局面を打開しようし、複数人に囲まれてもそのトライを続けますので、よほどのドリブラーでない限りそこでボールを奪えてしまいます。

本来であれば、サイドで組織的プレッシングをかけられ囲まれた状況では、攻撃側のチームはパスコースを作り、サイドチェンジを入れて対処しなければいけません。その駆け引きこそが戦術であり、攻撃戦術とは守備側のチームに問題を引き起すことです。

しかし、日本の育成年代のサッカー、少なくとも小学年代ではそうした戦術的な攻防がほとんどないため、守備側のチームが「スライド」を求められる場面すら1試合の中でとても少ない現状です。

また、他の現象として守備チームが前線から積極的に数的同数のプレスをかけてはめに行った場合、攻撃チームの中盤がセンターバックの間に下りてビルドアップの局面で数的優位を作る、つまり守備チームに問題を引き起こすような戦術を意図的に素早く実行できるチームも少ない印象です。

そういう戦術の応酬があれば、「プレスをはがされる」という問題が起きている守備チームは次に「今は中盤でブロックを形成してゾーン2で奪おう」という戦術へと変更することになります。

Chapter 3でアトレチコ・マドリーの15－16シーズンのUEFAチャンピオンズリーグ（CL）におけるバルセロナとの戦いにおける柔軟な守備戦術の変更について紹介しましたが、相手の出方に応じた守備戦術の変更やそのための戦術バリエーションというのはスペインでは育成年代の試合でも当たり前のように目にする現象です。

2014年のブラジルワールドカップで日本代表がグループステージ敗退となって以降、日本サッカー界では「デュエル」と呼ばれる球際の戦いやフィジカルの重要性が叫ばれていますが、私の視点では**日本の育成年代の課題は間違いなく戦術であり、特に守備戦術は育成年代の**

みならず日本サッカー全体の一番の課題だと思います。

それを改善するためにもやはり、育成年代の指導者がサッカーの全体のデザインを理解し、遅くとも小学3、4年生くらいからマッチアップする相手との1対1に加えて、2人から4人のグループでどのように守備をしたらいいのかを学べるよう指導していかなければいけないと思います。

横の2人の関係でどう守るのか、縦の2人でどう守るのか、そして縦横両方の要素が入った3、4人でどうのようにコレクティブな守備をするのか、について1つひとつ習得させるようにしていくことが必要です。

そうすれば小学5、6年生で8人制において3ラインでどのように守るかを理解し、11人制サッカーに移行する中学生になっても、複雑性の上がるサッカーや戦術に対して対応できる選手に育ちます。

そうしたベースをきちんと身につけた上で、ユース年代でプロの入口としてのコンペティション（公式戦）の中で競争力を高めるチーム作りに取り組み、その過程でチーム戦術を発揮していくという流れを作っていきたいところです。

同時進行で守備のレベルが上がっていけば、それに対抗して攻撃も新たな解決策を練るというムーブメントが必ず発生します。決して局面における勝負を力任せや個人の能力頼りにせず、集団でプレーすることで問題を解決する戦術アクションを選択するようにしなければいけません。

日本人は世界の中で、とても賢い人種に入ると思います。それは私が日本の外に出て、海外で指導者をやることで確認できた事実です。何より言われたことをきちんと責任を持ってこなせる国民性を持っています。

そのメリットを十分に活かすためにも**低年齢からの守備戦術を指導の中に取り入れていくことが必要です**。世界のトップレベルでは、戦術と取り入れる年代が低年齢化しており、その傾向は今後も続くでしょう。

16歳〜　11人制のコンペティションの中で守備をチームで行うことを実行し経験する

13〜15歳　11人制のサッカーでどのようにチームで守備を行うかのベースを学ぶ

11、12歳　8人制のサッカーでどのようにチームで守備するかを学ぶ

9、10歳　8人制サッカーのベースとなるグループでの守備を学ぶ（2〜4人）

待つ守備がいいのか、取りに行く守備がいいのか

育成年代向けの指導を行うにあたり、ゾーン3から奪いに行く守備がいいのか？

それともゾーン2で待つような守備から学ぶのがいいのか？

どちらが良いのでしょうか？

これは私の中でも長い間答えが出なかったものではあるのですが、ここ最近はっきりしたものが見えてきました。

日本で実施するクリニックでも両方のやり方を試したのですが、ゾーン2でブロックを形成して待つというプレーモデルは意外と難しいということがわかりました。高校生のチームに対してゲームを指揮した時のこと、前からのプレッシングが難しいと考えたので、「中盤で待とう。そしてゾーン2に入ってきたらプレッシングを実行しよう」と指示を出したところ、待つところと行くところの境界線がわからず、ドリブルで侵入してくる相手にも、「どうぞ通ってください」と言わんばかりにスペースを譲ってしまうという現象が何度も出ました。

おそらく選手たちは、私の「待とう」という指示を「プレッシャーに行くな」と受け止めたに違いありません。

どこまで待ち、どこから行くのか、という基準がわからず、個人では判断がつかないという問題を抱えているのがよくわかりました。当時すでにスペインでユース年代を教えていた私の感覚からすると、そのあたりの判断はもう高校生である以上自分でジャッジでき、ゾーン2に入ってきたらスイッチを切り替えてプレッシングに行く守備は当たり前のものとしてできるものと考えていたのですが、その日本の高校生たちはリアクションで相手の攻撃のプロセスとスペースを認知して「自分が何をすればいいのか」というプレーの判断をできませんでした。

この経験と反省から、今ではまずはゾーン3から前に出て行き、組織的なプレッシングを実効する守備からやっていくのがいいと私は考えていますし、少なくとも**日本で指導する時には「前に出て行く守備」から教えます。**

相手に対してリアクションすることから始めるのではなく、自分たちからアクションを起こしていく方が導入としてはやりやすいというのが私なりの見解です。

まず自分たちが連動して前にプレッシングをかけていき、その結果はがされて上手くいかないという経験値と戦術メモリーを基に、「ゾーン2で待つ」というリアクションのプレッシング、守備を教えていく方がいいでしょう。

ゾーン3で組織的なプレッシングをかけにいくことを経験しないデメリットは、次のようなものがあります。

1. リスクをかけて前に出ていき、奪うという成功体験をしない。
2. リスクをかけて前に出ていって、はがされるという失敗経験をしない。
3. 前に出ていくということを体験しないため、守備でのアグレッシブさを理解できない。

育成年代は失敗が許される年代です。

上の年代になればなるほどミスが許されないカテゴリーになりますから、小学年代の時にこそ、前から連動してプレスをかけにいく守備にトライし、そこで成功と失敗の両体験を積み重ねるべきです。そうして得られる戦術メモリーは必ずやその先の中学、高校、大学、あるいはプロのカテゴリーとなった時に貴重な財産となります。

ここからは各年代で必要な要素を学ぶことができるトレーニングメニューを紹介します。トレーニングは複雑性をコントロールして人数やスペースを考えていますので、そのままコピーするのではなく、あくまで「ベース」、「参考」として活用してもらいたいと思います。

TRAINING 4対4+GKのゲーム 1人で1人を対応する

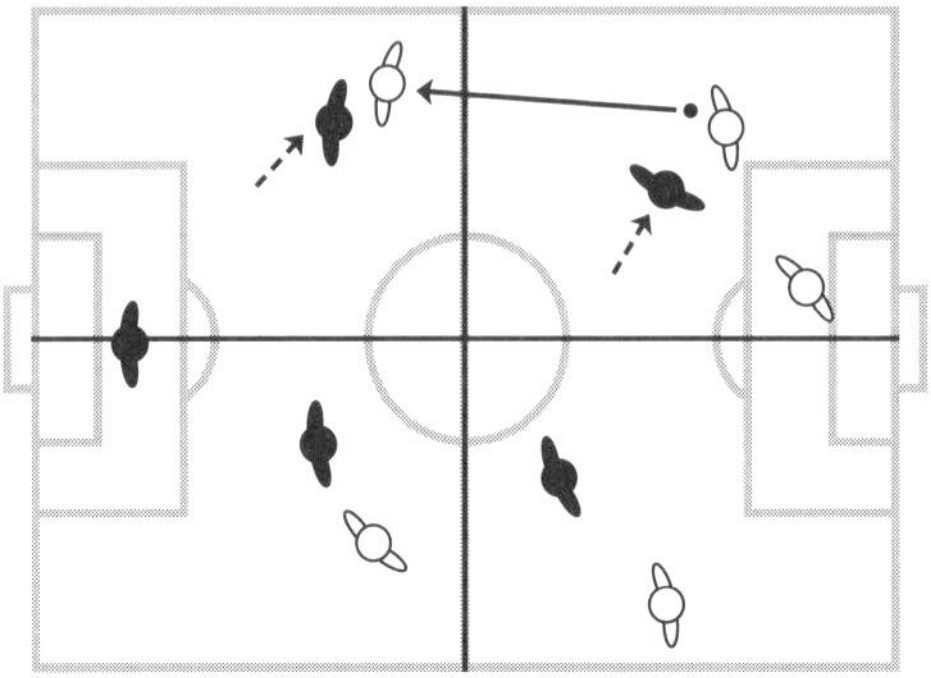

対象：U－9、U－10

目的	守備におけるオフ・ザ・ボールとオン・ザ・ボールの1対1のプレーを学ぶ		
戦術コンセプト	マーク・予測・インターセプト	ノルマ	各フィールドプレーヤーは自分のゾーンから出てはならない
方法	ゾーンを4つに区切ってそれぞれ1人ずつが 各ゾーンでプレー	スペース	フットサルコート（20m × 40m）
キーファクター	【オフ・ザ・ボールの場合】 ・ボールと相手を同一視して背後を取られないポジショニングを取る ・ボールを受けようとしている選手がどこで、どのタイミングでパスを受けようとしているか予測することを試みる ・ボール保持者の姿勢や目線を見てボールが配給される場所とタイミングを予測する 【オン・ザ・ボールの場合】 ・相手選手の足元にボールが配球された時には振り向かせないように距離を詰める ・コントロールして足からボールが離れたところでも奪うチャンスはあるので狙う ・もしも前を向かれてしまった時には利き足でない方へ誘導し有利に1対1を進められるように攻撃を誘導する ・シュートを打たれる時はシュートコースに足を出す。ボールへ向けて出すのではない。 ・1対1においては心理的なプレッシャーを与えることも重要であるので、相手が慌てるようなプレーを見せることも必要		

TRAINING 4対2ロンド 横の関係で間を閉じることを学ぶ

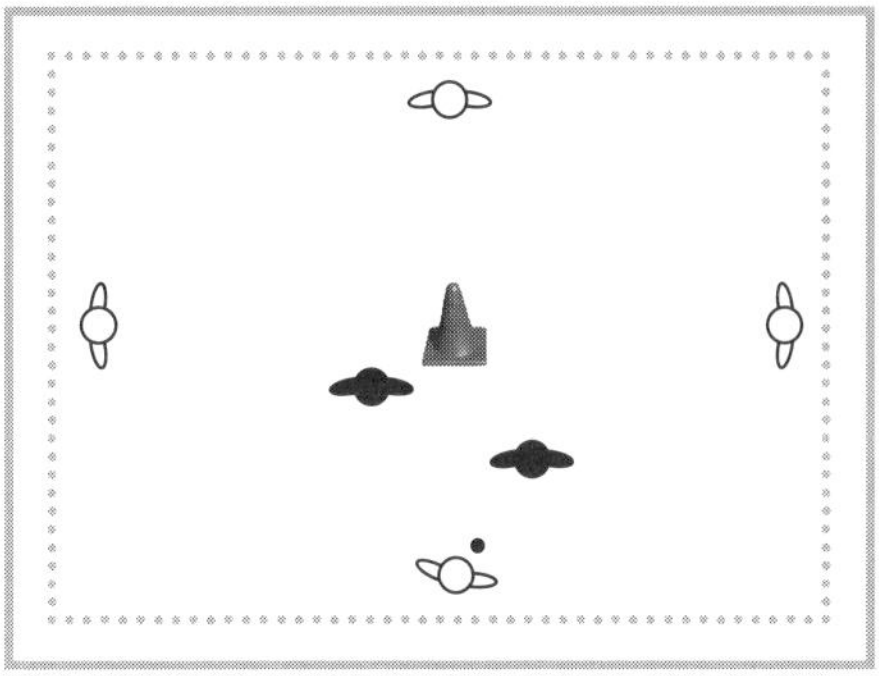

対象：U－11、U－12

目的	守備において、中のパスコースを閉じながらボールにプレッシングをかけることを学ぶ		
戦術コンセプト	スライド	ノルマ	攻撃チームは３タッチ以内でプレーする
方法	４対２でボール回しを行う。中央にコーンを置き攻撃チームはボールを当てることを目的にプレーする	スペース	10m × 10m
キーファクター	・守備チームはコーンにボールを当てられないようにスライドして中のパスコースを切る ・ボール保持者がコートの角でプレーしていたり、視野が確保されていない場合にはコーンをケアするのを捨てて２対２を作りに行く守備を行う		
解説	このメニューではボール回しという比較的遊びに近い中で、守備の連動とリスクをかけるところとそうでない状況の認識と判断を学ぶことができる。加えて、中を閉じてボールの保有権を渡してしまう待つ守備だけではなくルール設定やコーチングによって出ていく守備アクションを発生させてはがされる感覚も習得することが可能。		

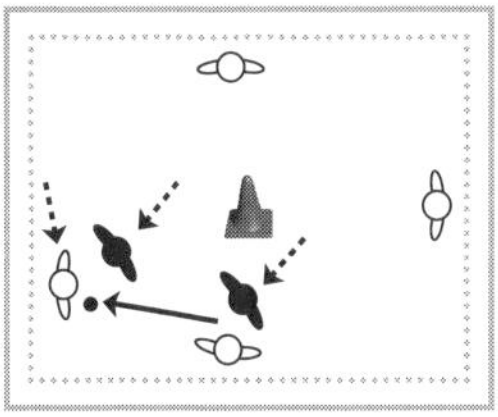

角のスペースの無いところでパスをもらっているような場合は奪いにいくチャンス。

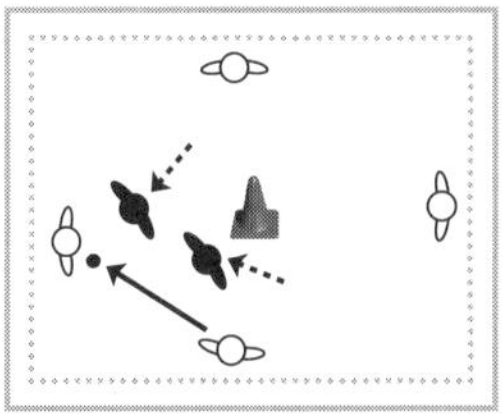

１人はボールへ制限。もう一人は中を閉じてコーンを守る（中を通されない）。

TRAINING 4対4+GKのゲーム 横・縦の関係で守備することを学ぶ

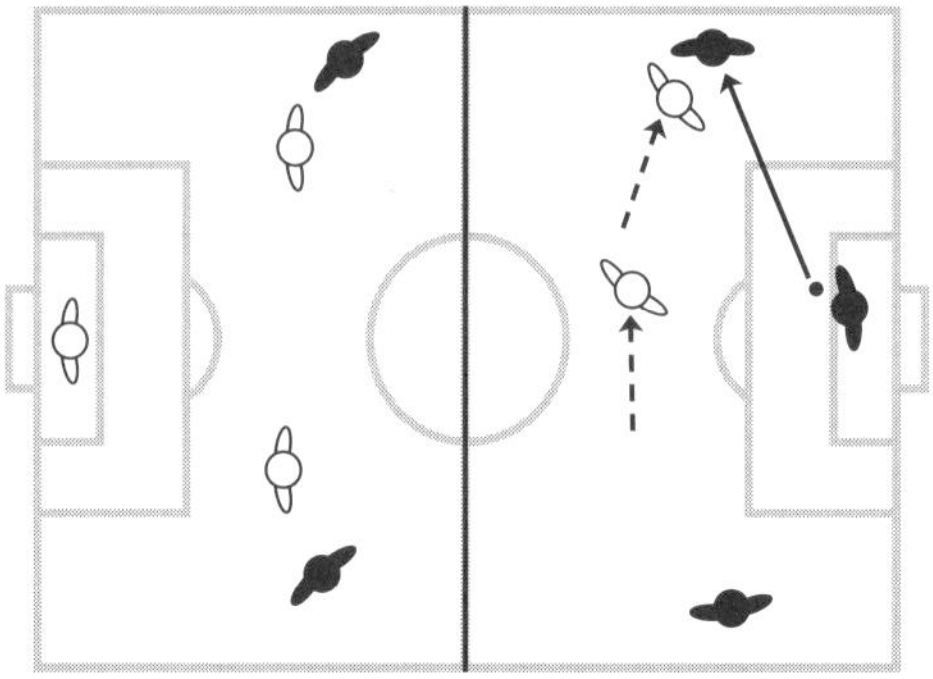

対象：U－11、U－12

目的	組織的プレッシングの前線の誘導と奪取を学ぶ。中を通されないようにスライドをして外へボールを誘導しサイドの縦パスを奪うことを目的にプレーし、その構造を学ぶ。奪い所は外側の縦パスが入ったところで強度を上げてプレーする		
戦術コンセプト	スライド・カバーリング・マーク・守備の警戒	ノルマ	各フィールドプレーヤーは自分のゾーンから出てはならない
方法	ゾーンを前後の２つに区切ってそれぞれ２人ずつが各ゾーンでプレー	スペース	フットサルコート（20m × 40m）
キーファクター	・前のゾーンでプレーしている２人は間のパスを通されて超えられないようにする　・横パスが発生するたびにポジション修正を素早く行う　・後ろのゾーンの選手は縦パスが入ってくるタイミングを予測しインターセプトを狙える距離で準備する　・後ろの選手はボールの移動中にプレーリズムを変えて強度を上げてプレーする		
解説	このトレーニングでは横の関係でスライドをして外へボールを誘導すること、２ラインができているため前で誘導して後ろで奪うという縦の関係の守備の構造ができている。前線は２トップの関係として見なしたり、縦はサイドのMFとSBとして状況を見立てることができる。		

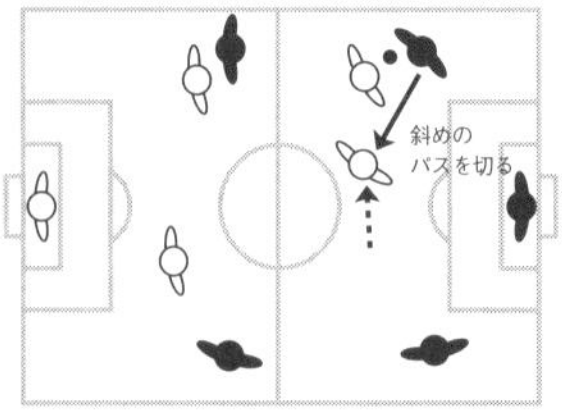

前のゾーンでプレーするボールと逆サイドの選手はスライドして斜めのパスコースを切るようにポジションを取る。特にボールホルダーへのプレスが甘くなってしまっている時はパスできる角度が広いので、この絞りがあると助かる。

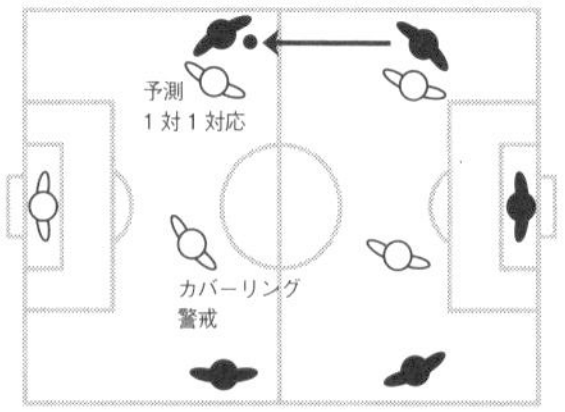

２人でスライドをして中を切っていれば前進のパスコースは外側となり後ろが守りやすい。シュートコースを狭めるように誘導したり、聞き足でのプレーを抑えたりする工夫をする。

TRAINING 4対4＋GKのゲーム 縦の関係でマークを受け渡すことを学ぶ

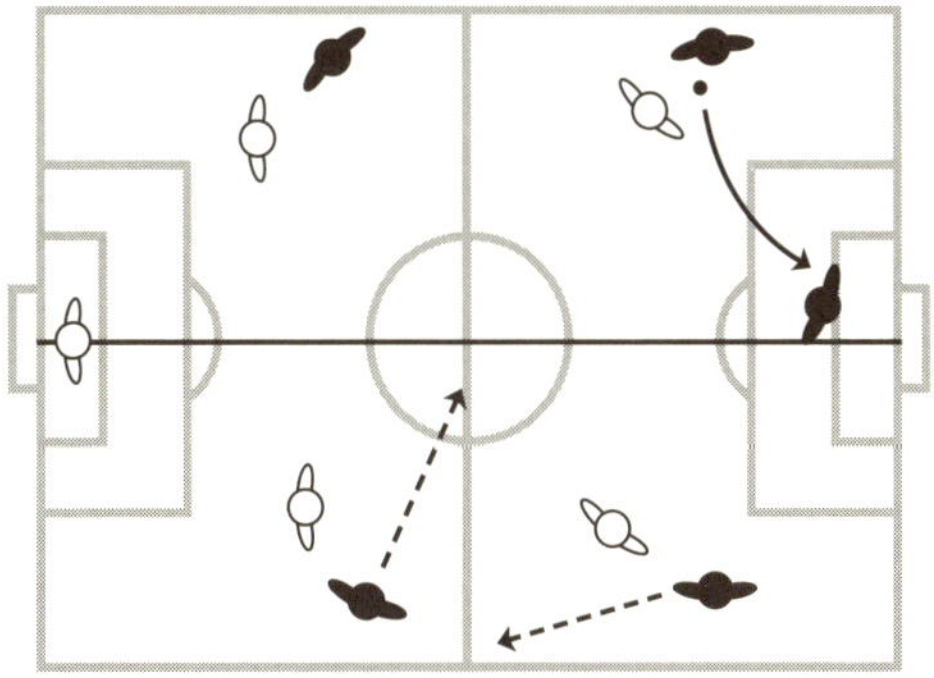

対象：U－13、U－14

目的	組織的プレッシングをゾーンで守備する際のマークの受け渡しを学ぶ。相手が前後でポジションチェンジした時にコミュニケーションを取りマークを受け渡す		
戦術コンセプト	マークの変換	ノルマ	各フィールドプレーヤーは自分のゾーンから出てはならない。
方法	ゾーンを左右の2つに区切ってそれぞれ2人ずつが各ゾーンでプレー。	スペース	フットサルコート（20m × 40m）
キーファクター	・前の選手は相手GKが保持している時は中央よりにポジションを取りボールをサイドへ誘導する ・後ろの選手は相手の後ろの選手が高い位置にポジションを取るかどうかをいつも警戒しておく ・前の選手は自分を超えるパスが通った時にはすぐに下がって中のスペースを埋める		
解説	このトレーニングでは相手がモビリティを実行して来た時の縦のマークの受け渡しの状況に近いものとなります。特に相手SBが高い位置を取りMFが中に入ってきた時に、縦の2人の関係でマークを受け渡して守備することが可能になる。ポイントは後方から攻撃参加してくる選手のポジションの高さ。		

前の選手が外へ出ると中を通されて、その後後方からの攻撃参加で前進されてしまう。中と外でパスコースが2つあると複雑な状況になり受けわたしのタイミングも計りづらい。

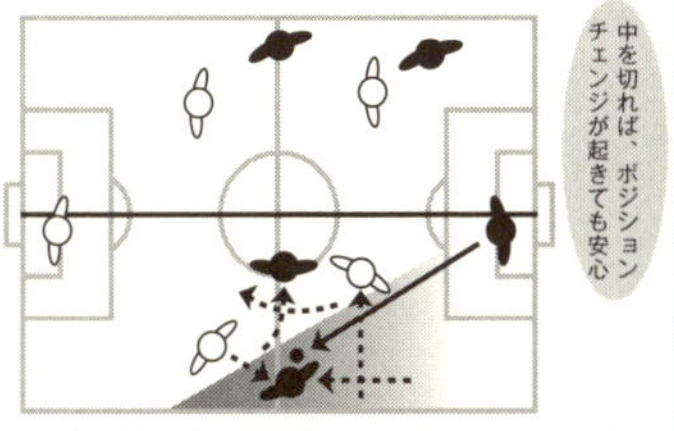

前の選手が中寄りにポジションを取って外へ出させることでパスコースが限定される。前の選手を超える場所でパスを受けようとしている時はマークを受けわたす。その際、前の選手は素早くカバーリングに入ること。

TRAINING 4対4＋2フリーマンのポゼッションゲーム ゾーン3での組織的プレッシング

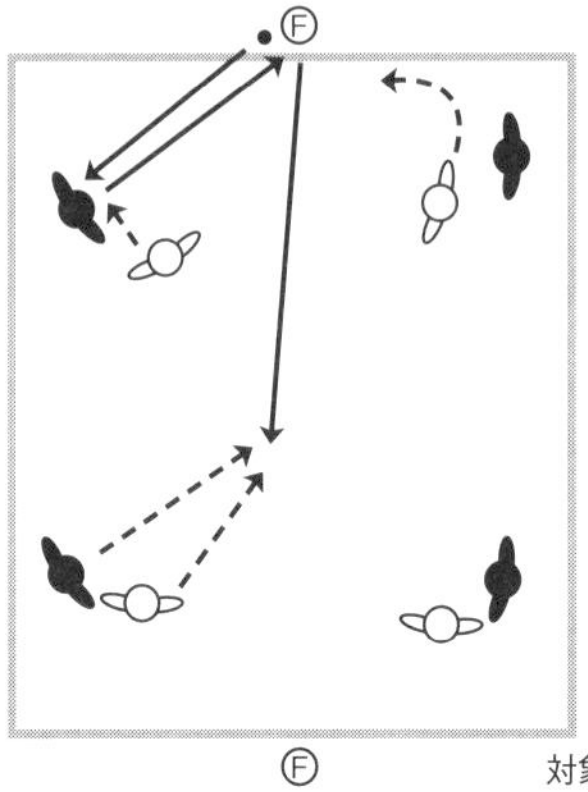

対象：U－13、U－14、U－15

目的	FW が数的不利の中で自分のマークを捨ててマークの変換をして飛び出していき、周りの選手がそれに連動することを学ぶ		
戦術コンセプト	マーク、マークの変換	ノルマ	フリーマンは２タッチでプレーする。中の選手はタッチ制限なし。フリーマン同士のパスは禁止
方法	コート内に４対４、外にフリーマンが２人でプレーする。	スペース	10m × 15m
キーファクター	・フリーマンへのパスが出る時に近い選手が予測と共にマークを捨ててアプローチ ・マークの変換を行う時は自分がついていた相手選手へのパスコースを切りながらアプローチする ・１人が飛び出した時がボールを奪いにいくタイミングになるので周りの選手はマークの距離を詰めてインターセプトを狙える距離を取る		
解説	これは１トップ型のシステムで守備している時に、相手の CB 間の横パスに対してウイングやサイド MF が自分のマークを捨てて CB へと飛び出すプレーモデルに相似した状況。マークを捨てて飛び出しているためコンビネーションで剥がされることがあるが、奪えるケースとはがされるケースを学ぶには良いトレーニングとなる。		

TRAINING 3対3＋3フリーマンポゼッション
攻撃から守備の切り替えの局面　ボール周辺の守備アクション

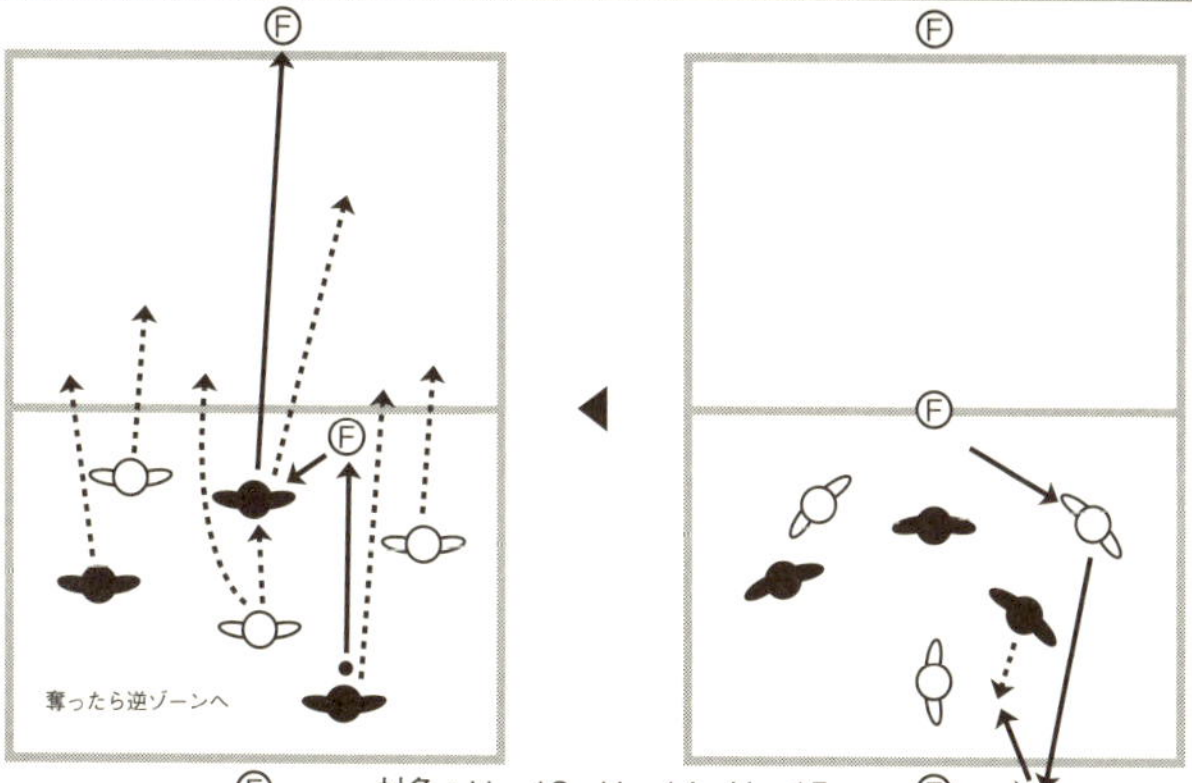

対象：U－13、U－14、U－15

目的	失ったボールへのプレッシングとそれを剥がされた時の守備組織の後退		
戦術コンセプト	失ったボールへのプレッシング、後退	ノルマ	フリーマンは１タッチでプレーする。
方法	ゾーンを２つに区切る。３対３はボールのあるエリアに入ってプレー。フリーマンは真ん中と外側でプレー。ポゼッションゲームを行う。ボールを奪った時には素早く逆サイドのフリーマンへパスし攻撃と守備の６人は違うエリアへ移動し再びポゼッションを続ける。また、攻撃チームが一定の数（指導者が決定）のパスをした場合もエリアを変えるパスを出す。	スペース	15m × 30m
キーファクター	【失ったボールへのプレッシング】 ・ボールを失ったらすぐに囲みこんでプレッシングをかける ・ボールホルダーへ一番近い選手は距離を詰めてアプローチ ・周辺の２人はパスがどこへ出てくるかを予測しながらマークをつく 【はがされた後の後退】 ・フリーマンは１タッチでプレーするため、すぐに移動すれば相手よりも先に触ることが可能なるので素早く移動する		
解説	ポゼッションゲームで継続したプレーの中で攻守の切り替えの局面で失ったボールにすぐにプレッシングを実行することを必要とされるメニュー。失った時にボーッとしていたりするとコンビネーションでそのエリアを打開されるので、すぐに囲みに行くことを習慣化することが可能。また、はがされた後には素早く後退をするためのスプリントをするアクションが入るので、実際のゲームに近いアクションとなる。		

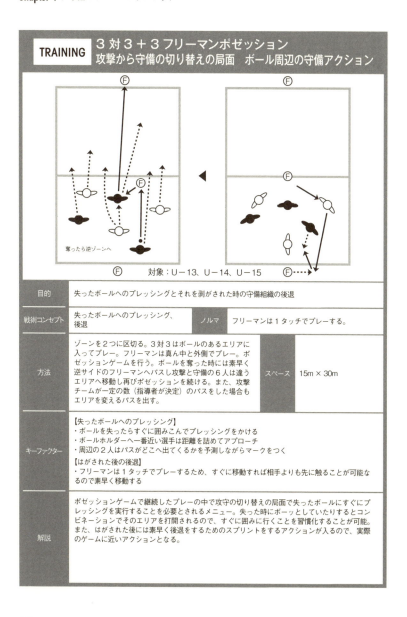

TRAINING 6対6＋6フリーマンポゼッション ロングフィードに対する守備組織の後退

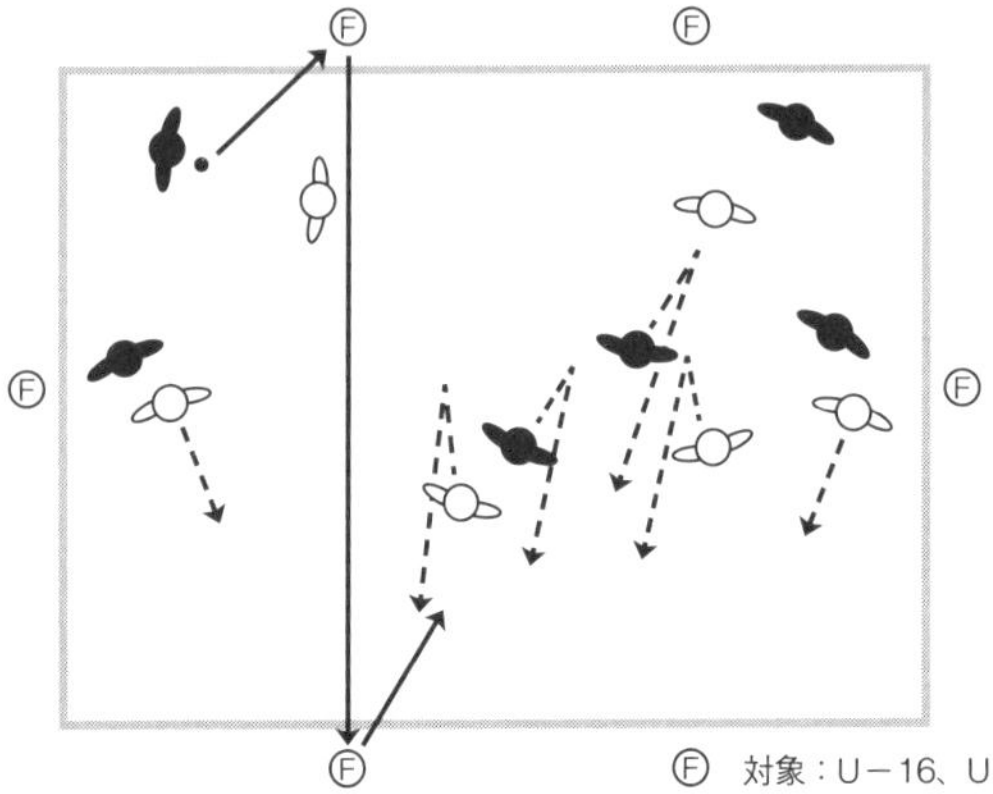

Ⓕ 対象：U－16、U－17、U－18

目的	ロングフィードを背後に蹴られた時に行う守備組織の後退の習慣化		
戦術コンセプト	後退、マーク	ノルマ	ペナルティとハーフラインに配置されたフリーマンは向かいのフリーマンにロングフィードする。その際にパスを受けるフリーマンは１タッチでプレーしなければならない。
方法	６対６のポゼッション。フリーマンを､サイドに１人ずつ、前後のラインに２人ずつ配置してプレーする。	スペース	横 45m ×縦 35m
キーファクター	・フリーマン同士のロングフィードが行われたら素早く移動しセカンドボールを拾う ・前向きで守りながらも、後ろに下がる準備をしておく		
解説	これは私のチームでも実際に行ったトレーニングメニュー。こちらがプレッシングをゾーン３からかけていったらロングフィードをしてくるという分析のもとに作成されたメニューである。ロングフィードを利用しダイレクト攻撃をされた時のボランチの戻りをかなり強調してトレーニングを行った。		

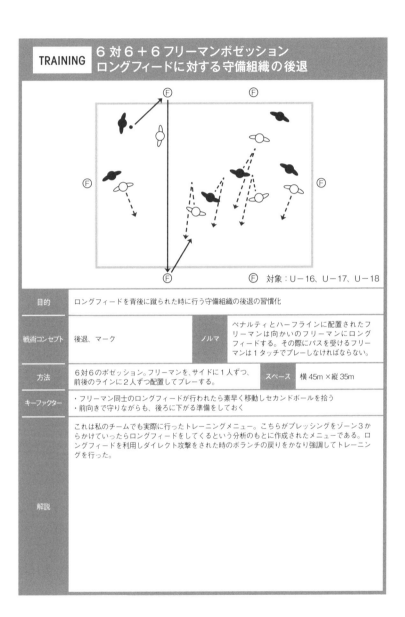

TRAINING 10 対 11　組織的プレッシングゾーン3のトレーニング 1-4-2-3-1 システム

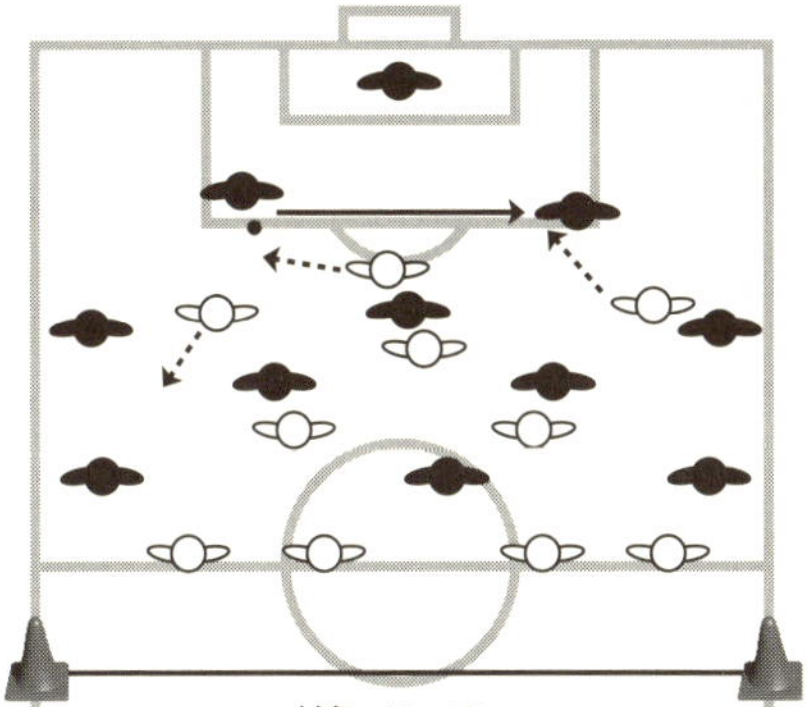

対象：U－15～

目的	1-4-3-3 に対する、1-4-2-3-1 での組織的なプレッシング方法の理解		
戦術コンセプト	後退、ゾーンディフェンスによるマーク、スライド	ノルマ	特に無し
方法	スタートポジションは 1-4-2-3-1。サイド MF の 2 人は相手の CB とサイドバックの中間ポジションを取る。GK が CB にパスが渡りプレーがスタート。守備チームはボールを奪ってフィニッシュまで到達が目的。攻撃チームはプレッシングを回避してラインまで運ぶ。	スペース	コート 2/3
キーファクター	・FW は相手 CB へ直線的にアプローチ（相手の時間を奪うことが目的） ・マークを捨てて CB へアプローチするサイド MF はいつパスが起こるか予測をする。スタートのタイミングはボールがキックされると同時に行う。 ・ボールと同サイドの MF は SB をマークしパスで超えられないようにする		
解説	相手が 1-4-3-3 でビルドアップしてくるようなチームに対してゾーン 3 でプレッシングをかけ始めて中盤のプレスも連動させるプレーモデルを浸透させるトレーニング。ボールと逆サイドの SB をフリーにして CB を数的同数ではめにいっているので、中盤を経由したコンビネーションでプレッシングをはがされてしまうことがあるが、リスクをかけて奪いに行き成功する体験と失敗の経験を得られるメニューになっている。ボールを奪ってカウンターアタックまでがこのトレーニングで起こるシチュエーションとなる。		

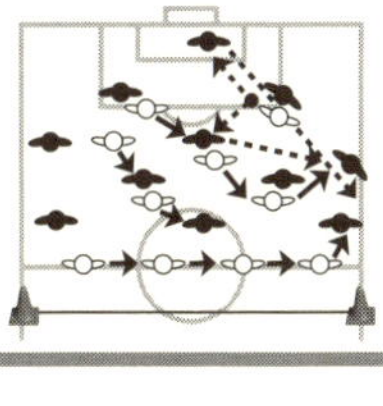

上記のプレッシングをはがされるパターンとしては GK かボランチを経由して捨てた SB に展開される形。この場合は以下のように対応。

・ボールサイドのボランチがボール保持者の SB にマークを変換
・トップ下がボールサイドのボランチの居た場所へ
・FW がトップ下の場所へ
・逆サイドのボランチ、DF はボールサイドへスライド

TRAINING 10対11　組織的プレッシングゾーン3のトレーニング 1-4-4-2システム

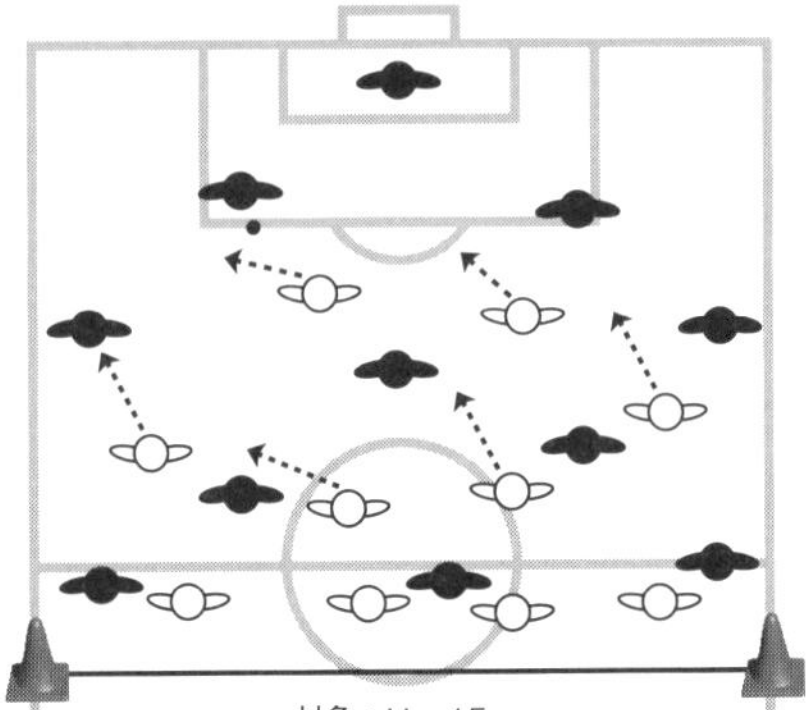

対象：U－15～

目的	1-4-3-3に対する、1-4-4-2でのゾーン3での組織的なプレッシング方法の理解
戦術コンセプト	ゾーンディフェンスによるマーク、スライド
ノルマ	特になし
方法	スタートポジション1-4-4-2。GKがCBにパスが渡りプレーがスタート。守備チームはボールを奪ってフィニッシュまで到達が目的。攻撃チームはプレッシングを回避してラインまで運ぶ。
スペース	コート2/3
キーファクター	・2トップはCBに対してスライドしながら前進を防ぐようにしながらボールへアプローチ ・相手のボランチに対しては、守備チームのボランチの一人が出ていきマークにつく ・この時点ではGKにボールを下げさせることが目的となる
解説	これはコルネジャユースBがバルサと試合する時に実際に採用した守備のプレッシング。バルサのビルドアップのスタートとなるCBとボランチに対してはめて自由にさせない方法を選択。その結果サイドで数的不利ができるが、そこは中間ポジションを取ることで両方に対応できるようにした。私たちが選択したのは、バルサ相手に自由にボールを保持させずにリズムを崩させた、ゾーン3から積極的にプレスをかけることを選び、はがされたらゾーン2で待つという併用型のプレッシングというように試合は展開された。

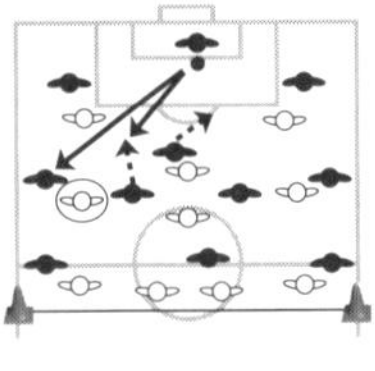

相手が前進できずにGKへ下げた時はダイヤモンドに形を変えてポジショニングを取る。これでCBとボランチへの配球は防ぐことができる。サイドのMFは相手のSBとパスを受けに来るインテリオールの中間ポジションを取り両方へとアプローチへ行けるようにする（図では左のMF）。

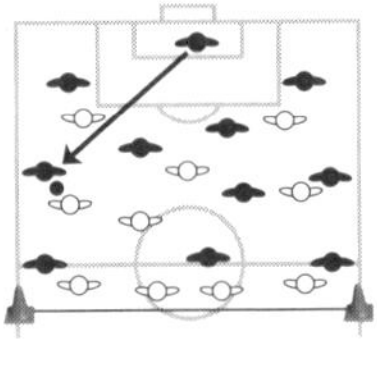

サイドにロングフィードしてきた場合。

サイドのMFはボールへアプローチ／中盤は全体がスライドし自分のマークを掴む／逆サイドのFWも後退しボランチをマーク／DFラインもスライドし、逆サイドのウイングはSBが警戒

これはパスの移動距離が長いのでスライドは何とか間に合う。

Chapter 5

守備の進化から予測するサッカー戦術の未来

スペイン人監督のレベルが高い理由

16－17シーズンからプレミアリーグのマンチェスター・シティで指揮を執るグアルディオラ監督を筆頭に、現在の欧州トップレベルのリーグではスペイン人監督の活躍が目立ちます。ここではスペイン人監督のレベルが高い理由について私なりの見解を披露したいと思います。スペインでは、トップレベルだけではなく、育成においても監督のレベルが高いと感じています。それは育成のコンペティションのレベル、監督に求められる要求度の高さから来るものであり、おそらく他の国と比べると総体的に高いレベルにあると思います。

スペインでは育成年代の監督であっても、それが小学生のチームであっても、勝たなければシーズン途中での解任が普通にありますし、特にプロの一歩手前であるユース年代ではプロと同じレベルでの結果が求められます。そういった土壌がスペイン人監督を逞しく育てている1つの大きな要因として挙げられます。

監督解任ということが頻繁にあるという話を聞くと日本のみなさんは、「育成年代の指導者の仕事がなくなってしまい路頭に迷うのではないか？」と疑問に思うかもしれませんが、スペインの育成年代の指導者は基本的に自分の職を持った上で副業、パートタイムとしてサッカーの現場に立っています。ですから、地域のクラブの指導者のサラリーはそこまで高くなく、それ故にクラブ側としても監督を解任するリスクは低いのです。このようにして結果・成果主義で成り立つスペインの育成年代の指導者の世界の競争は世界の中でもトップレベルと言っていいと思います。私も小さなクラブの中学生年代のアシスタントコーチから始まり、今UEコルネジャ・ユースBで一緒にタッグを組んでいるゴンサロ監督と共に結果を出すことで一段ずつ階段を上ってきています。

もちろん、いつもいい時ではなく結果が出ない時は解任も経験しました。11－12シーズン、UEコルネジャ・ユースBをゴンサロ監督と率いていた時には成績不振でシーズン途中で解任されています。しかし、その失敗から学び次のシーズンに新たなチャンスをもらい、そこで結果を出すことで指導者としての成長を遂げ、カテゴリーを持ち上がった15－16シーズンは好成績を出すことができました。

いい指導者はいいクラブに集まる。

これは私が感じるスペインの育成年代の指導者の移籍マーケットの特徴です。優秀で結果を出した監督やコーチはビッグクラブに集まり、そのクラブには質の高い選手が集まってきますので、さらに実践できるサッカーが広がり、指導者として貴重な経験を積むことができます。

私はUEコルネジャに在籍して5年になります。近年のUEコルネジャはバルセロナの中では「強豪街クラブ」として一目置かれる存在となってきていますので、私の後に入ってきている指導者はみな優秀な指導者たちです。クラブはバルセロナやエスパニョールに次ぐ育成組織としてのレベルにふさわしい監督を選び、連れてきます。そして、ここで結果を出した指導者は次のステップであるプロクラブへと羽ばたいていくのです。

現在のスペインサッカー界は監督の育成という点で見ても、いいサイクルに入っていると思います。監督が育つ土壌があることによってコンペティション（公式戦）のレベルはさらに高くなり、その環境下ではさらに優秀な監督が生まれてきます。そうした好循環のサイクルができ上がっています。あともう1つ、監督だけではなくてコーチングスタッフの仕事も明確であるということが挙げられます。GK、フィジカル、スカウティング、分析といった多岐に渡る専門領域を分業化してチーム作りをするマネジメント力が今や育成年代の監督にも求められるようになっています。その背景には、スペインが知識もメソッドも機械の導入もテクノロジーも含めて、新しいものをどんどん入れる意識が高く、それは他の国よりも強い点があります。

日本人の私から見てスペイン人は、「戦う」ということが何なのかをしっかりと理解している民族だと思います。つまり、**自分が変化、進化しなければ負けてしまう**ということを肌感覚でわかっている国民なのです。これは戦争を繰り返し、領土の奪い合いを歴史的に行ってきた民族としての特性だと思います。その特性がサッカーに上手く作用している一例なのです。

他国に目を向けてみると、サッカーの母国であるイングランドは対照的で近年は優秀な監督があまり出ていません。その原因の1つとして私は、彼らの英国紳士的国民性が関係していると考えています。彼らには王室があり、「我々は王家で他の国とは違う」という上から目線ではないですが、構える民族性が大きく関係している印象です。そのプライドがいい意味で働けば良いのですが、現在のイングランドのサッカーでは何らかの変化、順応しようとする姿勢が必要ではないでしょうか。

近年のスペインリーグにはイングランド人監督としてデイビッド・モイーズ（当時レアル・ソシエダ監督）やギャリー・ネビル（当時バレンシア監督）がやってきましたがスペイン語を話せない、スペインサッカーの特徴を理解していないということが原因で結果を出せずに去っていきました。要するに、「スペインに順応しよう」という姿勢や能力が足りていなかったのです。他方、スペイン人監督やスペインサッカーを経験している南米人などラテン系の監督は他国に行っても自らが順応することでチームやクラブから信頼されて結果を出している傾向にあります。16－17シーズンからマンチェスター・シティの監督を務めるグアルディオラは、選手としてイタリアでプレーした時にはイタリア語を覚え、監督としてバイエルン・ミュンヘンで指揮を執る時は事前に1年間みっちりとドイツ語を勉強し（個人レッスンを受けていたようです）、就任記者会見では流暢ではないにせよいきなりドイツ語で話をしています。このような姿勢がまさに**「順応しようとする姿勢」**であり、他国で結果を出すために必要なことなのです。スペイン人監督は、総体的にその部分をしっかりと理解しているのです。

他にもラテン系の監督としてジョゼ・モウリーニョ（ポルトガル人）、マヌエル・ペジェグリーニ（チリ人）、ロベルト・マンチーニ（イタリア人）、マウリシオ・ポチェッティーノ（アルゼンチン人）、クラウディオ・ラニエリら（イタリア人）が文化と言葉の違う国で結果を出しています。どの監督も指導する国における言語を素早く習得し、自らがその国のサッカーを理解しようという姿勢を示し、相互作用を上手く起こすことでいい化学反応を起こしていると分析できます。

これがラテン系民族のストロングポイントと言え、これにスペインサッカーの競争力が見事にマッチし、スペインという国からは優秀な指導者がたくさん出てきていると理解しています。

余談ではありますが、私の住むバルセロナではスペイン語の他にカタルーニャ語という言語も使われていますが、私がカタルーニャ語で話をするとカタルーニャ人はとても喜びます。これが意外とサッカーに通じるところがあり、選手が私に少し心を開くきっかけを作ってくれるのです。サッカーはチームスポーツですから心と心が繋がっていることがとても重要で、言語の重要性をとても実感しています。

私たち日本人はというと、現状維持を「良し」としてしまう国民性があるのかもしれません。

加えて農耕民族ですので「待つ」ということにストレスを感じることなく、潜在的に大人しい人種です。ストロングポイントとしては同じことを飽きずに繰り返し反復できるということがありますし、忍耐強く少しのことでは心がぶれないという特徴を持っています。日本人監督ではFC今治オーナーの岡田武史氏、なでしこジャパン前監督の佐々木則夫氏のようなどっしりと構えた忍耐強さ、メンタル面でのマネジメントが巧みな指導者がまさに日本人らしさを持った指導者だと言えます。

しかし、危機感という視点に関してはスペインと比べると「疎い」と言わなければいけない人種でもあります。スペイン人は、「イノベーションを起こしていかなければ世界のトップで戦っていけない」という危機感を潜在的に持っています。グアルディオラ監督は自分のことを「スペイン人」と認識していないでしょうが（カタルーニャ州生まれのスペイン人には『カタルーニャ人』としての誇りが強いため）、毎年新たな戦術を生み出しているのもある意味でそうした国民性がベースにあると見ています。

スペインにおけるサッカーのコーチングスクールの理論も、年々ブラッシュアップされて進化しています。戦術の授業でも、昔は「技術」と「戦術」の項目が分かれていましたが、今は一緒になって**「フエゴ・コレクティーボ（コレクティブ・プレー）」**という科目になっています。その科目の中に技術要素、戦術要素が入ってきて、分析と学習が行われています。そういったブラッシュアップは4年もすれば大きく変わりますし、スペインでは毎年何らかの変化があります。サッカーにおける4つの局面のサイクルや攻守のプロセスなども局面毎に細分化されています。昔のカリキュラムと比べるとより細かく変わってきていて、さらに内容は講師によっても若干変わるのですが、全体としてやはりサッカーが細かく整理されてきている印象を受けます。面白いのは講師のこだわりが授業内容に反映されることで、自分の考えをしっかりと持っているのです。

協会が作成するベーシックな内容はあり、これも十分ブラッシュアップされているのですが、優秀な講師（ほとんどが現場に立っている指導者）は自分の経験やオリジナルの理論をミックスして独自の授業を進めていきます。単に上から出されたものをそのまま伝えるのではなく、自分が正しいと思ったことをしっかりと生徒に伝えていくのです。

それもいい監督、指導者が出てくる要因の1つです。コーチングスクールの理論、内容が良くなり、それが育成に反映されていけば、育成が改善され、ゆくゆくはトップが良くなります。トップが良くなれば、今の欧州サッカーでは莫大なお金が動くことになりますので、トップのサッカーに関わるような大学の学部、部門がさらに深い研究を行い理論として体系化します。そしてその内容が育成やコーチングスクールにフィードバックされてきます。

そのサイクルが、今のスペインを**「監督輸出国」**へと育て上げました。

だからこそ、私の周りにいる育成年代のスペイン人監督たちもみな、夢を持っています。プロやトップへの行き先が何となく見える状況ですし、育成であっても結果を出して指導や仕事を評価されれば上に吸い上げられるシステムやマーケットが成立しているのです。

化学反応を起こして進化するプレーモデル

「プレーモデル」

日本でもよく耳にするようになったこの言葉を皆さんはどのように理解していますか？

おそらく、日本の中で一般的に考えられているプレーモデルというと「こういうサッカーをしたい」というイメージやそこに向かっていくもの、目的という理解になっていると思います。

「ボールを保持すること」がプレーモデルの場合はボールポゼッション、ボールをつなぎながらゴールに向かうという捉え方をされますので、プレーモデルは**「行き着く場所」**といったものになると思います。もちろん、チームを作るにあたりそのようなイメージを持ち、理想のサッカーを持って指導することはとても大切なのですが、私の理解する「プレーモデル」とは少しニュアンスが異なります。今いる選手の力量やキャラクター、特性を考えずに「ボールをつなぐ」というプレーモデルを設定することはできないと私は考えます。

プレーモデルというのは自分たちの戦力やクラブ哲学、そしてプロになるとサポーターが何を求めているかによって、など色々な要素を絡み、加味されて自然とでき上がるものであり、**「現時点の自分たちの状態」**そのものがプレーモデルという解釈になるのです。

よって、「行き着く場所」というよりも**「今いる場所」**となります。

現時点の状態を踏まえてプレーモデルというのは構成されています。目的ではなく、今の状態なのです。それこそがプレーモデルだと今の私は理解しています。

例えば、監督としてチーム作りをしていると必ず何らかの化学変化が起きます。もしプレーモデルを今の日本で理解されているような「行き着く場所」として理解している場合、そうした化学変化を見逃すことも出てきます。「あのようなサッカーをしたい」というところだけ見てしまうと、現時点の「自分たち」の中で何か起こっているのかを見失うことになりがちです。

一方で、「自分たちが今どういう状態なのか」というところにフォーカスを当ててプレーモデルを持っておくと、毎試合、毎日の練習での変化を感じ取りやすくなります。選手間の化学反応もそうですし、いろいろな要素の中で関係性が新たに構築されて、少しずつチームの力というのはプラスされていきますので、それを受け取りやすくなります。このプロセスこそがプレーモデルなのです。こうした理解を持つ前までの私は、「こういうサッカーをしたい」ということとありきで考えることが多く、日々の化学変化を見逃すことが多かったのですが、「今いる場所がプレーモデル」という概念を持ったことによって「何が起きるかわからない」ということを受け入れられるようになりました。

結局「あそこに行きたい」というイメージや目的ありきだと、予想外のことが起きた時になかなか受け入れられません。バルセロナのフィジカルトレーニング理論にも通じる部分なのですが、敷かれたレールの上を進んでいくとそこから外れたときに「どうしよう……」と焦ったり、「もうダメだ……」と諦めることにつながります。そうではなく、そもそもどんな化学反応が起きるかわからない、行く先もわからないという前提に立って今のプレーモデルを理解する。サッカーというのは予想外のことが起きるスポーツであり、コートは大きく、プレーする人数も22人と多く、天候にも左右され、ボールを足で扱うことによってミスが生まれやすい団体ボール競技です。そこはハンドボールやバスケットボールのように手でボールを扱うスポーツと決定的に異なります。

そう考えるとサッカーにおいてはミスをする、一度ずれることでそこから修正しようとする特性を人間は持っているから、元に戻そうとするプロセス自体も能力の1つなのです。こうした感覚を自然に受け入れるようになると、監督としてチームのマネジメントの仕方が変わります。実際、ポルトガルで戦術的ピリオダイゼーション理論を学んだ指導者仲間から聞いたことなのですが、ピリオダイゼーションのプレーモデルというのは実は「今いる場所」のことを指すそうです。その話を聞いた当時は上手く理解できなかったのですが、スペインで何シーズンも過ごしていくうちに、少しずつ腑に落ちるようになりました。それまでは、チームを指導している時にすごく型にはまったプレーの評価を選手、チームにしていました。「こうあるべきだ」という理想形を持っていたためです。

そうではなく、現時点がプレーモデルでそこにはバリエーションがある。行こうとする場所から外れて、戻るプロセスもプレーモデルだという理解をしたことで、選手、チームに対しての評価の幅が広がりました。そういう意味で、「化学変化を起こして進化するプレーモデル」という概念を会得すれば、チームのパフォーマンスも変わると思います。

直接的に何か良くなったというのは証明することが難しいのですが、選手の評価然り、選手たちのバリエーション然り、現時点で「できないこと」がむしろ「将来のためにはいい」、「今はできなくても、そのうちできるようになる」という安心感、落ち着きにつながることもあります。ルイス・エンリケ監督の下でフィジカルコーチを務めるラファエル・ポルは、**「安定領域」**という言葉を用います。彼の理論では、「安定から外れることがむしろ安定を生み出すのです。

ミスをすることで今度はミスをしなくなる方法が分かるわけです。安定から外れるけれど、安定領域に戻る方法を知っている、学ぶことは選手としての能力を一段引き上げる。選手の中で化学反応が生まれて、バージョンアップした状態になるという認識です。難しい哲学的な考えかもしれませんが、プレーモデルの理解を変えたことによって私の中での指導や受け止め方も劇的に変わりました。

物事は線形で思い通りに進みませんので、「何が起きてもおかしくない」ということを受け入れられるようになりました。選手のミス、審判のジャッチなどです。コントロールできないことをコントロールしようとするのではなく、例えば審判のミスジャッチのせいで失点したとすれば、そのアンバランスな状態をいかに受け入れ、安定領域に戻すかというプロセスを知る、学ぶ。それを知っているかどうかで心の落ち着き、監督としての立ち振舞は全く変わって来ます。

ドリル・トレーニングの意味

スペインサッカーが国際大会で結果を出すようになってから、トレーニング・メソッドにおいて**「グローバル・トレーニング」**がもてはやされる風潮が日本でもありました。何を隠そう私自身も、「グローバルでなければサッカーの練習ではない」くらいの考えを持っていた時期がありました。ただ、グローバル・トレーニングだけでは上手くいかない時期があって、その時にドリル・トレーニングを見直すことになりました。例えば、パターン練習として2人組の関係を作るために今はドリル・トレーニングを行なっています。2年ほど前から行なっていることなのですが、やはり道具の使い方を知らなければ道具は使えません。また、守備のトレーニングにおいてもスライドやラインコントロールに関わるポジショニングはまずドリル（シャドー）で正しいアクションを身につけさせるのが一般的なやり方です。

ただし、ドリル・トレーニングのデメリットは「判断が伴わない」という点になります。このデメリットをできるだけ抑えるために、私が今持つ1つの考えとして「いかにしてドリル・トレーニングを実践に近づけるか？」ということが挙げられます。

例えば、2人組のドリル練習をする際、単にワンツーするだけでは選手からするとおそらくやっているだけで終わってしまいます。そこで、「試合のどこの局面に使うもの」、「こういうアクションをした時に相手はどのように動くのか」といったことをイメージさせながらドリル練習を進めることが重要になります。それは自らディフェンスとして動いてあげること、コーンなどの道具を上手く利用しできるだけ実践の状況をビジュアル化することで、選手たちはそのアクションがどのような意味を持つのか？　をよりわかりやすく理解することができるのです。そう考えると、ドリル・トレーニングであっても戦術的要素を入れることは可能だと思います。戦術とは**「問題を解決する行為」**と私は定義をしていますが、このように考えれば例えドリル・トレーニングであっても「とある状況で起こる問題を解決する方法がこのアクションである」という状況の認識・分析・決断・実行というプロセスを体験することが十分可能となるのです。

ドリル・トレーニングの反復によってパターン化を図るプロセスでは1つの「型」を作って何回も反復させることで選手と選手の間で共通のイメージができ上がります。

そして、「型」を作ることはアクションを実行する時の脳の負荷を下げることができるという効果もあり、それによってプレースピードも向上し、試合を有利に進めることにつながります。

日本でよくあるドリル・トレーニングは個人のためのメニューが多いですが、私はユース年代（高校生）を教えているということもあるので、その先のレベルである「グループを作る」ことが目的で最近実行しています。例えば、2人組での壁パス、3人組でのコンビネーションプレーの形を増やしてあげるということです。

そのような「グループを作りあげる」ことで局面を阿吽の呼吸で打開する回数が増えていくのですが、それが一番顕著に出るのはサイドのコンビネーションに関わるサイドバックとサイドハーフの関係でしょう。壁パス、クロスオーバーを外側と内側から行うなど、いくつかのバリエーションあるプレーを何度も何度も反復することで味方のプレーの癖やパスのタイミングなど、お互いに感じ取って判断の質を上がることができます。このようにして型を作っておくと、サイドに追い込まれて数的同数の局面でも狭いスペースをコンビネーションで打開できるようになります。実際に私のチームで試して結果として得ているものですので、私はこの効果を実感しています。

そして、ここで1つ大事になるのは「誰と反復を重ねるか？」です。コンビネーションは人と人の組み合わせで成り立ちますから、一緒に組んでプレーした味方との人間関係が構築されることでコンビネーションが向上する、と認識することが可能です。そのため、私はトレーニングする時のグルーピングにも気をつけています。

例えば、近いポジションでプレーする2人や3人の関係、つまりサイドバックとサイドハーフ、ウイングなどを指導者側が指定することで実際の試合でその関係性が出やすいようにすることも中学生あたりの年代にもなれば大事になってきます。だからこそ、指導者のみなさんはグルーピングにも気を図ってみてください。

もっと大きな枠で考えると、チームとしての型を作ることも行います。攻撃においてDFラインからのビルドアップのトレーニングをシャドーのドリル練習にするとします。次の対戦相手が1－4－3－3で、ボランチが一枚しかいないのでその両脇のスペースが空く、といった分析や戦術的要素が入ったシャドーのドリル練習であれば効果は大きくなります。

また、守備のトレーニングであればピッチに相手のシステム通りに選手を配置し、相手のCBがボールを持っている時はここ、そこからサイドバックに渡ったらここへ移動する、というように相手のシステムやボールの動かし方などを事前分析した上で起こりうる各シチュエーションでの11人のポジション確認を行います。このような反復を重ねることで事前にプランニングされた味方の動きと事前に分析された相手の動きの両方を把握できるようになります。

それによってプレーが予測できる、要するに次に何が起きるかを事前にわかった上で実行に入ることができるので、先手を打てるわけです。

このようにして、ドリル練習を実施する時にはボール扱いの向上だけのためにやるのではなく、背景にしっかりと戦術があることが大切です。実戦で使えるような自分たちの型を作るために、背景に必ず週末のゲームの要素を含むような設定し、選手がそれをイメージするようにすることで反復する時にもスピード感やリズムの変化、プレーの強度などが実際のゲームに近づきます。

「相手がこういうシステムでここにスペースがあるから、こういうふうにボールを入れて落として、そうすると相手がこうなるから、ここを使おう。そしてこのタイミングでチームとして動きのスピードを上げて変化をつけよう」ということなのです。

自チームが1－4－4－2、相手が1－4－3－3でプレーする時の例でボランチの横のスペースを使うことは有効な戦い方となります。自チームのサイドの選手が中にタイミング良く入ってきてセンターバックからそこで縦パスを受ける戦術をプランAとしましょう。

そのような動きの型を作るためには**図59**のようなメニューを準備します。

選手を1－4－4－2のスタートポジションに配置し、センターバック間の横パスからプレーを始めます。センターバックがボールを受けて顔を上げた時にサイドハーフが中央に向かって動き（実際のゲームではマークを外すためのデスマルケのアクション）、ボールを受けます。

そして、ボールを受けた選手はコントロール・オリエンタード（方向づけされたコントロール）をしてターンし、ゴールへ向かってドリブルをしながらゴール前へと走りこむ（試合ではDFラインの背後でボールを受けるためのマークを外す動き）逆のサイドハーフや遠いところにいるFWの動きを認識し、それに合わせてスルーパスを出すというアクションからフィニッシュへとつなげます。これが1つのベースとなる型になります。

ドリル練習をやる上でも必ず相手のリアクションがこう来る、という形を1つ作っておくこと。それはコンテクスト、背景です。コンテクストを説明してから、型を作ることが大切です。これをやることによって1つの軸ができるわけです。この軸を作ってあげることが実はバリエーションを増やすことにつながります。

サッカーというのは「カオス」のスポーツです。要するに、いろいろと複雑なことが起こる

図59　ボランチの横のスペースを使用した有効な戦い方（プランA）と「型」

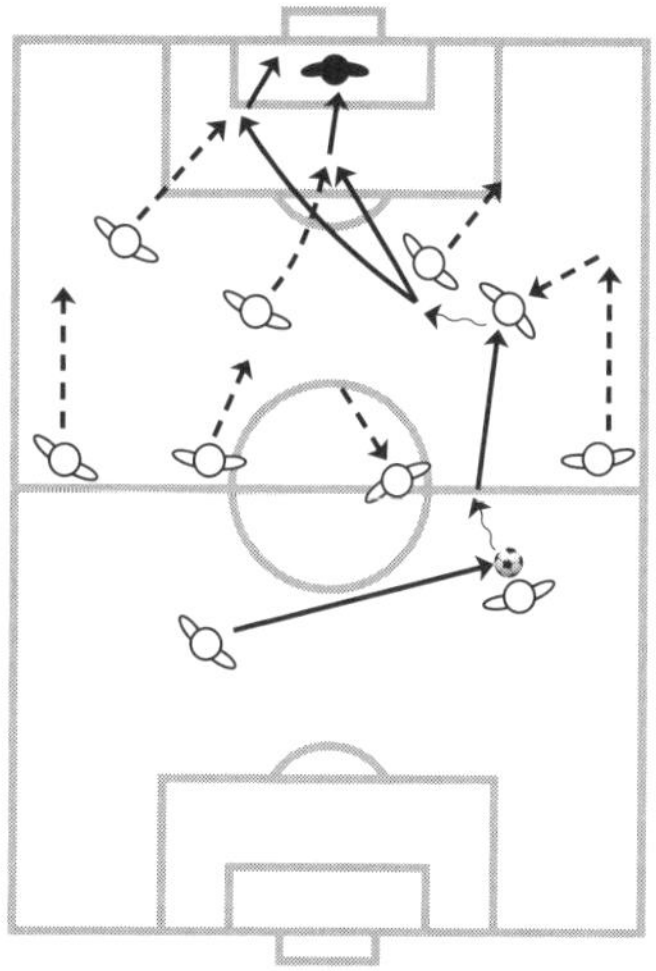

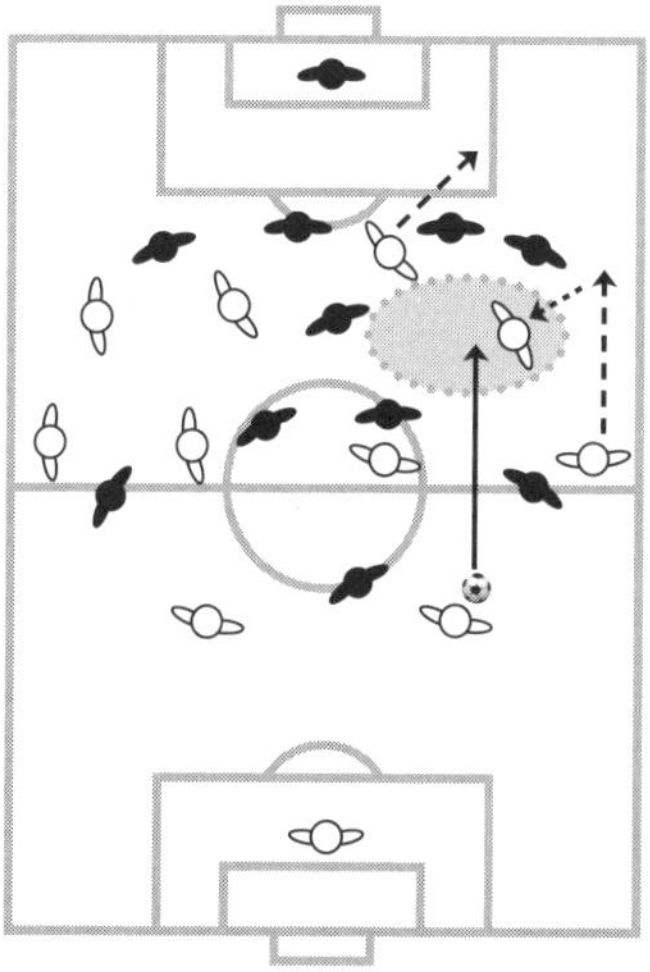

相手が1－4－3－3のボランチの横を狙った戦術。

図60　タイトにマークされて前を向けないときの有効な戦い方（プランB）と「型」

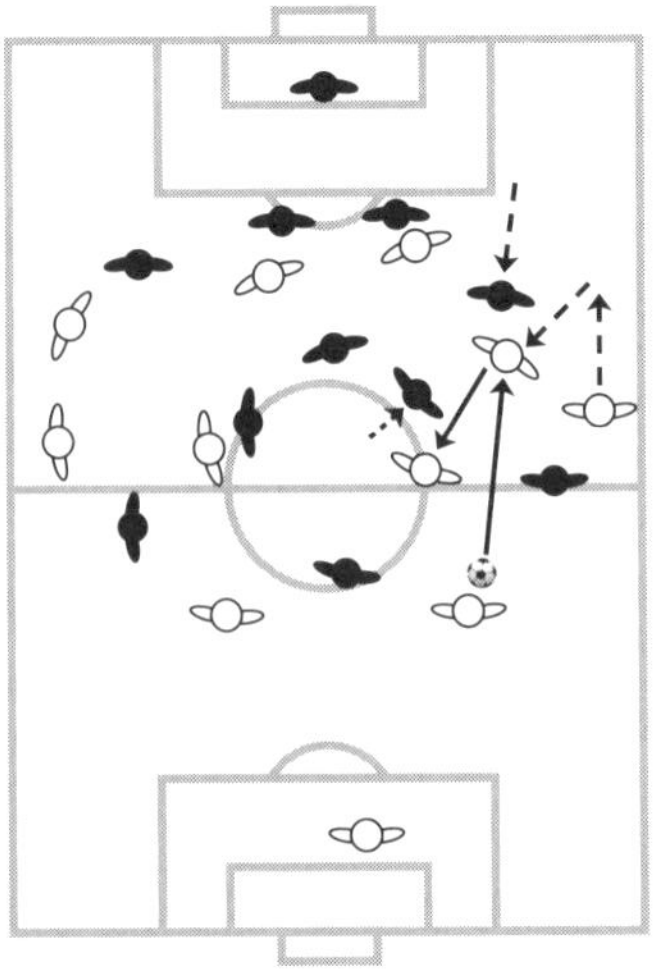

タイトにマークされて前を向けないときは、前を向けるボランチを使うことで攻撃につなげることができる。

図61　相手サイドバックの背後を狙う有効な戦い方（プランC）と「型」

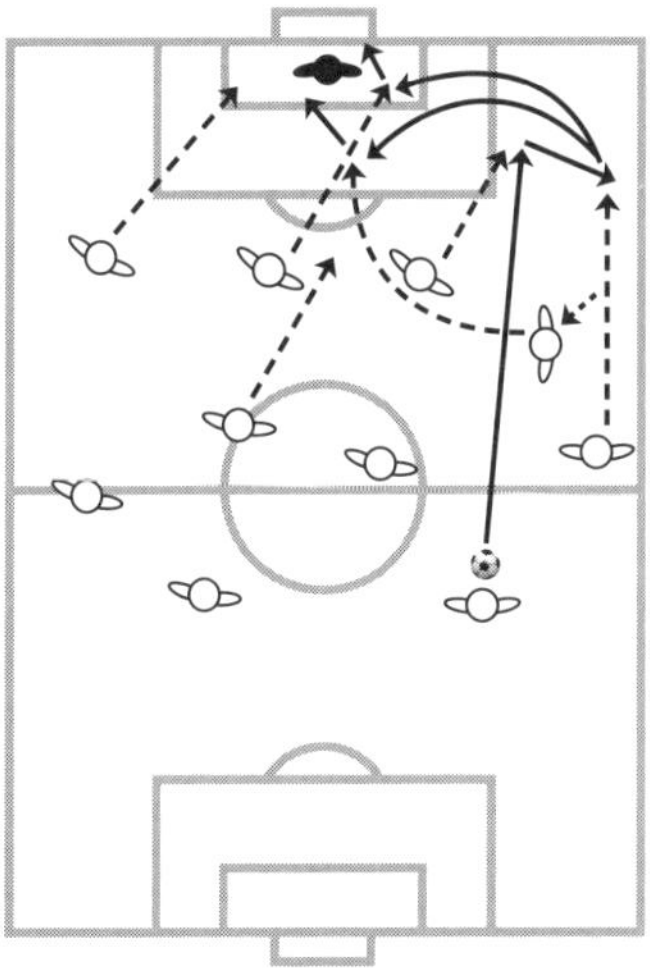

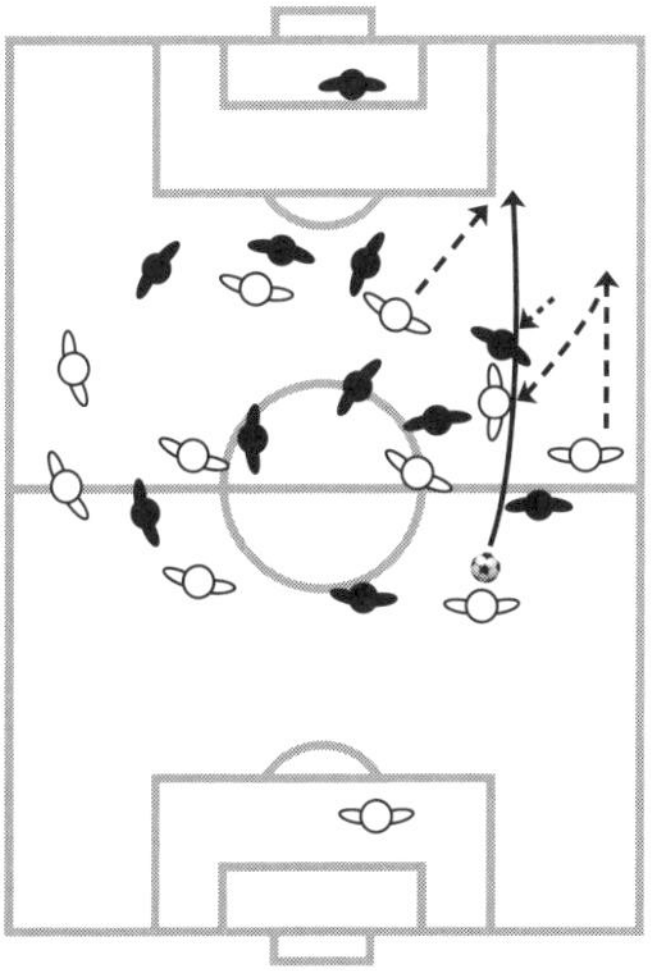

ＣＢから相手ＳＢの背後のスペースに走りこむＦＷへロングフィードをする。

スポーツなのです。でも、その複雑性の高いスポーツにおいて自分たちの中に1つ型を作っておき、相手のプレーや型も知っておくと、安定感のあるプレー、パターンを生み出すことができるのです。そうなるとパターンから違う現象が起きた時に整理しやすくなります。「これは違うパターンだ」とわかります。相手が予想していたリアクションと違うことしているということがすぐわかるので、そこで「判断」が生まれるわけです。

その線引きがないと全部がカオスでめちゃくちゃになってしまいます。1つの型があれば、それ以外の型が起きた時に「これは違う現象だ」というのを選手がわかるようになりますので、監督としてはその状況に対しての規則性を作っていけばいいのです。

さて、先の例において起こる可能性がある現象はどのようなものがあるでしょうか？

一般的な例としては、次のようなものが挙げられるでしょう。

①相手のサイドバックがタイトにマークにつくことによってボールを受けた自チームのサイドハーフが前を向けない

②タイトにマークにつかれていることでセンターバックからの縦パスを入れられない

このような問題が起きた時にはチームとして異なる解決策が必要となりますので、その方法論となる別の「型」を用意しておきます。

タイトにマークにつかれる①のように前を向けない場合は前向きでサポートに入るボランチ

に落とすという解決策が有効です。これをプランBとしましょう。

図60の場合、次のような型をバリエーションとして与えることができます。

センターバックからサイドハーフへ縦パスを出し、それをボランチへ落とす。その時に、右サイドバックは後方から攻撃参加をして前方のスペースへと走り、ボランチが右サイドバックへとパスを出し、その後センタリングからフィニッシュ、という流れです。

また、ボランチはボールを受けて逆サイドに展開することも可能ですから、それはチームによってアレンジを加えてもいいでしょう。

そして②の解決策としては、**図61**のようにセンターバックから相手サイドバックの背後のスペースに走りこむFWへロングフィードをするというものが挙げられます。それに伴う別の型は次のものとなります。これをプランCとします。

このようにして背景の伴う3つバリエーションの「型」が生まれました。（厳密に言うと1つ目のベースから派生した2つのバリエーションです）

これをドリル・トレーニングで反復し、味方のリアクションに合わせて他の選手もリアクションをしていきます。個人レベルで見ると頭の中にはPAD+E（認識・分析・決断+実行）のプロセスが働いていて、戦術アクションを実行しています。

プランBであればサイドハーフが前を向かないというプレーを選択した時にはボランチは

ボールを受けるための準備をするリアクションを取り、周りの選手もそれに合わせてリアクションをしています。

同様にプランCにおいても、サイドハーフにパスを出さないこと、FWにロングフィードを出すことを選択した場合、同サイドのFWとサイドバックはそれに対してリアクションをして、クロスに入る選手もそれに合わせることになります。

このようにしてトレーニングを行っていけば、ドリル練習であっても判断の伴う立派な戦術練習となります。それは結果として、チーム全体の動きをコーディネートし、波長のあった動き、コンビネーションを生み出すことにつながるのです。

そして、次のステップとしては、グローバル・トレーニングによって実際にディフェンスの選手を配置し、よりバリエーションの伴う複雑性の高い状況下でこの型をミスなく実行できるか、ということをリハーサルすることになります。

しかしながら、繰り返しになってしまいますが重要なのはこの3つの型（プランA、B、C）が「何によって選択されるか」ということを指導者も選手も理解していることです。ただ単に何となく今はこうしようではなく、まずはプランAを狙い、それによる相手のリアクションを見て、プランBかCを選択するというコンテクストの伴う判断を下す必要があります。

私からすると、これらを的確に選べる選手が**「サッカーを知っている選手」**であり、そのような選手が集まる集団は**「オーガナイズされたチーム」**となります。そのような選手やチームを育成できる指導者が**「サッカーを知っている指導者」**だと私は認識しています。

ですから、スペイン人は指導する時には「○○の時はこうしよう」、「このような状況ではどうしたらいい？」という質問を通して答えを導きますし、それぞれの状況に対する答えとなる型を持っています。それはサッカーの仕組みを知っているからできることなのです。

その型を作るために反復を行う練習としてドリル・トレーニングをさせることが大切になってきますが、スペイン人監督にもいろいろなタイプがいてドリル・トレーニングが好きな監督もいます。でも、やはりグローバル・トレーニングをやりたがるタイプの方が多いとは思います。どちらが正しい、間違っているということはないので、大切なのは選手、週末の試合に合わせて、それを使い分けることです。

私の中ではグローバル・トレーニング、システミコ・トレーニングだけのトレーニング・メソッドでは限界があると感じたので、この2年ほどはドリル・トレーニングも取り入れた練習を行っています。守備の進化により、様々な攻撃に対応できる柔軟性の高い守備を行なうチームが増えてきました。それによって攻撃はよりプランニングされ、コーディネートされたアクションをチームやグループでハイスピードに行うことを求められています。またチームの中のグループとなる2人、3人組ではバリエーションの伴うアクションを阿吽の呼吸の様にプレーすることが必要です。

それを可能にするためには特徴ある個人がいかに味方と組んでプレーするか、というのが重要であり、共通のイメージを持てるようにするためにドリル練習でパターン形成を行い、ベースを作っていくのです。

私の視点では、日本人はドリル練習を飽きずにできる人種です。また、賢い人種でもありますから、選手はどのような状況のための「型」を作っているのか素早く理解できます。だからこそ、自分がいつか日本に戻って監督として働く時には、**「戦術的コンテクストとバリエーションの伴うドリル・トレーニング」**を導入してみたいと考えています。

現代サッカーの育成は求められる要素がたくさんあり、選手が学ばなければならないことが膨大で、いかにして効率的にトレーニングをプランニングするかが育成年代の指導者に求められています。私は今、スペイン人を対象に指導を実施していますが、日本人がこうしたメソッドの下、長期に渡り育成を図ったらどうなるかは1つの楽しみではあります。

サッカーがうまくなるとはどういうこと？

これも日本の概念と異なるものになるのかもしれませんが、ある一定のレベルで普通に見える選手についての私なりの考えをお話したいと思います。

普通に見えるのですから「うまい」という評価にならないのですが、一方で**「一定のレベル」**に到達しているのですからそれはそれで「すごい」という評価の仕方もあります。特に周りの選手よりも年下である場合はその価値はとても優れたものとなります。

例えば、15‐16シーズンに私が担当していたUEコルネジャ・ユースBは高校2年生でユース2部リーグ（日本で言うとプリンスリーグに当たる）を戦っていました。私のチームには3名の1年生の選手がレギュラーとしてゲームに出場していて、年上の周りの選手と遜色ないプレーを見せてくれていました。

ポイントはこれをどう評価するかになるのですが、決して「目立っている」訳ではありません。しかし、高校1年生としてユース2部で「一定のレベル」のプレーができているという視点で見ると、同年代の中では「すごい」にあたるのです。

ちなみに、プロクラブのバルセロナ・ユースBやRCDエスパニョール・ユースBは同じカテゴリー（ユース2部リーグ）を高校1年生の選手で構成して戦っているわけですから、私のチームにいた高校1年生の選手たちは彼らに近いレベルにあると言えます。

バルセロナにおいて、将来的にトップチームへ昇格できると期待されているようなタレントは、高校1年生であっても1つ上のカテゴリーとなるユース1部リーグで「目立ったプレー」

をするものです。さらに、メッシやイニエスタなど世界トップレベルの中でもトップの選手として君臨するためには、高校1年生の段階でその上のカテゴリーのバルセロナB（スペイン3部）でプレーして目立つようなケースもあります。

カテゴリーを1つ飛び級すること自体、「すごい」ことだと思いますし、2カテゴリーの飛び級は今のバルセロナのカンテラで言えば相当な逸材です。そう考えるとメッシは17歳でトップチームデビューしていたわけですから、3カテゴリーの飛び級をしているので、当時から「いかに怪物だったか」がわかります。しかも、大きな怪我をすることなくプレーをしているのも本当にすごいことなのです。

このようにしてスペインサッカーでは、レベルがしっかり整備されているのですが、うまくなって上に上がっていくということ、つまり選手のレベルが向上するとはどういうことなのでしょうか？

私の理解では、**「そのレベルにアダプタシオン（順応）すること」**が1つの鍵として挙げられます。

「順応する」とは、上がった先のカテゴリーのレベルに慣れてフィジカル能力が伸び、判断も速くなり、テクニックアクションの精度も高まることを言います。メンタル的にもタフになり安定感のあるプレーを長時間続けることができるようにもなる。知的には戦術メモリーが蓄積され、さらなる上のカテゴリーでプレーする準備がされていくのです。

順応する能力が高い選手というのは、これらの成長のスピードが速いということを指します。スペインではコンペティションの中で選手がうまくなっていき、キャリアの階段を上がっていきますので、裏を返せばリーグ戦のレベルにいち早く順応できる選手は「うまい」、「いい選手」という評価を下すことができます

スペインの育成年代は通常2年毎にカテゴリー分けがありますが、ユース年代だけは3学年を含んだカテゴリーとなりますので、ユース2部では高校1年生が3年生と戦うことも普通にありますので1年生にとっては意外と大変なプレー環境です。

当然、シーズン初めは高校3年生主体のチームの方が、1年生が多いチームよりも経験豊富で戦い方、リーグのレベルにも慣れているのですが、1年生でも戦っていくうちにそのレベルに慣れる選手が出てきます。この「慣れる（順応する）」行為自体がサッカーにおける「うまくなる」ことだと私は定義しています。

そういった考えで見ると、ある一定のレベル、ユース2部のレベルでシーズン初めはギリギリだった選手がシーズン終盤では普通にプレーできるようになったということは、うまくなっていると言えるのです。だからこそ、カテゴリー分けというのはサッカーの育成においてとても重要なのです。

先ほども述べましたが、スペインの場合、飛び級で自分の年齢やカテゴリーよりも上のリーグで戦えている選手は、高い評価を受けることになります。逆に言うとプロになるような選手はほぼ飛び級をしているので、そもそも本来の年齢のカテゴリーでプレーしていません。つまり、選手のうまさというのは**「カテゴリーありき」**ということがスペインの評価基準にあります。

日本ではまだ「リフティングが○○回できる」、「フェイントの数が豊富」といったことで「うまい」と評価されることがあるようですが、スペインではそれよりも「どのカテゴリーでプレーしているのか」が問われます。飛び級した上のカテゴリーで目立つ選手であれば、間違いなく「うまい選手」、「いい選手」という評価を受けます。

スペインのコーチングライセンスでも、「アダプタシオン（順応）」という言葉が出てきて一定のレベルの「プレーに順応する」ということの重要性が強調されています。

プレーの理解力が優れている、判断が早い選手というのはすぐに状況解決できる可能性が高いので、自分がプレーするリーグのレベルにフィットするスピードが速くなるという理解です。あとはテクニックがあるというのも、うまくなる、上のカテゴリーでやるための条件ではあります。一定の時間内でコントロールからパスをしなければいけない、そこでミスをしない。では、その選手が今までこのカテゴリーでコントロールからパスまでを5秒でプレーしていたのを、上のカテゴリーになると3秒でやらなければいけないという時、ミスをせずにプレーできるか、キックの精度が落ちないか、という感じです。

選手も最初は戸惑うかもしれませんが、やっていくうちに選手は順応します。しかし、重要なのは**順応するスピード**です。ある選手はカテゴリーが上がりフィットするまで4ヶ月かかった。一方で、1~2週間で順応する選手もいる。短期間で適応、順応する選手の方が、当然評価が高くなります。それは言い換えれば、「うまくなる才能」です。日本では年末年始の風物詩でもある高校サッカー選手権で高校2年生の選手が「超高校級」として注目されることがありますが、スペインの認識ではもうその時点で「その選手は高校サッカーのカテゴリーでできてしまっている」、「だから上のカテゴリーに飛び級しなければいけない」となります。

上に飛び級しなければその選手はうまくなりません。でも日本の高校サッカーでは「超高校級」のタレントが「高校卒業」を待つこと無く高校2年、3年生の途中でプロ入りすることはまずありません。その意味では、Jクラブのアカデミーでプレーしているユース選手の方が「高校」より上のトップチーム、サテライトチームの飛び級環境があるので「うまくなる」可能性を持てると見ることができ、これはJクラブの大きなメリットです。

能力の高い選手ほど早いタイミングで飛び級させ、その選手が最大限のパフォーマンスを出さなければ通用しない環境を用意してあげる必要があります。

もちろん、あまりにもカテゴリーを上げすぎて全くプレーできないのであれば選手は自信を失うだけですし、育成年代であれば身体の成長の問題もありますので怪我などにもつながります。ですから、素質のある選手ほど「このカテゴリーであれば、ボロボロには見えない」くらいの環境下でやらせてみて、その適応、順応のスピードを測っていく必要があるのです。

サッカーにおける特殊性と一般性

プレーモデルともリンクするところがありますが、サッカーにおける特殊性と一般性についての話にも触れてみます。

唯一無二で他と異なる要素で構成されている概念を**「特殊性」**と呼びます。対して、誰にでも当てはまったり、大衆に対して同じ基準で見るような概念を**「一般性」**と呼びます。

サッカーというのは人間がプレーするスポーツなので、そもそも特殊性ありきで話が進んでいます。人間というのは唯一無二の存在で特殊性を持った生き物で、全く同じ人間はいません。コピーロボットというのはこの世に存在せず、そうした人間が11人集まっているチームも唯一無二の存在なわけです。

では、トレーニングは一般性の概念に基づき、各選手が同じ評価基準で指導をされる進め方で良いのでしょうか？

基本的に、どのチームでも一般性を持ってみんな同じ練習メニューで、同じ評価の仕方をしています。同じ評価軸の中に選手をまとめて選手を評価します。

その一般性自体、正しくないわけで選手にはそれぞれの個性があって、それによって指導者のアプローチ、コーチングの仕方を変えなければいけません。特殊性の面白いところは、それ自体が他の要素と科学反応を起こし進化するものだということです。それはプレーモデルにおける話と同じで、化学反応を起こしながら個人も伸びていくものです。

飛び級の話にも関係してきますが、上のカテゴリーでの試合を経験することで、それまでに経験したことのないことを刺激として受けるので選手の中に化学反応が起き、能力が向上します。先ほどの順応の話はまさにこの化学反応というように理解することができます。

選手そのものが「特殊である」と捉えた場合、サッカーにおいては特殊性を基に考えるべきなのではないでしょうか。そういう視点で考えると全員が同じことをやり、みんなが同じ評価のされ方をするというのは基本的にはおかしなことです。

チームを作る時も個人の特殊性というのを加味してプレーモデルを考えるべきです。自チームの選手によって戦術を考えることも大事だし、相手チームも特殊性を持った集団ですから、それらを踏まえて戦術のコンセプトを組んだり、プレーモデルを考えていかなくてはいけません。しかしながら、サッカーの指導においては意外と一般性でくくられている要素が多い現状です。

自分たちのプレーを条件づける要素はピッチ上に無数に散らばっています。選手、審判、天候、芝の状態、観客の様子、スタジアムの大きさ、試合が持つ意味、などがありこれらはいつも同じではありません。

無意識のうちにですが、こうした点も改めて見直して「サッカーというのは特殊性のスポーツだ」という認識を持って指導を考えると、考え方が変わってくると思います。ピッチ上で起こる様々な要素と化学反応を起こしながら展開が変化していくものとして受け入れると、「いつもと同じ決まったことは起こらない」と捉えられるようになります。

それは、選手間もプレーも同じです。2人組でもパターン練習をして4つの攻撃の崩し方をやります。壁パス、偽の壁パス、斜めに抜ける、斜めに抜けたら空いたスペースができるというこの中の4つのうちどれを選べばいいかは、何によって決まるかといえば特殊性によって決まります。

例えば、味方の選手が足元で受けてドリブル突破が得意な選手であれば、足元に入れるパスを判断の基準にするべきでしょうし、スピードある選手で斜めに抜け動きが得意であれば足元よりもスペースに入れるパスを選択した方がいいことになります。

そういった特殊性を加味した判断をすることで予測も高まりますので、結果として戦術的にハイクオリティーなプレーができるようになります。阿吽の呼吸も作り上げることもできるので、**お互いの特殊性を知ってプレーすることはサッカーにとっては有効なこと**なのです。それを一般性でひと括りにしてしまうと理論だけで行き詰まります。また、特殊性を加味して個人が周りにどのような相互作用を与えているかを分析することもとても重要です。

私のチームのある試合において、1－0で勝っているゲームがありました。そのゲームはゾーン2からプレッシングをかけ始めて相手に自由にさせない、という守備の戦術のプレーモデルを持って戦い、とても機能していました。相手のDFラインにもしっかりとアプローチし、自由を与えずにパスの選択肢を減らし、誘導をしてくれていたので後ろの選手はとても守りやすく安定した守備を行えていました。

残り15分でFWの選手が疲れたので交代をして別の選手を入れました。そうするとどうなったかというと、私たちの守備ブロックがズルズルと下がらざるを得なくなり、結果的に押し込まれてセンタリングを上げられて失点してしまったのです。

試合中は冷静に分析できなかったので私は「フィジカルがきつくなって全体がズルズルと下がってしまったのかな?」と受け取っていましたが、後からビデオを見直すと実は違うところに原因があったのです。

途中から入った選手は守備があまりできず、相手ＤＦラインに対するパスコースの限定や誘導が明らかにスタメンで出ていたＦＷの選手とは違っていました。結果として相手のビルドアップを自由にさせてしまい、押し込まれたのです。前線の選手のパフォーマンスを特殊性として見た場合、その選手次第で後ろの守備ブロックにも影響を及ぼす、という気づきを得ることができました。

その時の教訓は、前線からのプレスという戦術を実行可能にしているのは守備がしっかりとできるＦＷありきで成り立つということです。

前線からプレスをかけたいと思っていても、相手チームとのかみ合わせを加味して自チームの選手のレベルがそれを十分にできる状態でなければ、その実現は難しいのです。自チームの各選手の現状を、特殊性をしっかりと把握した上で戦術の采配や選手交代もうまくしていくことは重要です。私なりの反省としては、そのゲームでは交代で入った選手にもっとプレッシングに行かせなければいけなかったということです。もしそれができていればあのゲームは勝てていたのかもしれません。

このようなフィードバックを与えてもらうことで、私の中に化学反応が起こり指導者として戦術メモリーを増やすことができました。おそらく、次に似たような状況に出遭うと、前回とは違う対応をすることができると思います。これは指導者としての特殊性が進化したとも見ることができるのです。

サッカーはやはり特殊性ありきのスポーツなのです。選手は唯一無二の存在であり、それらが集団として集まった時にお互いのことを理解しあっているチームはハーモニーを生み出す素晴らしいチームとしてのパフォーマンスを生み出します。

決して、一般性の基準で選手を当てはめてしまった場合にはいい化学反応は起きず、多様性（バリエーション）のあるプレーをすることはできません。指導者としては、選手個人の特殊性をしっかりと理解して集団として機能するようにファシリテートしてあげることが重要な役割となるのです。

「戦術は人ありき、人は戦術ありき」という相互作用がそこには働いていてサッカーはまさに、そうした要素が大きいスポーツだと私は感じています。

著しい進化が待つ未来に向けて指導者に今問われていること

近年の守備の進化により、サッカーの競技レベル全体が向上しました。攻撃に求められるレベルも同時に上がったからです。

守備面においては、よりプランニングされた守備を実行するために選手それぞれが各自の役割を理解していなければ**「ピッチに立つ資格がなくなる」**という傾向を育成年代からも感じています。現にスペインでは、私が指導しているユース年代のチームにおいていかに攻撃面で優れている選手でも守備の仕事をこなせなければ、ゲームに出ることができません。

1人ひとりが個別に判断をして状況、局面に対応する、というプレーではチームとして致命的な遅れが生じてしまい、展開のスピードで相手チームに上回られてしまいます。それは守備でも攻撃でも同じであり、サッカー全体として言える傾向です。

大枠の「このようなプレーをしよう」というプランニングがあり、それをグループで実現するために味方と連携しながら状況を解決し、プレーしていく。こうした要素は、サッカーが始まったころからの原点であるものですが、近年のサッカーの進化によって展開のスピードはとても速くなっています。

以前であれば1試合を同じ戦術・戦略で戦っていましたが、今では前後半で戦術を変えるというバリエーションが当たり前のようにつけられるようになっています。それは前半のパフォーマンスの分析を基に、ハーフタイムで後半の戦術プランを練り直すことができるようになったからです。

その傾向は現在進行形で加速しており、プレー中にも戦術変更をするのが今のサッカーです。相手のパフォーマンスやシステム、選手の状態などを含めた試合展開を見て、ベンチからフレキシブルに対応をしています。

おそらく今後は、試合中に戦術変更をする回数がより増えていくでしょう。それはテクノロジーの進化によって外から入る大量の情報がピッチ内に反映されるスピードが上がっているからです。事前のスカウティングで「相手はこうしてくる」というのが先にわかっていますので、こちらもそれに対してこう対応する、こちらの対応に相手がこうリアクションをしてきたら続いてはこの戦術を採る、といった流れです。

戦術対応のサイクルのスピードはより一層速くなり、情報戦の重要度が高まっているのが今のサッカーでそれは育成年代のサッカーについても同じです。

中でもヨーロッパの世界最高峰のプロレベルでは、攻撃や守備の局面の細分化に合わせて、プレッシングの方法を変えた守備がスタンダードとなってきました。本書で何度も取り上げた通り、アトレチコ・マドリーの守備はそのように構成されています。

サッカーというスポーツは今、大量なデータから導かれる根拠によって多様なプレーを求められているようになっています。そのため、プレーする選手たちは度重なる戦術変更に対応するために事前に知っておかなければならないことが多くなっており、「戦術メモリー」の観点から見ても選手に対する要求度はとても高くなっていると言えます。実行の動作もミスが許されないので、フィジカル、テクニック的により完成度の高いプレーが求められます。

チームのトレーニングもより多様な状況をリハーサルしておかなければいけませんので、時間を無駄にすることのない効率的なトレーニングが求められています。そのため、指導者の質もますます問われるようになっています。

・分析サイクルのスピードを上げる
・サッカーをより知ろうとする（=分析レベルを上げる）
・選手という特殊性を理解する
・トレーニングをより効果的なものにしていく

指導者としてこうした項目に向き合う必要があります。

選手に求められる要素はよりハイレベルになっていますが、私自身は選手に関してそこまで心配していません。環境がそうであれば、選手は自然と順応していくからです。

むしろ重要なのは、トレーニング環境を作る指導者の役割です。大人である指導者はこれまで培ってきた経験などによって順応できる人と、そうでない人にはっきりと分かれるでしょう。

一度成功した人が自らの思考を変えることは「成功体験」があるため苦労しますが、成功し続けるためには進化し続けることが必要不可欠です。現状維持のメンタリティではあっという間に周りに置いていかれてしまいます。

ひと昔前の、技術・戦術・フィジカル・メンタルを分けて考えていた時代から、グローバル・メソッドやシステミコ・メソッドが当たり前になってきた時代を経て、これからは大量の情報を扱った上でスピードとフレキシブルさがものを言う**「多様性」の時代**に入っていくと私は考えています。

サッカーの進化は、社会の鏡です。サッカーの外の世界ではスマートフォン、「IoT」やビッグデータによりライフスタイルに大きな革命が起こりつつありますが、その波は間違いなくサッカー界にも押し寄せてきます。現場の人間として常にこうした進化についていくことに必死になっているからこそ、私自身もスペインの指導現場で進化し続けようと努力しています。

サッカー関係者に求められる要素は、日を追うごとにハードルが高まっています。新しいモノを取り入れない人は、取り残されていってしまうでしょう。少なくとも、世界最先端のサッカーがあるヨーロッパでは、新しいものをどんどん取り入れてサッカーが進化をしていますから、日本もそのスピード感に置いていかれてはいけません。

「うかうかしている時間は無い！」というのが今の私にある感覚であり、この10年で予想もできないような大きな変化がサッカー界に起きると確信しています。指導者である我々にも今、著しい進化が待つ未来に対応すべく現状維持ではない進化が求められています。

おわりに

本書の執筆にあたって、様々な試合を守備の視点でさらに深く見る機会をいただきました。そこで再確認したのは、守備の面白さです。守備を分析していると「こういう狙いを持ってプレーしているのか」という部分がわかりやすい現象として見えてきます。

ある意味でサッカーにおいては、「守備を通してそのチームの本質が見えてくる」と言っても過言ではありません。

また攻撃よりも守備の方が知的アクションの要素が強いと言えます。なぜなら、守備はボールを使わないアクションだからです。守備は攻撃よりもポジショニング、ここでこうしたいというような戦術要素が強く影響しますので、必然的にチームや監督の狙いというのが出やすくなります。


私にとっての15－16シーズンは最後の最後でリーグ優勝こそ逃しましたが、「いい結果」と呼べるシーズンを送ることができました。それは守備をしっかりと強化したからだと断言できます。ヨーロッパでは、この2、3年で待つ守備と前に出て行く守備を使い分けることのできるチームがいい結果を出す傾向にあります。

自陣深い位置でブロックを作って待っているだけのチームというのは、ズルズル押し込まれてしまって、結果的に失点する試合が増加傾向にあります。「守備的」と呼ばれるチームであってもアトレチコ・マドリーのように、ゾーン2とゾーン3での守備（組織的プレッシング）の使い分けを巧みにやっているチームが台頭し始めていますし、スペインでは育成年代でもその傾向が顕著に出るようになっています。

守備は知的要素が強いアクションですから、「どれだけサッカーを知っているか」で選手のパフォーマンスが変化し、「チームのために守備ができるかどうか」という部分に違いが大きく表れます。できる選手は出場できる。できない選手は出場時間が減っていく。指導者目線で見ると、それをしっかりと選手に理解させて、正しく守備のプレーをさせることのできる監督がいい監督なのです。

つまり、守備に対する価値観が大きく変わってきているということです。

EURO2016を見ていてもその傾向は感じます。守備ブロックを作って待っているだけのチームは早い段階で姿を消しています。そうしたチームは前からプレスをはめに行けないので打つ手（プランB）がありません。代表チームに戦術を浸透させる時間はなく、難しい側面ではあるのですが、代表レベルであっても守備の使い分けができるチームとそうではないチームの差が結果に反映されるようになった代表レベルの国際大会と言えるのではないでしょうか。

間違いなく16－17シーズン以降のサッカーにおいても、世界的に前に出て行く守備を実行できるチームが好結果を出すでしょう。そういうチームのサッカーは見ていて面白く、「何かが起きそうだ」という期待を抱かせてくれます。それが「ダイナミックなゲーム展開」というエンターテイメント性につながります。

だからこそ、前から出て行く守備を実行していくことは、「サッカーの価値を高めるアクション」でもあるのです。ヨーロッパでは育成年代でもその認識が定着していますが、Jリーグのゲームを見ていると、どうしてもまだ待っているだけの守備が多い印象です。

ゾーン2で相手が入ってくるのを待ってから行う守備が主流ですので、ボールの取りどころが能動的ではなく受動的な設定です。やはり日本のサッカーを進化させるためには、Jリーグにおける守備のイノベーションが必要です。自分たちで前に出て行ってパスコースを限定し、相手のビルドアップを追い込み、設定した奪いどころで奪い、素早く攻撃への切り替え局面に移行していく。それをスタンダードとしてもらいたいところです。

そうした守備ができれば、ヨーロッパのサッカーのようにリスクをかけることができるようになります。確かに、前から出て行く守備は、待つ守備よりもリスクが高く映りますが、きちんとオーガナイズできていれば「ハイリスク」とはなりませんし、逆に現代サッカーでは待つ守備の方がハイリスクとなります。

もちろん、守備戦術の選択は選手のレベルにも拠ります。守備に関する知識を持たない選手たちでは、ハイレベルな守備戦術を実行することが難しいのも事実です。日本人選手は例えプロのJリーガーであっても、戦術的知識の量、指導されてきた戦術のボキャブラリーが少ない、つまり「戦術メモリー不足」ですので、Jリーグの監督たちは消去法で待つ守備を選択しているのかもしれません。

そうなるとアプローチすべきことは、育成年代からの守備のプレー方法を習得していくこと、守備の戦術トレーニングに取り組むことです。そうした取り組みがきちんとなされていけば、確実にJリーグにおける守備の戦術やパフォーマンスは変わっていきますし、最終的には日本代表のサッカーのパフォーマンスも変わります。知的アクションの守備戦術を学べば、ゲームのストーリーを読めるようになります。

私自身も本書を通じて、サッカーというスポーツの面白さ、奥深さをより理解できるようになりました。そういった意味でも、執筆する機会を与えて下さった関係者の皆様には厚く御礼申し上げます。

２０１６年６月末日
坪井健太郎

[著者]
坪井 健太郎
Kentaro Tsuboi
１９８２年、静岡県生まれ。静岡学園卒業後、安芸 FC や清水エスパルスの普及部で指導経験を積み、２００８年に渡西。カタルーニャ州バルセロナの CE エウロパや UE コルネジャで育成年代のカテゴリーでコーチを務め、現在は UE コルネジャのユース B（U-17）で第２監督を務める。２０１２年には PreSoccerTeam, SL を創設し、代表としてグローバルなサッカー指導者の育成を目的にバルセロナへのサッカー指導者留学プログラム『PST アカデミー』を展開中。著書に『サッカーの新しい教科書』（小社）がある。的確な戦術分析能力と戦術指導に注目が集まっている。スペインサッカーライセンスレベル２保有。

[構成]
小澤 一郎
Ichiro Ozawa
１９７７年、京都府生まれ。早稲田大学教育学部卒。スペイン在住５年を経て２０１０年に帰国。日本とスペインで育成年代の指導経験を持ち、指導者目線の戦術・育成論やインタビューを得意とする。多数媒体に執筆する傍ら、解説業、サッカー関連のイベントやラジオ、テレビ番組への出演も。主な著書に『サッカー日本代表の育て方』（朝日新聞出版）、『サッカー選手の正しい売り方』（小社）、『スペインサッカーの神髄』（ガイドワークス）、訳書に『ルイス・エンリケ 最適解を導き出す信念と信頼のリーダーシップ』（著｜リュイス・ラインス／小社）『ネイマール 若き英雄』（著｜ルーカ・カイオーリ／実業之日本社）など。株式会社アレナトーレ所属。“新しい育成”のプログラム『投じる育成』（http://athleteclub.net/ichiro_ozawa/）を展開中。

※本書に登場する選手やチームの情報は2016年7月1日時点までのものとします。

カバー・本文デザイン●ゴトウアキヒロ
DTPオペレーション●アワーズ
協力●株式会社アレナトーレ
編集●吉村 洋人（『ジュニアサッカーを応援しよう!』編集長）
写真● Getty Images
イラスト●中山けーしょー

サッカー新しい守備の教科書

発行日　2016年8月2日　初版
2020年2月27日　第5刷発行

著　者　坪井 健太郎
構　成　小澤 一郎
発行人　坪井 義哉
発行所　株式会社カンゼン
〒101-0021
東京都千代田区外神田 2-7-1 開花ビル
TEL 03（5295）7723
FAX 03（5295）7725
http://www.kanzen.jp/
郵便為替 00150-7-130339
印刷・製本　株式会社シナノ

万一、落丁、乱丁などがありましたら、お取り替え致します。
本書の写真、記事、データの無断転載、複写、放映は、著作権の侵害となり、禁じております。

©Kentaro Tsuboi 2016
©Ichiro Ozawa 2016
ISBN 978-4-86255-362-1
Printed in Japan
定価はカバーに表示してあります。

本書に関するご意見、ご感想に関しましては、kanso@kanzen.jp まで
Eメールにてお寄せ下さい。お待ちしております。

カンゼンの書籍案内

育成大国スペインに学ぶ攻守の基本原則

サッカーの新しい教科書

戦術とは問題を解決する行為である

坪井健太郎［著］／小澤一郎［構成］

定価:1,600円（＋税）

世界をリードするスペインの視点をもとに、日本サッカーが強くなるための戦術“真”理論を育成大国「スペイン」で指導する現役指導者が、基本から実戦方法までわかりやすく解説。目に見えるトレンドのサッカーに一喜一憂するのではなく、背景にある事柄をしっかりとおさえ、どのようなサッカーにでも通用する戦術の知識を解き明かす。